***ACCESO GRATIS** a la Lectura en la Nube*

Para visualizar el libro electrónico en la nube de lectura envíe junto a su nombre y apellidos una fotografía del código de barras situado en la contraportada del libro y otra del ticket de compra a la dirección:

ebooktirant@tirant.com

En un máximo de 72 horas laborales le enviaremos el código de acceso con sus instrucciones.

CONSTITUCIÓN POLÍTICA DE LA REPÚBLICA DE COLOMBIA DE 1991

Procedimiento de selección de originales, ver página web:
www.tirant.net/index.php/editorial/procedimiento-de-seleccion-de-originales

CONSTITUCIÓN POLÍTICA DE LA REPÚBLICA DE COLOMBIA DE 1991

CÉSAR ANDRÉS DIAGO

"Abogado y politólogo de la Universidad de los Andes, especialista en Asuntos Públicos de la Universidad Externado, máster en Administración Pública de Georgetown University, y con una amplia trayectoria en el servicio público"

tirant lo blanch
Bogotá D.C., 2025

EDITA: TIRANT LO BLANCH
Calle 11 # 2-16 (Bogotá D.C.)
Telf.: 4660171
Email: tlb@tirant.com
Librería virtual: www.tirant.com/co/
ISBN: 978-84-1095-374-1

Si tiene alguna queja o sugerencia, envíenos un mail a: *atencioncliente@tirant.com*. En caso de no ser atendida su sugerencia, por favor, lea en *www.tirant.net/index.php/empresa/politicas-de-empresa* nuestro procedimiento de quejas.

Responsabilidad Social Corporativa: http://www.tirant.net/Docs/RSCTirant.pdf

ÍNDICE

ABREVIATURAS

A.L	Acto Legislativo
CADH.	Convención Americana Sobre Derechos Humanos
C.Const.	Corte Constitucional
C.E.	Consejo de Estado
Const. Pol.	Constitución Política de Colombia
CPP.	Código de Procedimiento Penal
C.P.	Código Penal
CorteIDH	Corte Interamericana de Derechos Humanos
CorteIDHOC	Opinión Consultiva
C.S.J	Corte Suprema de Justicia
DU.	Decreto Único Reglamentario
DUDH	Declaración Universal de Derechos Humanos
L.E.	Ley Estatutaria
Nro.	Número
OIT	Organización Internacional del Trabajo
P.A	Protocolo Adicional
Rad.	Radicado
Secc.	Sección
Sent.	Sentencia

CONSTITUCIÓN POLÍTICA DE LA REPÚBLICA DE COLOMBIA 1991

PREÁMBULO:

EL PUEBLO DE COLOMBIA,

En ejercicio de su poder soberano, representado por sus delegatarios a la Asamblea Nacional Constituyente, invocando la protección de Dios, y con el fin de fortalecer la unidad de la Nación y asegurar a sus integrantes la vida, la convivencia, el trabajo, la justicia, la igualdad, el conocimiento, la libertad y la paz, dentro de un marco jurídico, democrático y participativo que garantice un orden político, económico y social justo, y comprometido a impulsar la integración de la comunidad latinoamericana, decreta, sanciona y promulga la siguiente

Concord.: C.Const. Sent. C-477/2005, M.P. Jaime Córdoba Triviño *(LTM 10028243)*; C.E. Secc. Primera, Sent. 12/11/1993, Rad. 2392. M.P. Yesid Rojas Serrano *(LTM 10180104)*.

CONSTITUCIÓN POLÍTICA DE COLOMBIA

TÍTULO I
DE LOS PRINCIPIOS FUNDAMENTALES

Artículo 1

Colombia es un Estado social de derecho, organizado en forma de República unitaria, descentralizada, con autonomía de sus entidades territoriales, democrática, participativa y pluralista, fundada en el respeto de la dignidad humana, en el trabajo y la solidaridad de las personas que la integran y en la prevalencia del interés general.

Concord.: L. 4/1913 *(LTM 9342414)*; D. 1222/1986 *(LTM 9332214)*; C.E. Secc. Cuarta, Sent. 23/09/2013, Rad. 2002-90657. M.P. Martha Teresa Briceño de Valencia *(LTM 9673081)*; C.Const. Sent. C-062/21 M.P. Gloria Stella Ortiz Delgado *(LTM 20891143)*; C.Const. Sent. C-164/22 M.P. Antonio José Lizarazo Ocampo *(LTM 29554084)*; C.Const. Sent. C-348/24 M.P. Diana Fajardo Rivera *(LTM 26321746)*.

Artículo 2

Son fines esenciales del Estado: servir a la comunidad, promover la prosperidad general y garantizar la efectividad de los principios, derechos y deberes consagrados en la Constitución; facilitar la participación de todos en las decisiones que los afectan y en la vida económica, política, administrativa y cultural de la Nación; defender la independencia nacional, mantener la integridad territorial y asegurar la convivencia pacífica y la vigencia de un orden justo.

Las autoridades de la República están instituidas para proteger a todas las personas residentes en Colombia, en su vida, honra, bienes, creencias, y demás derechos y libertades, y para asegurar el cumplimiento de los deberes sociales del Estado y de los particulares.

Concord.: L. 734/2002; *(LTM 9338211)*; CPP. Art. 4 *(LTM 3776319)*; D. 1075/2015 *(LTM 9335068)*.

Artículo 3

La soberanía reside exclusivamente en el pueblo, del cual emana el poder público. El pueblo la ejerce en forma directa o por medio de sus representantes, en los términos que la Constitución establece.

Concord.: C.Const. Sent. C-245/96 M.P. Vladimiro Naranjo Mesa *(LTM 10100240)*; C.E. Secc. Primera, Sent. 07/05/1998, Rad. 4631, M.P. Juan Alberto Polo Figueroa *(LTM 10114987)*.

Artículo 4

La Constitución es norma de normas. En todo caso de incompatibilidad entre la Constitución y la ley u otra norma jurídica, se aplicarán las disposiciones constitucionales.

Es deber de los nacionales y de los extranjeros en Colombia acatar la Constitución y las leyes, y respetar y obedecer a las autoridades.

Concord.: C.Const. Sent. C-122/11 M.P. Juan Carlos Henao Pérez *(LTM 9997717)*; C.Const. Sent. C-054/16 M.P. Luis Ernesto Vargas Silva *(LTM 9969050)*; C.E. Sent. 06/02/2018, Rad. 2016-00480. M.P. Stella Conto Díaz Del Castillo *(LTM 12722955)*; C.Const. Sent. C-080/24 M.P. Jorge Enrique Ibáñez Najar *(LTM 35482241)*.

Artículo 5

El Estado reconoce, sin discriminación alguna, la primacía de los derechos inalienables de la persona y ampara a la familia como institución básica de la sociedad.

Concord.: L. 1361/2009 *(LTM 1216752)*; CADH Art. 17; C.Const. Sent. C-577/11, M.P. Gabriel Eduardo Mendoza Martelo *(LTM 10838573)*.

Artículo 6

Los particulares sólo son responsables ante las autoridades por infringir la Constitución y las leyes. Los servidores públicos lo son por la misma causa y por omisión o extralimitación en el ejercicio de sus funciones.

Concord.: CC Art. 9 *(LTM 9334173)*; C.Const. Sent. C-651/97 M.P. Carlos Gaviria Díaz *(LTM 10099066)*; C.Const. Sent. C-710/01 M.P. Jaime Córdoba Triviño *(LTM 10041872)*; C.E. Secc. Quinta. Sent. 01/02/2018, Rad. 00574-0, M.P. Rocío Araújo Oñate *(LTM 12326694)*.

Artículo 7

El Estado reconoce y protege la diversidad étnica y cultural de la Nación colombiana.

Concord.: Convenio Nro. 169 OIT; L. 1381/2010 *(LTM 12167804)*; L. 21/1991 *(LTM 9336751)*; C.Const. Sent. T-112/18 M.P. Alejandro Linares Cantillo *(LTM 13007823)*; C.E. Secc. Quinta. Sent. 19/01/2017, Rad. 00191-01, M.P. Rocío Araújo Oñate *(LTM 9880715)*; C.Const. Sent. SU-092/21 M.P. Alberto Rojas Ríos *(LTM 23011903)*; C.Const. Sent. C-433/21 M.P. Paola Andrea Meneses Mosquera (*LTM 34405461)*; C.Const. Sent. SU-196/23 M.P. Antonio José Lizarazo Ocampo *(LTM 36321776)*.

Artículo 8

Es obligación del Estado y de las personas proteger las riquezas culturales y naturales de la Nación.

Concord.: L. 319/1996 Art. 11 *(LTM 12155020)*; C.Const. Sent. T-622/16 M.P. Jorge Iván Palacio Palacio *(LTM 9968058)*; CorteIDH OC-23/17.

Artículo 9

Las relaciones exteriores del Estado se fundamentan en la soberanía nacional, en el respeto a la autodeterminación de los pueblos y en el reconocimiento de los principios del derecho internacional aceptados por Colombia.

De igual manera, la política exterior de Colombia se orientará hacia la integración latinoamericana y del Caribe.

Concord.: L. 1879/2018 *(LTM 12178061)*; C.Const. Sent. C-191/98 M.P. Eduardo Cifuentes Muñoz *(LTM 10098828)*; C.E. Secc. Tercera. Sent. 05/06/2014, Rad. 00126-01, M.P. Marco Antonio Velilla Moreno *(LTM 9668110)*.

Artículo 10

El castellano es el idioma oficial de Colombia. Las lenguas y dialectos de los grupos étnicos son también oficiales en sus territorios. La enseñanza que se imparta en las comunidades con tradiciones lingüísticas propias será bilingüe.

Concord.: L. 1381/ 2010 *(LTM 12167804)*; DU. 1080/2015 *(LTM 9333355)*; C.E. Secc. Quinta. Sent. 19/09/2013, Rad. 00028-01, M.P. Lucy Jeannette Bermúdez Bermúdez *(LTM 9673118)*.

TÍTULO II
DE LOS DERECHOS, LAS GARANTÍAS Y LOS DEBERES

CAPÍTULO 1
DE LOS DERECHOS FUNDAMENTALES

Artículo 11

El derecho a la vida es inviolable. No habrá pena de muerte.

Concord.: CADH Art. 4; L. 297/ 1996 *(LTM 12155025)*; C.Const. Sent. C-144/97 M.P. Alejandro Martínez Caballero *(LTM 10099594)*; C.Const. Sent. T-423/17 M.P. Iván Humberto Escrucería *(LTM 9967327)*; C.S.J. SL. Sent. 21/04/2014, Rad. 00068-01, M.P. Ruth Marina Díaz Rueda *(LTM 6186962)*; C.Const. Sent. SU-546/23 M.P. José Fernando Reyes Cuartas *(LTM 34943470)*.

Artículo 12

Nadie será sometido a desaparición forzada, a torturas ni a tratos o penas crueles, inhumanos o degradantes.

Concord.: C.Const. Sent. C-620/11 M.P. Juan Carlos Henao Pérez *(LTM 10838511)*; C.E. Secc. Tercera. Sent. 18/07/2008, Rad. 15625, M.P. Enrique Gil Botero *(LTM 9833857)*. C.Const. Sent. C-233/2021 M.P. Diana Fajardo Rivera *(LTM 23215879)*.

Artículo 13

Todas las personas nacen libres e iguales ante la ley, recibirán la misma protección y trato de las autoridades y gozarán de los mismos derechos, libertades y oportunidades sin ninguna discriminación por razones de sexo, raza, origen nacional o familiar, lengua, religión, opinión política o filosófica.

El Estado promoverá las condiciones para que la igualdad sea real y efectiva y adoptará medidas en favor de grupos discriminados o marginados.

El Estado protegerá especialmente a aquellas personas que por su condición económica, física o mental, se encuentren en circunstancia de debilidad manifiesta y sancionará los abusos o maltratos que contra ellas se cometan.

Concord.: C.Const. Sent. C-371/00 M.P. Carlos Gaviria Díaz *(LTM 10044087)*; C.Const. Sent. T-262/09 M.P. Luis Ernesto Vargas Silva *(LTM 10004346)*; C.Const. Sent SU-440/21; Paola Andrea Meneses Mosquera *(LTM 34405434);* C.Const. Sent C-038/21 M.P. Cristina Pardo Schelesinger *(LTM 23003418)*; C.Const. Sent C-415/22 M.P. Diana Fajardo Rivera *(LTM 30793495);* C.Const. Sent T-275/22 M.P. Cristina Pardo Schlesinger *(LTM 29553770);* C.Const. Sent C-028/24 M.P. Juan Carlos Cortés González*(LTM 35262960)*; C.Const. Sent. C-054/24 M.P. Paola Andrea Meneses Mosquera *(LTM 35276597)*; C.Const. Sent SU 067/23 M.P. Paola Andrea Meneses Mosquera *(LTM 33507259)*; C.Const. Sent C-136/24 M.P. Paola Andrea Meneses Mosquera *(LTM 35425436)*.

Artículo 14

Toda persona tiene derecho al reconocimiento de su personalidad jurídica.

Concord.: CADH Art. 3; D. 1260/70 *(LTM 9334080);* C.Const. Sent. T-485/92 M.P. Fabio Morón Díaz *(LTM 10102807)*; C.Const. Sent. T-063/16 M.P. Luis Ernesto Vargas Silva *(LTM 9969019)*; C.Const. Sent. SU.182/98 M.P. Carlos Gaviria Díaz *(LTM 10098832)*; C.Const. Sent T-248/22 M.P. Cristina Pardo Schlesinger *(LTM 29554047)*.

Artículo 15

Todas las personas tienen derecho a su intimidad personal y familiar y a su buen nombre, y el Estado debe respetarlos y hacerlos respetar. De igual modo, tienen derecho a conocer, actualizar y rectificar las informaciones que se hayan recogido sobre ellas en bancos de datos y en archivos de entidades públicas y privadas.

En la recolección, tratamiento y circulación de datos se respetarán la libertad y demás garantías consagradas en la Constitución.

La correspondencia y demás formas de comunicación privada son inviolables. Sólo pueden ser interceptadas o registradas mediante orden judicial, en los casos y con las formalidades que establezca la ley.

Para efectos tributarios o judiciales y para los casos de inspección, vigilancia e intervención del Estado podrá exigirse la presentación de libros de contabilidad y demás documentos privados, en los términos que señale la ley.

Concord.: L. 1712/14 *(LTM 9336969)*; L. 1266/08 *(LTM 12166952)*; C.Const. Sent. T-444/92 M.P. Alejandro Martínez Caballero *(LTM 10102847)*; C.Const. Sent. T-413/93 M.P. Carlos Gaviria Díaz *(LTM 10102263)*; C.E. Sala P. Sent. 03/03/1993, Rad. 214-CE-SP-EXP1993-NAC543, M.P. Juan de Dios Montes *(LTM 10181554)*; CorteIDH 06/07/2009 Serie C. N. 200; C.Const. Sent. C-282/21 M.P. Alejandro Linares Cantillo *(LTM 23327008);)*, C.Const. Sent C-028/24 M.P. Juan Carlos Cortés González *(LTM 35262960)*, C.Const. Sent C-030/24 M.P. Juan Carlos Cortés González *(LTM 35135719)*; C.Const. Sent C-408/24 M.P. Natalia Ángel Cabo *(LTM)*.

Artículo 16

Todas las personas tienen derecho al libre desarrollo de su personalidad sin más limitaciones que las que imponen los derechos de los demás y el orden jurídico.

Concord.: DUDH, Art. 22; PIDESC, Art. 13; C.Const. Sent. T-269/93 M.P. Vladimiro Naranjo Mesa *(LTM 10102408)*; C.Const. Sent. T-207/98 M.P. Fabio Morón Díaz *(LTM 10098804)*; C.Const. Sent. T-345/08 M.P. Jaime Araújo *(LTM 10840454)*; C.S.J Sala de Casación Laboral. Sent. 02/12/2013, Rad. 51137, M.P. Elsy del Pilar Cuello *(LTM 11833169)*, CorteIDH 24/02/2012 Serie C. N. 239; C.Const. Sent SU-440/21 M.P. Paola Andrea Meneses Mosquera *(LTM 34405434)*; C.Const. Sent T-227/22 M.P. Jorge Enrique Ibáñez Najar *(LTM 26837421);* C.Const. Sent. C-096/24 M.P. Paola Andrea Meneses Mosquera *(LTM 35742929)*.

Artículo 17

Se prohíben la esclavitud, la servidumbre y la trata de seres humanos en todas sus formas.

Concord.: CADH, Art. 6; L. 704/2001 *(LTM 12159160)*; D. 3173/2004 *(LTM 12160766)*; CorteIDH 04/09/2012. Serie C. N.250; CorteIDH 20/10/2016. Serie C. N. 318 *(LTM 6434938)*; C.Const. Sent. C-535/02 M.P. Jaime Araújo Rentería *(LTM 10040613)*; C.Const. Sent. T-1077/05 M.P. Jaime Córdoba Triviño *(LTM 10027648)*.

Artículo 18

Se garantiza la libertad de conciencia. Nadie será molestado por razón de sus convicciones o creencias ni compelido a revelarlas ni obligado a actuar contra su conciencia.

Concord.: CADH, Art. 12; C.Const. Sent. T-075/95 M.P. Carlos Gaviria Díaz *(LTM 10100916)*; C.Const. Sent. SU.108/16 M.P. Alberto Rojas Ríos *(LTM 9968947)*; C.Const. Sent. C-274/16 M.P. Luis Ernesto Vargas Silva *(LTM 9968659)*; C.E. Secc. Tercera. Sent. 03/02/1993, Rad. AC481, M.P. Juan de Dios Montes *(LTM 10181784)*; C.E. Secc. Primera. Sentencia 19/03/2015, M.P. Marco Antonio Velilla *(LTM 9662572)*; C.Const. Sent. C-055/22 M.P. Antonio José Lizarazo Ocampo & Alberto Rojas Ríos *(LTM 26810423)*.

Artículo 19

Se garantiza la libertad de cultos. Toda persona tiene derecho a profesar libremente su religión y a difundirla en forma individual o colectiva.

Todas las confesiones religiosas e iglesias son igualmente libres ante la ley.

Concord.: CADH, Art. 12; L. 133/94 *(LTM 9338754)*; D. 1519/98 *(LTM 9339633)*; D. 1079/2016 *(LTM 12175314)*; C.Const. Sent. T-421/92 M.P. Alejandro Martínez Caballero *(LTM 10102873)*; C.Const. Sent. T-539/93 M.P. José Gregorio Hernández *(LTM 10102152)*; C.S.J, Sala de Casación Civil y Agraria, Sent. 28/04/2015, Rad. T 1100122030002015-00296-02 M.P. Luis Armando Tolosa *(LTM 11550788)*; SU-059/24 M.P. Natalia Ángel Cabo & Mauricio Piñeros Perdomo (Conjuez) *(LTM 36323488)*.

Artículo 20

Se garantiza a toda persona la libertad de expresar y difundir su pensamiento y opiniones, la de informar y recibir información veraz e imparcial, y la de fundar medios masivos de comunicación.

Estos son libres y tienen responsabilidad social. Se garantiza el derecho a la rectificación en condiciones de equidad. No habrá censura.

Concord.: CADH, Art. 13; CorteIDH 22/06/2015. Serie C. N. 293; L. 586/2000 *(LTM 12177545)*; L. 1016/06 *(LTM 12164319)*; L. 1516/12 *(LTM 12171293)*; C.Const. Sent. C-425/94 M.P. José Gregorio Hernández *(LTM 10101164)*; C.Const. Sent. T-050/16 M.P. Gabriel Eduardo Mendoza *(LTM 9969037)*; C.Const. Sent. T-292/18 M.P. Cristina Pardo *(LTM 14500848)*; C.Const. Sent. C-135/21 M.P. Gloria Stella Ortiz Delgado *(LTM 22991758)*; C.S.J, Sala de Casación Penal, Sent. 05/12/23, STP 17751 M.P. Hugo Quintero Bernate *(LTM 36323610)*.

Artículo 21

Se garantiza el derecho a la honra. La ley señalará la forma de su protección.

Concord.: C.E., Sala P. Sent. 17/02/1993, Rad. 0-CE-SPCA-EXP1993-N550, M.P. Daniel Suárez Hernández *(LTM 10181670)*; C.Const. Sent. T-048/93 M.P. Fabio Morón Díaz *(LTM 10102631)*; C.Const. Sent. T-695/17 M.P. José Fernando Reyes *(LTM 12099679)*.

Artículo 22

La paz es un derecho y un deber de obligatorio cumplimiento.

Concord.: AL 01/2012 *(LTM 12171169)*; A.L. 01 de 2016 *(LTM 12174752)*; A.L. 01/2017 *(LTM 9407264)*; L. E. 1806/2016 *(LTM 12174807)*; L. E. 1957/2019 *(LTM 16151649)*; L. 104/1993 *(LTM 12152433)*; L. 251/1995 *(LTM 12153502)*; L. 418/1997 *(LTM 9336796)*; L. 438/1998 *(LTM 12157376)*; L. 497/1999 *(LTM 12157901)*; L. 975/2005 *(LTM 9336960)*; L. 1156/2007 *(LTM 12164320)*; L. 1424/2010 *(LTM 12167823)*; L. 1448/2011 *(LTM 9336867)*; L. 1592/ 2012 *(LTM 9406021)*; L. 1779/2016 *(LTM 9404522)*; L. 1863/2017 *(LTM 12176979)*; L. 1922/2018 *(LTM 16976072)*; L. 2078/2021 *(LTM 19986279)*; C.Const. Sent. T-008/1992. M.P. Fabio Morón Díaz *(LTM 10102673)*; C.Const. Sent. C-048/2001. M.P. Eduardo Montealegre Lynett *(LTM 1956018)*; C.Const. Sent. T-016/2007. M.P. Humberto Antonio Sierra Porto *(LTM 10005954)*; C.Const. Sent. C-379/2016. M.P. Luis Ernesto Vargas Silva *(LTM 9968490)*; C.Const. Sent. C-167/2017. M.P. Aquiles Arrieta Gómez *(LTM 9967506)*; C.Const. Sent. C-554/2017. M.P. Carlos Bernal Pulido *(LTM 10838034)*;

C.Const. Sent. T-092/2019. M.P. Gloria Stella Ortiz Delgado *(LTM 15959892)*; C.E., Sala de Consulta y Servicio Civil, Concepto 28/11/2016, Rad. 11001-03-06-000-2016-00255-00, M.P. Germán Alberto Bula *(LTM 9641833)*; C.Const. Sent. SU-020/22 M.P. Cristina Pardo Schlesinger *(LTM 26810444)*.

Artículo 22A

Como una garantía de No Repetición y con el fin de contribuir a asegurar el monopolio legítimo de la fuerza y del uso de las armas por parte del Estado, y en particular de la Fuerza Pública, en todo el territorio, se prohíbe la creación, promoción, instigación, organización, instrucción, apoyo, tolerancia, encubrimiento o favorecimiento, financiación o empleo oficial y/o privado de grupos civiles armados organizados con fines ilegales de cualquier tipo, incluyendo los denominados autodefensas, paramilitares, así como sus redes de apoyo, estructuras o prácticas, grupos de seguridad con fines ilegales u otras denominaciones equivalentes.

La ley regulará los tipos penales relacionados con estas conductas, así como las sanciones disciplinarias y administrativas correspondientes.

* Artículo adicionado por el artículo 1 del Acto Legislativo 5 de 2017.

Concord.: L. 1732/14 *(LTM 12173582)*; AL 1/2017 *(LTM 9407264)*; C.P. Art. 345 *(LTM 9335791)*; C.S.J, Sala de Casación Laboral. Sent. 13/04/2016, Rad. T 65525, M.P. Clara Cecilia Dueñas *(LTM 10799126)*; C.Const. Sent. C-438/17 M.P. Gloria Stella Ortiz *(LTM 10838124)*; C.E., Secc. Tercera Sent. 02/08/2017, Rad. 25000-23-26-000-2017-00025-01, M.P. Jaime Orlando Santofimio *(LTM 9873989)*.

Artículo 23

Toda persona tiene derecho a presentar peticiones respetuosas a las autoridades por motivos de interés general o particular y a obtener pronta resolución. El legislador podrá reglamentar su ejercicio ante organizaciones privadas para garantizar los derechos fundamentales.

Concord.: L. 1755/15 *(LTM 12170505)*; D. U. 1166/2016 *(LTM 9339642)*; C.Const. Sent. T-426/92 M.P. Eduardo Cifuentes Muñoz *(LTM 10102870)*; C.Const. Sent. T-206/18 M.P. Alejandro Linares Cantillo *(LTM 13071214)*; C.Const. Sent. T-238/18 M.P. Gloria Stella Ortiz *(LTM 13123216)*.

Artículo 24

Todo colombiano, con las limitaciones que establezca la ley, tiene derecho a circular libremente por el territorio nacional, a entrar y salir de él, y a permanecer y residenciarse en Colombia.

Concord.: CADH, Art. 12; L. 133/94 *(LTM 9338754)*; D. 1519/98 *(LTM 9339633)*; D. 1079/2016 *(LTM 12175314)*; C.Const. Sent. T-421/92 M.P. Alejandro Martínez Caballero *(LTM 10102873)*; C.Const. Sent. T-539/93 M.P. José Gregorio Hernández *(LTM 10102152)*; C.S.J, Sala de Casación Civil y Agraria, Sent. 28/04/2015, Rad. T 1100122030002015-00296-02 M.P. Luis Armando Tolosa *(LTM 11550788)*.

Artículo 25

El trabajo es un derecho y una obligación social y goza, en todas sus modalidades, de la especial protección del Estado. Toda persona tiene derecho a un trabajo en condiciones dignas y justas.

Concord.: Convenios C029, C100, C105, C111, C138 OIT; PIDESC, Art. 6; D. 1072/15 *(LTM 9337955)*; C.Const. Sent. T-237/93 M.P. Jorge Arango Mejía *(LTM 10102441)*; C.Const. Sent. SU.547/97 M.P. José Gregorio Hernández *(LTM 10099166)*; C.S.J, Sala de Casación Civil y Agraria, Sent. 07/12/2015, Rad. T 1900122130002015-00218-01, M.P. Margarita Cabello Blanco *(LTM 11657228)*, C.Const. Sent. C-103/2021 Alejandro Linares Cantillo *(LTM .)*

Artículo 26

Toda persona es libre de escoger profesión u oficio. La ley podrá exigir títulos de idoneidad. Las autoridades competentes inspeccionarán y vigilarán el ejercicio de las profesiones. Las ocupaciones, artes y oficios que no exijan formación académica son de libre ejercicio, salvo aquellas que impliquen un riesgo social.

Las profesiones legalmente reconocidas pueden organizarse en colegios. La estructura interna y el funcionamiento de estos deberán ser democráticos.

La ley podrá asignarles funciones públicas y establecer los debidos controles.

Concord.: C.Const. Sent. T-421/93 M.P. Eduardo Cifuentes Muñoz *(LTM 10102257)*; C.E., Secc. Quinta, Sent. 02/10/2003 Rad. 23001-23-31-000-2003-1401-01, M.P. María Nohemí Hernández *(LTM 9867182)*; C.E., Sala de Consulta y Servicio Civil, Concepto 12/12/2017, Rad. 11001-03-06-000-2017-00079-00, M.P. Germán Alberto Bula *(LTM 15130469)*.

Artículo 27

El Estado garantiza las libertades de enseñanza, aprendizaje, investigación y cátedra.

Concord.: C.Const. Sent. T-092/94 M.P. Alejandro Martínez Caballero *(LTM 10101476)*; C.Const. Sent. C-832/07 M.P. Clara Inés Vargas Hernández *(LTM 10005128)*; C.E. Secc. Segunda, Sent. 18/03/1994, Rad. 996-CE-SEC2-EXP1994-N4853, M.P. Clara Forero de Castro *(LTM 10154716)*.

Artículo 28

Toda persona es libre. Nadie puede ser molestado en su persona o familia, ni reducido a prisión o arresto, ni detenido, ni su domicilio registrado, sino en virtud de mandamiento escrito de autoridad judicial competente, con las formalidades legales y por motivo previamente definido en la ley.

La persona detenida preventivamente será puesta a disposición del juez competente dentro de las treinta y seis horas siguientes, para que éste adopte la decisión correspondiente en el término que establezca la ley.

En ningún caso podrá haber detención, prisión ni arresto por deudas, ni penas y medidas de seguridad imprescriptibles.

Concord.: CADH. Art. 7; CorteIDH 30/09/2006 *(LTM 5620660)*; C.S.J Sala de Casación Civil y Agraria, Sent. 18/01/2013, Rad. T 1100122100002012-00537-01, M.P. Jesús Vall de Ruten *(LTM 11789630)*; C.S.J, Sala de Casación Penal, Sent. 23/08/2016, Rad. T 87482 M.P. Luis Guillermo Salazar *(LTM 10940047)*; C.Const. Sent. T-679/04 M.P. Jaime Córdoba Triviño *(LTM 10029313)*; C.Const. Sent. C-582/95 M.P. Alejandro Martínez Caballero *(LTM 10840588)*; C.Const. Sent. C-730/05 M.P. Álvaro Tafur *(LTM 10028003)*; C.E., Secc. Tercera, Sent. 06/04/2011, Rad. 19001-23-31-000-1999-00203-0, M.P. Ruth Stella Correa *(LTM 9751368)*.

Artículo 29

El debido proceso se aplicará a toda clase de actuaciones judiciales y administrativas.

Nadie podrá ser juzgado sino conforme a leyes preexistentes al acto que se le imputa, ante juez o tribunal competente y con observancia de la plenitud de las formas propias de cada juicio.

En materia penal, la ley permisiva o favorable, aun cuando sea posterior, se aplicará de preferencia a la restrictiva o desfavorable.

Toda persona se presume inocente mientras no se la haya declarado judicialmente culpable. Quien sea sindicado tiene derecho a la defensa y a la asistencia de un abogado escogido por él, o de oficio, durante la investigación y el juzgamiento; a un debido proceso público sin dilaciones injustificadas; a presentar pruebas y a controvertir las que se alleguen en su contra; a impugnar la sentencia condenatoria, y a no ser juzgado dos veces por el mismo hecho.

Es nula, de pleno derecho, la prueba obtenida con violación del debido proceso.

Concord.: CADH, Art. 8; C.Const. Sent. T-438/92 M.P. Eduardo Cifuentes Muñoz *(LTM 10102854)*; C.Const. Sent. T-443/93 M.P. Antonio Barrera Carbonell *(LTM 10102235)*; C.Const. Sent. T-238/94 M.P. Jorge Arango *(LTM 10101329)*; C.S.J, Sala de Casación Penal, Sent. 20/10/2016, Rad. T 88504, M.P. Eyder Patiño *(LTM 11357602);* C.Const. Sent. SU-297/21 M.P. Alejandro Linares Cantillo *(LTM 34405443)*; C.Const. Sent. SU-214/23 M.P. Paola Andrea Meneses Mosquera *(LTM 33871545)*; C.S.J, Sala de Casación Civil y Agraria, Sent. 06/09/23, Rad. STC8916 M.P. Octavio Augusto Tejeiro Duque *(LTM 34081770)*, C.S.J, Sala de Casación Civil y Agraria, Sent. 20/09/23, STC9361 M.P. Hilda Gonzalez Neira *(LTM 34219823)*; C.S.J, Sala de Casación Laboral, Sent. 05/07/23, STL7118 M.P. Marjorie Zuñiga Romero *(LTM 36321777)*; C.S.J, Sala de Casación Civil, Agraria y Rural, Sent. 07/02/24, STC965 M.P. Luis Alfonso Rico Puerta *(LTM 34929977)*; C.Const. Sent. SU-026/24 M.P. Jorge Enrique Ibáñez Najar *(LTM)*; C.Const. Sent. SU-081/24 M.P. Diana Fajardo Rivera *(LTM 35456979)*.

Artículo 30

Quien estuviere privado de su libertad, y creyere estarlo ilegalmente, tiene derecho a invocar ante cualquier autoridad judicial, en todo tiempo, por sí o por interpuesta persona, el Habeas Corpus, el cual debe resolverse en el término de treinta y seis horas.

Concord.: L. 1095/2006 *(LTM 12164373)*; D. 700/17 *(LTM 12177822)*; C.Const. Sent. T-046/93 M.P. Eduardo Cifuentes Muñoz *(LTM 10102633)*; C.Const. Sent. C-187/06 M.P. Clara Inés Vargas *(LTM 10027214)*; C.E., Secc. Cuarta, Sent. 17/10/2013, Rad. 2013-00043, M.P. Carmen Teresa Ortiz *(LTM 9672745)*; C.E., Secc. Segunda, Sent. 05/03/2014, Rad. 2014-00036, M.P. Gustavo Eduardo Gómez *(LTM 9670251)*; CorteI-DH 02/10/2015. Serie C. N. 301.

Artículo 31

Toda sentencia judicial podrá ser apelada o consultada, salvo las excepciones que consagre la ley.

El superior no podrá agravar la pena impuesta cuando el condenado sea apelante único.

Concord.: C.Const. Sent. T-481/96 M.P. Antonio Barrera Carbonell *(LTM 10099995)*; C.S.J, Sala de Casación Penal, Sent. 20/02/2013, Rad. 38845. M.P. Julio Enrique Socha *(LTM 11790641)*; C.E., Secc. Tercera, Sent. 10/06/2009, Rad. 52001-23-31-000-1997-08417-01, M.P. Mauricio Fajardo Gómez *(LTM 9829822)*; C.Const. Sent. C-148 de 2024 M.P. Cristina Pardo Schlesinger *(LTM 35942716)*.

Artículo 32

El delincuente sorprendido en flagrancia podrá ser aprehendido y llevado ante el juez por cualquier persona. Si los agentes de la autoridad lo persiguieren y se refugiare en su propio domicilio, podrán penetrar en él, para el acto de la aprehensión; si se acogiere a domicilio ajeno, deberá preceder requerimiento al morador.

Concord.: C.Const. Sent. C-689/96 M.P. José Gregorio Hernández Galindo *(LTM 10099815)*; C.Const. Sent. C-600/00 M.P. Carlos Gaviria Díaz *(LTM 10043828)*; C.E., Secc. Primera, Auto. 26/02/2007, Rad. 54001-23-31-000-2007-00018-01, M.P. Rafael E. Ostau de Lafont *(LTM 9842025)*.

Artículo 33

Nadie podrá ser obligado a declarar contra sí mismo o contra su cónyuge, compañero permanente o parientes dentro del cuarto grado de consanguinidad, segundo de afinidad o primero civil.

Concord.: C.Const. Sent. C-776/01 M.P. Alfredo Beltrán *(LTM 10041790)*; C.E., Secc. Segunda, Sent. 06/09/2008, Rad. 50001-23-31-000-2000-00260-01. M.P. Jesús María Lemus *(LTM 9833263)*; C.S.J, Sala de Casación Penal, Auto 09/09/2015, Rad. 39931, M.P. Luis Guillermo Salazar Otero *(LTM 11603214)*.

Artículo 34

Se prohíben las penas de destierro, prisión perpetua y confiscación.

No obstante, por sentencia judicial, se declarará extinguido el dominio sobre los bienes adquiridos mediante enriquecimiento ilícito, en perjuicio del Tesoro Público o con grave deterioro de la moral social.

Concord.: L. 1708/14 *(LTM 9336866)*; L. 1849/17 *(LTM 12177852)*; D. 1240/17 *(LTM 12177940)*; C.Const. Sent. C-539/97 M.P. José Gregorio Hernández *(LTM 10099181)*; C.Const. Sent. SU.394/16 M.P. Gloria Stella Ortiz *(LTM 9968443)*; C.S.J, Sala de Casación Penal, Sent. 22/10/2015, Rad. T 82294, M.P. Fernando Alberto Castro *(LTM 11607587)*; C.Const. Sent. C-294/21 M.P. Cristina Pardo Schlesinger *(LTM 24787511)*.

Artículo 35

La extradición se podrá solicitar, conceder u ofrecer de acuerdo con los tratados públicos y, en su defecto, con la ley.

Además, la extradición de los colombianos por nacimiento se concederá por delitos cometidos en el exterior, considerados como tales en la legislación penal colombiana.

La extradición no procederá por delitos políticos.

No procederá la extradición cuando se trate de hechos cometidos con anterioridad a la promulgación de la presente norma.

*Artículo modificado por el artículo 1o. del Acto Legislativo No. 1 de 1997.

Concord.: L. 808/03 *(LTM 12160337)*; L. 1594/12 *(LTM 12171306)*; L. 1663/13 *(LTM 12171283)*; D. 244/11 *(LTM 12170645)*; D. 1216/15 *(LTM 12175360)*; C.S.J, Sala de Casación Penal, Concepto 29/06/2016, Rad. 47785 M.P. Gustavo Enrique Malo *(LTM 10875784)*; C.Const. Sent. SU.072/18 M.P. José Fernando Reyes *(LTM 14579140)*.

Artículo 36

Se reconoce el derecho de asilo en los términos previstos en la ley.

Concord.: CorteIDH, Opinión Consultiva 17/09/2003 *(LTM 5620578)*; Corte IDH 25/11/2013 Serie C.N. 272 *(LTM 5622189)*; DUDH, Art. 14; L. 35/61 *(LTM 12139866)*; L. 1465/11 *(LTM 12170499)*; D. 2840/13 *(LTM 9338739)*; C.Const. Sent. T-704/03 M.P. Clara Inés Vargas *(LTM 1003054)*; C.E, Secc. Cuarta, Sent. 29/10/2008, Rad. 52001-23-31-000-2008-00272-01, M.P. Ligia López *(LTM 9832763)*; C.Const. Sent. SU 543-23 M.P Paola Andrea Meneses Mosquera *(LTM 34957011)*.

Artículo 37

Toda parte del pueblo puede reunirse y manifestarse pública y pacíficamente. Sólo la ley podrá establecer de manera expresa los casos en los cuales se podrá limitar el ejercicio de este derecho.

Concord.: D. 21/69 *(LTM 12110460)*; CADH, Art. 15; CorteIDH, 02/02/2001. Serie C. N. 72; CorteIDH 05/10/2015. Serie C; C.Const. Sent. C-009/18 M.P. Gloria Stella Ortiz *(LTM12843936)*.

Artículo 38

Se garantiza el derecho de libre asociación para el desarrollo de las distintas actividades que las personas realizan en sociedad.

Concord.: CADH, Art. 16; C.Const. Sent. T-003/94 M.P. Jorge Arango Mejía *(LTM 10100978)*; C.Const. Sent. C-113/17 M.P. María Victoria Calle *(LTM 9967556)*.

Artículo 39

Los trabajadores y empleadores tienen derecho a constituir sindicatos o asociaciones, sin intervención del Estado. Su reconocimiento jurídico se producirá con la simple inscripción del acta de constitución.

La estructura interna y el funcionamiento de los sindicatos y organizaciones sociales y gremiales se sujetarán al orden legal y a los principios democráticos.

La cancelación o la suspensión de la personería jurídica sólo procede por vía judicial.

Se reconoce a los representantes sindicales el fuero y las demás garantías necesarias para el cumplimiento de su gestión.

No gozan del derecho de asociación sindical los miembros de la Fuerza Pública.

Concord.: Convenios C-087, C-098 OIT; D. 2350/44 *(LTM 93629019)*; D. 1272/97 *(LTM 12157768)*; C.Const. Sent. T-476/98 M.P. Fabio Morón Díaz *(LTM 10098550)*; C.S.J, Sala de Casación Laboral, Sent. 03/08/2016, Rad. T 2016-00177-00, M.P. Fernando Castillo *(LTM 11184873)*.

Artículo 40

Todo ciudadano tiene derecho a participar en la conformación, ejercicio y control del poder político. Para hacer efectivo este derecho puede:

1. Elegir y ser elegido.

2. Tomar parte en elecciones, plebiscitos, referendos, consultas populares y otras formas de participación democrática.

3. Constituir partidos, movimientos y agrupaciones políticas sin limitación alguna: formar parte de ellos libremente y difundir sus ideas y programas.

4. Revocar el mandato de los elegidos en los casos y en la forma que establecen la Constitución y la ley.

5. Tener iniciativa en las corporaciones públicas.

6. Interponer acciones públicas en defensa de la Constitución y de la ley.

7. Acceder al desempeño de funciones y cargos públicos, salvo los colombianos, por nacimiento o por adopción, que tengan doble nacionalidad. La ley reglamentará esta excepción y determinará los casos a los cuales ha de aplicarse.

Las autoridades garantizarán la adecuada y efectiva participación de la mujer en los niveles decisorios de la Administración Pública.

Concord.: L. 134/94 *(LTM 9333135)*; L. 1757/15 *(LTM 12160276)*; L. 1864/17 *(LTM 12176982)*; C.Const. Sent. T-469/92 M.P. Alejandro Martínez Caballero *(LTM 10102824)*; C.E., Secc. Quinta, Sent. 14/05/1992, Rad. 527-CE-SEC5-EXP1992-N0589 M.P. Jorge Penen *(LTM 10182976)*; C.E., Secc. Tercera, Sent. 06/09/2001, Rad. 17001-23-31-000-2001-0551-01 M.P. Alier Eduardo Hernández *(LTM 10003711)*; C.Const. Sent. SU 257/21 M.P. Jorge Enrique Ibáñez Najar *(LTM 23327023)*; C.Const. Sent C-136/24 M.P. Paola Andrea Meneses Mosquera *(LTM 35425436)*.

Artículo 41

En todas las instituciones de educación, oficiales o privadas, serán obligatorios el estudio de la Constitución y la Instrucción Cívica. Así mismo se fomentarán prácticas democráticas para el aprendizaje de los principios y valores de la participación ciudadana. El Estado divulgará la Constitución.

Concord.: L. 107/94 *(LTM 12153347)*; L. 115/94 *(LTM 3763902)* L. 1757/15 *(LTM 12160276)*. L. 115/94 *(LTM 3763902)*. L. 1503/11 *(LTM 9380913)*. L. 2025/20 *(LTM 18104637)*.

CAPÍTULO 2
DE LOS DERECHOS SOCIALES, ECONÓMICOS Y CULTURALES

Artículo 42

La familia es el núcleo fundamental de la sociedad. Se constituye por vínculos naturales o jurídicos, por la decisión libre de un hombre y una mujer de contraer matrimonio o por la voluntad responsable de conformarla.

El Estado y la sociedad garantizan la protección integral de la familia. La ley podrá determinar el patrimonio familiar inalienable e inembargable.

La honra, la dignidad y la intimidad de la familia son inviolables.

Las relaciones familiares se basan en la igualdad de derechos y deberes de la pareja y en el respeto recíproco entre todos sus integrantes.

Cualquier forma de violencia en la familia se considera destructiva de su armonía y unidad, y será sancionada conforme a la ley.

Los hijos habidos en el matrimonio o fuera de él, adoptados o procreados naturalmente o con asistencia científica, tienen iguales derechos y deberes. La ley reglamentará la progenitura responsable.

La pareja tiene derecho a decidir libre y responsablemente el número de sus hijos, y deberá sostenerlos y educarlos mientras sean menores o impedidos.

Las formas del matrimonio, la edad y capacidad para contraerlo, los deberes y derechos de los cónyuges, su separación y la disolución del vínculo, se rigen por la ley civil.

Los matrimonios religiosos tendrán efectos civiles en los términos que establezca la ley.

Los efectos civiles de todo matrimonio cesarán por divorcio con arreglo a la ley civil.

También tendrán efectos civiles las sentencias de nulidad de los matrimonios religiosos dictadas por las autoridades de la respectiva religión, en los términos que establezca la ley.

La ley determinará lo relativo al estado civil de las personas y los consiguientes derechos y deberes.

Concord.: CADH, Art. 17; L. 1/76 *(LTM 9345885)*; L. 1361/09 *(LTM 12167520)*; L. 1532/12 *(LTM 12171261)*; L. 1857/17 *(LTM 12177843)*; C.Const. Sent. T-925/04 M.P. Álvaro Tafur *(LTM 10029067)*; C.Const. Sent. T-319/17 M.P. Luis Guillermo Guerrero *(LTM 9967393)*; C.S.J, Sala de Casación Penal, Sent. 24/03/2015, Rad. T 77875 M.P. Patricia Salazar Cuéllar *(LTM 11532291)*; CorteIDH 25/11/2013 *(LTM 5622189)*; C.Const. Sent. T-357/22 M.P. José Fernando Reyes Cuartas *(LTM 29553695)*; C.Const. Sent C-028/24 M.P. Juan Carlos Cortés González *(LTM 35262960)*.

Artículo 43

La mujer y el hombre tienen iguales derechos y oportunidades. La mujer no podrá ser sometida a ninguna clase de discriminación. Durante el embarazo y después del parto gozará de especial asistencia y protección del Estado, y recibirá de este subsidio alimentario si entonces estuviere desempleada o desamparada.

El Estado apoyará de manera especial a la mujer cabeza de familia.

Concord.: Convenio 183 OIT; L. 823/03 *(LTM 12160302)*; L. 984/05 *(LTM 12163489)*; L. 1232/08 *(LTM 9381656)*; L. 1823/17 *(LTM 12176969)*; C.S.J, Sala de Casación Laboral, Sent. 07/09/2016, Rad. T 68417 M.P. Clara Cecilia Dueñas *(LTM 11252644)*; C.E., Secc. Segunda, Sent. 27/11/2014, Rad. 2014-00309, M.P. Gerardo Arenas *(LTM 9665257)*; C.Const. Sent. T-084/08 M.P. Mauricio González *(LTM 10004781)*; C-102/21 M.P. José Fernando Reyes Cuartas *(LTM 23011897);* C-197/23 M.P. Juan Carlos Cortés González *(LTM 34397705);* C-324/23 M.P. Juan Carlos Cortés González *(LTM 35492882);* C.Const. Sent. C-054/24 M.P. Paola Andrea Meneses Mosquera *(LTM 35482236)*; C.Const. Sent C-136/24 M.P. Paola Andrea Meneses Mosquera *(LTM 35482249)*.

Artículo 44

Son derechos fundamentales de los niños: la vida, la integridad física, la salud y la seguridad social, la alimentación equilibrada, su nombre y nacionalidad, tener una familia y no ser separados de ella, el cuidado y amor, la educación y la cultura, la recreación y la libre expresión de su opinión. Serán protegidos contra toda forma de abandono, violencia física o moral, secuestro, venta, abuso sexual, explotación laboral o económica y trabajos riesgosos. Gozarán también de los demás derechos consagrados en la Constitución, en las leyes y en los tratados internacionales ratificados por Colombia.

La familia, la sociedad y el Estado tienen la obligación de asistir y proteger al niño para garantizar su desarrollo armónico e integral y el ejercicio pleno de sus derechos. Cualquier persona puede exigir de la autoridad competente su cumplimiento y la sanción de los infractores.

Los derechos de los niños prevalecen sobre los derechos de los demás.

Concord.: CADH, Art. 19; L. 12/91 *(LTM 12177042)*; L. 765/02 *(LTM 12159710)*; L. 1098/06 *(LTM 3758137)*; D. 2681/12 *(LTM 12171368)*; D. 891/17 *(LTM 12177906)*; C.Const. Sent. T-402/92 M.P. Eduardo Cifuentes *(LTM 10102676)*; C.Const. Sent. T-005/18 M.P. Antonio José Lizarazo *(LTM 12736152)*; C.Const. Sent. C-324/21 M.P. Gloria Stella Ortiz Delgado *(LTM 24676589)*; C.Const. Sent. SU-180/22 M.P. Jorge Enrique Ibáñez Najar *(LTM 29554082)*; C.Const. Sent. T-583/23 M.P. Diana Fajardo Rivera *(LTM 34898537)*; C.Const. Sent. C-127/23 M.P. Juan Carlos Cortés González *(LTM 33916019)*; C.Const. Sent. SU-475/23 M.P. Paola Andrea Meneses Mosquera *(LTM 34928355)*.

Artículo 45

El adolescente tiene derecho a la protección y a la formación integral.

El Estado y la sociedad garantizan la participación activa de los jóvenes en los organismos públicos y privados que tengan a cargo la protección, educación y progreso de la juventud.

Concord.: CADH, Art. 19; D. 1885/15 *(LTM 12174764)*; D. 507/17 *(LTM 12177878)*; C.Const. Sent. C-170/04 M.P. Rodrigo Escobar Gil *(LTM 10029829)*; C.S.J, Sala de Casación Laboral, Sent. 06/07/2016, Rad. T 67259, M.P. Gerardo Botero *(LTM 10933619)*.

Artículo 46

El Estado, la sociedad y la familia concurrirán para la protección y la asistencia de las personas de la tercera edad y promoverán su integración a la vida activa y comunitaria.

El Estado les garantizará los servicios de la seguridad social integral y el subsidio alimentario en caso de indigencia.

Concord.: L. 1850/17 *(LTM 12177850)*; C.S.J, Sala de Casación Laboral, Sent. 05/11/2015, Rad. T 62979 M.P. Clara Cecilia Dueñas *(LTM 11645091)*; C.E., Secc. Primera, Sent. 07/06/2012. Rad. 25000-23-27-000-2012-00236-01 M.P. María Elizabeth García *(LTM 9690138)*; C.E., Secc. Segunda. Sent. 14/02/2013. Rad. 25000-23-42-000-2012-01827-01 M.P. Bertha Lucia Ramírez *(LTM 9676760)*.

Artículo 47

El Estado adelantará una política de previsión, rehabilitación e integración social para los disminuidos físicos, sensoriales y psíquicos, a quienes se prestará la atención especializada que requieran.

Concord.: Convención Interamericana para la Eliminación de todas las Formas de Discriminación contra las Personas con Discapacidad 14/09/2001; L. 1306/09 *(LTM 9336888)*; L. 1618/13 *(LTM 12171339)*; D. 1421/17 *(LTM 12177972)*; C.Const. Sent. T-884/06 M.P. Humberto Antonio Sierra *(LTM 10021483)*; C.E., Secc. Primera. Auto 09/04/2006. Rad. 52001-23-31-000-2005-01602-01 M.P. Camilo Arciniegas *(LTM 9848023)*.

Artículo 48

La Seguridad Social es un servicio público de carácter obligatorio que se prestará bajo la dirección, coordinación y control del Estado, en sujeción a los principios de eficiencia, universalidad y solidaridad, en los términos que establezca la Ley.

Se garantiza a todos los habitantes el derecho irrenunciable a la Seguridad Social.

El Estado, con la participación de los particulares, ampliará progresivamente la cobertura de la Seguridad Social que comprenderá la prestación de los servicios en la forma que determine la Ley.

La Seguridad Social podrá ser prestada por entidades públicas o privadas, de conformidad con la ley.

No se podrán destinar ni utilizar los recursos de las instituciones de la Seguridad Social para fines diferentes a ella.

La ley definirá los medios para que los recursos destinados a pensiones mantengan su poder adquisitivo constante.

El Estado garantizará los derechos, la sostenibilidad financiera del Sistema Pensional, respetará los derechos adquiridos con arreglo a la ley y asumirá el pago de la deuda pensional que de acuerdo con la ley esté a su cargo. Las leyes en materia pensional que se expidan con posterioridad a la entrada en vigencia de este acto legislativo, deberán asegurar la sostenibilidad financiera de lo establecido en ellas.

*Inciso adicionado por el artículo 1 del Acto Legislativo 1 de 2005.

Sin perjuicio de los descuentos, deducciones y embargos a pensiones ordenados de acuerdo con la ley, por ningún motivo podrá dejarse de pagar, congelarse o reducirse el valor de la mesada de las pensiones reconocidas conforme a derecho.

*Inciso adicionado por el artículo 1 del Acto Legislativo 1 de 2005.

Para adquirir el derecho a la pensión será necesario cumplir con la edad, el tiempo de servicio, las semanas de cotización o el capital necesario, así como las demás condiciones que señala la ley, sin perjuicio de lo dispuesto para las pensiones de invalidez y sobrevivencia. Los requisitos y beneficios para adquirir el derecho a una pensión de invalidez o de sobrevivencia serán los establecidos por las leyes del Sistema General de Pensiones.

*Inciso adicionado por el artículo 1 del Acto Legislativo 1 de 2005.

En materia pensional se respetarán todos los derechos adquiridos.

*Inciso adicionado por el artículo 1 del Acto Legislativo 1 de 2005.

Los requisitos y beneficios pensionales para todas las personas, incluidos los de pensión de vejez por actividades de alto riesgo, serán los establecidos en las leyes del Sistema General de Pensiones. No podrá dictarse disposición o invocarse acuerdo alguno para apartarse de lo allí establecido.

*Inciso adicionado por el artículo 1 del Acto Legislativo 1 de 2005.

Para la liquidación de las pensiones sólo se tendrán en cuenta los factores sobre los cuales cada persona hubiere efectuado las cotizaciones. Ninguna pensión podrá ser inferior al salario mínimo legal mensual vigente. Sin embargo, la ley podrá determinar los casos en que se puedan conceder beneficios económicos periódicos inferiores al salario mínimo, a personas de escasos recursos que no cumplan con las condiciones requeridas para tener derecho a una pensión.

*Inciso adicionado por el artículo 1 del Acto Legislativo 1 de 2005.

A partir de la vigencia del presente Acto Legislativo, no habrá regímenes especiales ni exceptuados, sin perjuicio del aplicable a la fuerza pública, al Presidente de la República y a lo establecido en los parágrafos del presente artículo.

*Inciso adicionado por el artículo 1 del Acto Legislativo 1 de 2005.

Las personas cuyo derecho a la pensión se cause a partir de la vigencia del presente Acto Legislativo no podrán recibir más de trece (13) mesadas pensionales al año. Se entiende que la pensión se causa cuando se cumplen todos los requisitos para acceder a ella, aun cuando no se hubiese efectuado el reconocimiento.

*Inciso adicionado por el artículo 1 del Acto Legislativo 1 de 2005.

La ley establecerá un procedimiento breve para la revisión de las pensiones reconocidas con abuso del derecho o sin el cumplimiento de los requisitos establecidos en la ley o en las convenciones y laudos arbitrales válidamente celebrados.

*Inciso adicionado por el artículo 1 del Acto Legislativo 1 de 2005.

Parágrafo 1o. A partir del 31 de julio de 2010, no podrán causarse pensiones superiores a veinticinco (25) salarios mínimos legales mensuales vigentes, con cargo a recursos de naturaleza pública.

*Parágrafo adicionado por el artículo 1 del Acto Legislativo 1 de 2005.

Parágrafo 2o. A partir de la vigencia del presente Acto Legislativo no podrán establecerse en pactos, convenciones colectivas de trabajo, laudos o acto jurídico alguno, condiciones pensionales diferentes a las establecidas en las leyes del Sistema General de Pensiones.

*Parágrafo adicionado por el artículo 1 del Acto Legislativo 1 de 2024.

Parágrafo 3o. Los miembros de la Fuerza Pública que se encuentren o llegaren a estar en goce de asignación de retiro, goce de pensión o sus beneficiarios, tienen derecho a recibir la mesada catorce.

Parágrafo Transitorio 1o. El régimen pensional de los docentes nacionales, nacionalizados y territoriales, vinculados al servicio público educativo oficial es el establecido para el Magisterio en las disposiciones legales vigentes con anterioridad a la entrada en vigencia de la Ley 812 de 2003, y lo preceptuado en el artículo 81 de esta. Los docentes que se hayan vinculado o se vinculen a partir de la vigencia de la citada ley, tendrán los derechos de prima media establecidos en las leyes del Sistema General de Pensiones, en los términos del artículo 81 de la Ley 812 de 2003.

*Parágrafo adicionado por el artículo 1 del Acto Legislativo 1 de 2005.

Parágrafo Transitorio 2o. Sin perjuicio de los derechos adquiridos, el régimen aplicable a los miembros de la Fuerza Pública y al Presidente de la República, y lo establecido en los parágrafos del presente artículo, la vigencia de los regímenes pensionales especiales, los exceptuados, así como cualquier otro distinto al establecido de manera permanente en las leyes del Sistema General de Pensiones expirará el 31 de julio del año 2010.

*Parágrafo adicionado por el artículo 1 del Acto Legislativo 1 de 2005.

Parágrafo Transitorio 3o. Las reglas de carácter pensional que rigen a la fecha de vigencia de este Acto Legislativo contenidas en pactos, convenciones colectivas de trabajo, laudos o acuerdos válidamente celebrados, se mantendrán por el término inicialmente estipulado. En los pactos, convenciones o laudos que se suscriban entre la vigencia de este Acto Legislativo y el 31 de julio de 2010, no podrán estipularse condiciones pensionales más favorables que las que se encuentren actualmente vigentes. En todo caso perderán vigencia el 31 de julio de 2010.

*Parágrafo adicionado por el artículo 1 del Acto Legislativo 1 de 2005.

Parágrafo Transitorio 4o. El régimen de transición establecido en la Ley 100 de 1993 y demás normas que desarrollen dicho régimen, no podrá extenderse más allá del 31 de julio de 2010; excepto para los trabajadores que estando en dicho régimen, además, tengan cotizadas al menos 750 semanas o su equivalente en tiempo de servicios a la entrada en vigencia del presente Acto Legislativo, a los cuales se les mantendrá dicho régimen hasta el año 2014.

Los requisitos y beneficios pensionales para las personas cobijadas por este régimen serán los exigidos por el artículo 36 de la Ley 100 de 1993 y demás normas que desarrollen dicho régimen.

*Parágrafo adicionado por el artículo 1 del Acto Legislativo 1 de 2005.

Parágrafo Transitorio 5o. De conformidad con lo dispuesto por el artículo 140 de la Ley 100 de 1993 y el Decreto 2090 de 2003, a partir de la entrada en vigencia de este último decreto, a los miembros del cuerpo de custodia y vigilancia Penitenciaria y Carcelaria Nacional se les aplicará el régimen de alto riesgo contemplado en el mismo. A quienes ingresaron con anterioridad a dicha fecha se aplicará el régimen hasta ese entonces vigente para dichas personas por razón de los riesgos de su labor, este es el dispuesto para el efecto por la Ley 32 de 1986, para lo cual deben haberse cubierto las cotizaciones correspondientes.

*Parágrafo adicionado por el artículo 1° del Acto Legislativo 1 de 2005.

Parágrafo Transitorio 6o. Se exceptúan de lo establecido por el inciso 8o. del presente artículo, aquellas personas que perciban una pensión igual o inferior a tres (3) salarios mínimos legales mensuales vigentes, si la misma se causa antes del 31 de julio de 2011, quienes recibirán catorce (14) mesadas pensionales al año.

*Parágrafo adicionado por el artículo 1 del Acto Legislativo 1 de 2024.

Parágrafo Transitorio 7o. Accederá a la mesada catorce el personal civil y no uniformado del Ministerio de Defensa Nacional y la Policía Nacional pensionado en virtud del régimen especial y exceptuado del Sistema General de Pensiones.

Concord.: CADH, Art 10; L. 1393/10 *(LTM 12151057)*; L. 1751/15 *(LTM 12174687)*; D. 2353/15 *(LTM 9332359)*; D. U 780/16 *(LTM 9333186)*; C.Const. Sent. T-505/92 M.P. Eduardo Cifuentes Muñoz *(LTM 10102784)*; C.Const. Sent. T-163/18 M.P. Cristina Pardo *(LTM 12910360)*; C.E, Secc. Quinta, Sent. 22/01/2015 M.P. Alberto Yepes *(LTM 9664795)*; SU-297/21 M.P. Alberto Rojas Ríos *(LTM 34405443);* C-197/23 M.P. Juan Carlos Cortés González *(LTM 34397705);* C.Const. Sent. SU-471/23 M.P. Diana Fajardo Rivera *(LTM 34740652)*; C.Const. Sent. SU-221/24 M.P. José Fernando Reyes Cuartas *(LTM 35739615)*; C.Const. Sent. SU-072/24 M.P. Paola Andrea Meneses Mosquera *(LTM 35742943)*; C.Const. Sent. C-054/24 M.P. Paola Andrea Meneses Mosquera *(LTM 35276597)*; C.Const. Sent. SU-239/24 M.P. José Fernando Reyes Cuartas *(LTM 35942974)* ; C.Const. Sent. SU-322/24 M.P. Vladimir Fernández Andrade *(LTM 35914724)*.

Artículo 49

La atención de la salud y el saneamiento ambiental son servicios públicos a cargo del Estado. Se garantiza a todas las personas el acceso a los servicios de promoción, protección y recuperación de la salud.

Corresponde al Estado organizar, dirigir y reglamentar la prestación de servicios de salud a los habitantes y de saneamiento ambiental conforme a los principios de eficiencia, universalidad y solidaridad. También, establecer las políticas para la prestación de servicios de salud por entidades privadas, y ejercer su vigilancia y control. Así mismo, establecer las competencias de la Nación, las entidades territoriales y los particulares y determinar los aportes a su cargo en los términos y condiciones señalados en la ley.

Los servicios de salud se organizarán en forma descentralizada, por niveles de atención y con participación de la comunidad.

La ley señalará los términos en los cuales la atención básica para todos los habitantes será gratuita y obligatoria.

Toda persona tiene el deber de procurar el cuidado integral de su salud y de su comunidad.

El porte y el consumo de sustancias estupefacientes o sicotrópicas está prohibido, salvo prescripción médica. Con fines preventivos y rehabilitadores la ley establecerá medidas y tratamientos administrativos de orden pedagógico, profiláctico o terapéutico para las personas que consuman dichas sustancias. El sometimiento a esas medidas y tratamientos requiere el consentimiento informado del adicto.

Así mismo el Estado dedicará especial atención al enfermo dependiente o adicto y a su familia para fortalecerla en valores y principios que contribuyan a prevenir comportamientos que afecten el cuidado integral de la salud de las personas y, por consiguiente, de la comunidad, y desarrollará en forma permanente campañas de prevención contra el consumo de drogas o sustancias estupefacientes y en favor de la recuperación de los adictos.

*Artículo modificado por el artículo 1 del Acto Legislativo 2 de 2009.

Concord.: CADH, Art. 10; L. 1393/10 *(LTM 12151057)*; L. 1751/15 *(LTM 12174687)*; D. 2353/15 *(LTM 9332359)*; D. U. 780/16 *(LTM 9333186)*; C.Const. Sent. T-505/92 M.P. Eduardo Cifuentes Muñoz *(LTM 10102784)*; C.Const. Sent. T-163/18 M.P. Cristina Pardo *(LTM 12910360)*; C.E., Secc. Quinta, Sent. 22/01/2015 M.P. Alberto Yepes *(LTM 9664795)*.

Artículo 50

Todo niño menor de un año que no esté cubierto por algún tipo de protección o de seguridad social, tendrá derecho a recibir atención gratuita en todas las instituciones de salud que reciban aportes del Estado. La ley reglamentará la materia.

Concord.: C.Const. Sent. T-953/03 M.P. Álvaro Tafur *(LTM 10030293)*; C.E., Secc. Segunda, Sent. 05/08/2010. Rad. 05001-23-31-000-2010-00999-01. M.P. Alfonso Vargas *(LTM 9763172)*.

Artículo 51

Todos los colombianos tienen derecho a vivienda digna. El Estado fijará las condiciones necesarias para hacer efectivo este derecho y promoverá planes de vivienda de interés social, sistemas adecuados de financiación a largo plazo y formas asociativas de ejecución de estos programas de vivienda.

Concord.: DUDH, Art. 25; PIDESC, Art. 11; L. 820/03 *(LTM 9338133)*; D. 890/17 *(LTM 12178037)*; D. U. 1077/15 *(LTM 9332780)*; C.Const. Sent. T-505/16 M.P. Gabriel Eduardo Mendoza *(LTM 9968239)*; C.Const. Sent. T-139/17 M.P. Gloria Stella Ortiz *(LTM 9967536)*; C.S.J. Sala de Casación Penal, Sent. 23/08/2016. Rad. T 87528 M.P. José Francisco Acuña *(LTM 10940012)*.

Artículo 52

El ejercicio del deporte, sus manifestaciones recreativas, competitivas y autóctonas tienen como función la formación integral de las personas, preservar y desarrollar una mejor salud en el ser humano.

El deporte y la recreación, forman parte de la educación y constituyen gasto público social.

Se reconoce el derecho de todas las personas a la recreación, a la práctica del deporte y al aprovechamiento del tiempo libre.

El Estado fomentará estas actividades e inspeccionará, vigilará y controlará las organizaciones deportivas y recreativas cuya estructura y propiedad deberán ser democráticas.

*Artículo modificado por el artículo 1 del Acto Legislativo No. 2 de 2000.

Concord.: L. 181/95 *(LTM 9331538)*; C.Const. Sent. T-560/15 M.P. Gloria Stella Ortiz *(LTM 9968123)*; C.Const. Sent. T-033/17, M.P. Luis Ernesto Vargas *(LTM 9967628)*; C.E., Secc. Tercera, Auto 07/09/2000. Rad. 17001-23-31-000-2000-11921-01 M.P. Jesús María Carillo *(LTM 10049459)*.

Artículo 53

El Congreso expedirá el estatuto del trabajo. La ley correspondiente tendrá en cuenta por lo menos los siguientes principios mínimos fundamentales:

Igualdad de oportunidades para los trabajadores; remuneración mínima vital y móvil, proporcional a la cantidad y calidad de trabajo; estabilidad en el empleo; irrenunciabilidad a los beneficios mínimos establecidos en normas laborales; facultades para transigir y conciliar sobre derechos inciertos y discutibles; situación más favorable al trabajador en caso de duda en la aplicación e interpretación de las fuentes formales de derecho; primacía de la realidad sobre formalidades establecidas por los sujetos de las relaciones laborales; garantía a la seguridad social, la capacitación, el adiestramiento y el descanso necesario; protección especial a la mujer, a la maternidad y al trabajador menor de edad.

El Estado garantiza el derecho al pago oportuno y al reajuste periódico de las pensiones legales.

Los convenios internacionales del trabajo debidamente ratificados, hacen parte de la legislación interna.

La ley, los contratos, los acuerdos y convenios de trabajo, no pueden menoscabar la libertad, la dignidad humana ni los derechos de los trabajadores.

Concord.: Convenios 1, 3, 4, 17, 19, 30, 100, 111, 122, 144, 161 OIT; L. 931/04 *(LTM 12160381)*; D. 1072/15 *(LTM 9337955)*; C.Const. Sent. SU.547/97 M.P. José Gregorio Hernández *(LTM 10102821)*; C.Const. Sent. T 890/00 M.P. Alejandro Martínez Caballero *(LTM 10043527)*; C.Const. Sent. SU-061/23 M.P. Diana Fajardo Rivera *(LTM 33279534)*; C.Const. Sent SU 067/23 M.P. Paola Andrea Meneses Mosquera *(LTM 33507259)*; C.Const. Sent SU-269/23 M.P. Diana Fajardo Rivera *(LTM 34404724)*; C.Const. C-331/23 M.P. Diana Fajardo Rivera *(LTM 34453691)*.

Artículo 54

Es obligación del Estado y de los empleadores ofrecer formación y habilitación profesional y técnica a quienes lo requieran. El Estado debe propiciar la ubicación laboral de las personas en edad de trabajar y garantizar a los minusválidos el derecho a un trabajo acorde con sus condiciones de salud.

Concord.: D. 1443/14 *(LTM 12174282)*; C.S.J. Sala de Casación Laboral. Sent. 19/09/2017. Rad. 54751 M.P. Santander Rafael Brito *(LTM 10462851)*; C.E., Secc. Cuarta, Sent. 26/08/2009, Rad. 44001-23-31-000-2009-00101-01, M.P. William Giraldo *(LTM 9828422)*.

Artículo 55

Garantiza el derecho de negociación colectiva para regular las relaciones laborales, con las excepciones que señale la ley.

Es deber del Estado promover la concertación y los demás medios para la solución pacífica de los conflictos colectivos de trabajo.

Concord.: D. 1265/97 *(LTM 12157782)*; C.Const. Sent. T-597/92 M.P. Ciro Angarita *(LTM 10102699)*; C.Const. Sent. C-161/00 M.P. Alejandro Martínez *(LTM 10044298)*; C.S.J Sala Laboral, Sent. 02/10/2018. Rad. 4469-2018 M.P. Santander Rafael Brito *(LTM 14962215)*.

Artículo 56

Se garantiza el derecho de huelga, salvo en los servicios públicos esenciales definidos por el legislador.

La ley reglamentará este derecho.

Una comisión permanente integrada por el Gobierno, por representantes de los empleadores y de los trabajadores, fomentará las buenas relaciones laborales, contribuirá a la solución de los conflictos colectivos de trabajo y concertará las políticas salariales y laborales. La ley reglamentará su composición y funcionamiento.

Concord.: PIDESC, Art. 8; C.Const. Sent. C-1369/00 M.P. Antonio Barrera Carbonell *(LTM 10043048)*; C.S.J, Sala de Casación Laboral, Resolución 12/12/2012, M.P. Luis Gabriel Miranda *(LTM 10054789)*; C.E., Secc. Segunda, Sent. 24/06/2010, Rad. 11001-03-25-000-2004-00200-01 M.P. Luis Rafael Vergara *(LTM 9764499)*; C.E., Secc. Segunda, Sent. 05/03/2015. M.P. Sandra Ibarra *(LTM 9663866)*.

Artículo 57

La ley podrá establecer los estímulos y los medios para que los trabajadores participen en la gestión de las empresas.

Concord.: D. 2340/03 *(LTM 9387129)*; C.S.J, Sala de Casación Laboral. Sent. 26/10/2016. Rad. 75169 M.P. Clara Cecilia Dueñas *(LTM 11315526)*.

Artículo 58

Se garantizan la propiedad privada y los demás derechos adquiridos con arreglo a las leyes civiles, los cuales no pueden ser desconocidos ni vulnerados por leyes posteriores. Cuando de la aplicación de una ley expedida por motivos de utilidad pública o interés social, resultaren en conflicto los derechos de los particulares con la necesidad por ella reconocida, el interés privado deberá ceder al interés público o social.

La propiedad es una función social que implica obligaciones. Como tal, le es inherente una función ecológica.

El Estado protegerá y promoverá las formas asociativas y solidarias de propiedad.

Por motivos de utilidad pública o de interés social definidos por el legislador, podrá haber expropiación mediante sentencia judicial e indemnización previa. Esta se fijará consultando los intereses de la comunidad y del afectado. En los casos que determine el legislador, dicha expropiación podrá adelantarse por vía administrativa, sujeta a posterior acción contencioso-administrativa, incluso respecto del precio.

*Artículo modificado por el artículo 1o. del Acto Legislativo 1 de 1999.

Concord.: L. 675/01 *(LTM 9376379)*; CorteIDH 06/05/2008. Serie C. N. 179; CorteIDH 03/03/2011. Serie C. N. 222.; C.Const. Sent. T-419/92 M.P. Simón Rodríguez *(LTM 10102887)*; C.E. Secc. Primera, Sent. 22/03/2018. Rad. 73001-23-31-000-2012-00108-01. M.P. Alberto Yepes *(LTM 12783853)*; C.E. Secc. Tercera, Sent. 14/06/1990 Rad 963-CE-SEC3-EXP1990-N5942, M.P. Antonio José de Irisarri *(LTM 10200341)*; C.Const. Sent. C-468 de 2024 M.P. Diana Fajardo Rivera *(LTM)*.

Artículo 59

En caso de guerra y sólo para atender a sus requerimientos, la necesidad de una expropiación podrá ser decretada por el Gobierno Nacional sin previa indemnización.

En el expresado caso, la propiedad inmueble sólo podrá ser temporalmente ocupada, para atender a las necesidades de la guerra, o para destinar a ella sus productos.

El Estado será siempre responsable por las expropiaciones que el Gobierno haga por sí o por medio de sus agentes.

Concord.: CorteIDH Sentencia del 22/06/2015. Serie C. N. 293 *(LTM 5620139)*;CorteIDH Sentencia del 22/06/2015. Serie C.N. 293; C.E. S.C.A, Sent. 17/09/1921. Rad 1211-CE-SCA-1921-09-17. M.P. Sixto Zerda. *(LTM 10284635)*; C.E. S.C.A. Sent. 29/05/1918. Rad 351-CE-SCA-1918-05-29. M.P. Prospero Márquez *(LTM 10286337)*.

Artículo 60

El Estado promoverá, de acuerdo con la ley, el acceso a la propiedad.

Cuando el Estado enajene su participación en una empresa, tomará las medidas conducentes a democratizar la titularidad de sus acciones y ofrecerá a sus trabajadores, a las organizaciones solidarias y de trabajadores, condiciones especiales para acceder a dicha propiedad accionaria. La ley reglamentará la materia.

Concord.: C.Const. Sent. C-392/96 M.P. Alejandro Martínez *(LTM 10100085)*; C.Const. Sent. C-343/96, M.P. José Gregorio Hernández *(LTM 10100136)*; C.E. Sala de Consulta y Servicio Civil, Concepto 08/07/1996. Rad. CE-SC-RAD1996-N855. M.P. Javier Henao *(LTM 10139626)*; C.E. Sala de Consulta y Servicio Civil. Concepto 23/09/2008. Rad. 11001-03-06-000-2008-00068-00 M.P. Gustavo Aponte *(LTM 9833172)*.

Artículo 61

El Estado protegerá la propiedad intelectual por el tiempo y mediante las formalidades que establezca la ley.

Concord.: L. 545/99 *(LTM 12157769)*; L. 1915/18 *(LTM 14485956)*; D. 4540/06 *(LTM 12164399)*; D. 1162/10 *(LTM 12167944)*; C.E. Sala de Consulta y de Servicio Civil, Concepto 05/02/1980, Rad 12-CE-SCS-EXP-1980-N1347, M.P. Jaime Paredes Tamayo. *(LTM 10249464)*; C.E. Secc. Primera, Sent. 03/09/1982, Rad 167-CE-SEC1-EXP1982-N3176, M.P. Jacobo Pérez Escobar. *(LTM 10247535)*; C. Const. Sent. C-027/16, M.P. María Victoria Calle Correa. *(LTM 9969080)*.

Artículo 62

El destino de las donaciones intervivos o testamentarias, hechas conforme a la ley para fines de interés social, no podrá ser variado ni modificado por el legislador, a menos que el objeto de la donación desaparezca. En este caso, la ley asignará el patrimonio respectivo a un fin similar.

El Gobierno fiscalizará el manejo y la inversión de tales donaciones.

Concord.: C.E., Secc. Primera, Sent. 15/04/1967, Rad 187-CE-SEC1-1967-04-15, M.P. Alfonso Arango Henao. *(LTM 10253129)*; C.E. Secc. Cuarta, Sent. 20/08/2009, Rad 25000-23-27-000-2002-01159-01, M.P. Héctor Romero Díaz. *(LTM 9828437)*.

Artículo 63

Los bienes de uso público, los parques naturales, las tierras comunales de grupos étnicos, las tierras de resguardo, el patrimonio arqueológico de la Nación y los demás bienes que determine la ley, son inalienables, imprescriptibles e inembargables.

Concord.: D. 2083/1930 *(LTM 12122191)*; D. 60/1931 *(LTM 9402874)*; C.E. Sala de Consulta y Servicio Civil, Concepto 26/10/1992, Rad 101-CE-SC-EXP1992-N467, M.P. Jaime Betancur Cuartas *(LTM 10182229)*; C.E. Secc. Cuarta. Sent. 28/10/1994. Rad. 880 CE-SEC4-1984-06-22 M.P. Bernardo Ortiz *(LTM 10242924)*; C.E. Secc. Tercera. Sent. 31/08/2000. Rad. CE-SEC3-EXP2000-N17241. M.P. Germán Rodríguez *(LTM 10049574)*; C.E. Secc. Primera. Sent. 30/10/2014, Rad. 2002-00624, M.P. Marco Antonio Velilla *(LTM 9665781)*; C.Const. Sent. T-572/94 M.P. Alejandro Martínez *(LTM 10101021)*.

Artículo 64

Es deber del Estado promover el acceso progresivo a la propiedad de la tierra del campesinado y de los trabajadores agrarios, en forma individual o asociativa. El campesinado es sujeto de derechos y de especial protección, tiene un particular relacionamiento con la tierra basado en la producción de alimentos en garantía de la soberanía alimentaria, sus formas de territorialidad campesina, condiciones geográficas, demográficas, organizativas y culturales que lo distingue de otros grupos sociales.

El Estado reconoce la dimensión económica, social, cultural, política y ambiental del campesinado, así como aquellas que le sean reconocidas y velará por la protección, respeto y garantía de sus derechos individuales y colectivos, con el objetivo de lograr la igualdad material desde un enfoque de género, etario y territorial, el acceso a bienes y derechos como a la educación de calidad con pertinencia, la vivienda, la salud, los servicios públicos domiciliarios, vías terciarias, la tierra, el territorio, un ambiente sano, el acceso e intercambio de semillas, los recursos naturales y la diversidad biológica, el agua, la participación reforzada, la conectividad digital, la mejora de la infraestructura rural, la extensión agropecuaria y empresarial, asistencia técnica y tecnológica para generar valor agregado y medios de comercialización para sus productos.

Los campesinos y las campesinas son libres e iguales a todas las demás poblaciones y tienen derecho a no ser objeto de ningún tipo de discriminación en el ejercicio de sus derechos, en particular las fundadas en su situación económica, social, cultural y política.

Parágrafo 1o. La ley reglamentará la institucionalidad necesaria para lograr los fines del presente artículo y establecerá los mecanismos presupuestales que se requieran, así como el derecho de los campesinos a retirarse de la colectividad, conservando el porcentaje de tierra que le corresponda en casos de territorios campesinos donde la propiedad de la tierra sea colectiva.

Parágrafo 2o. Se creará el trazador presupuestal del campesinado como herramienta para el seguimiento del gasto y la inversión realizada por múltiples sectores y entidades, dirigida a atender a la población campesina ubicada en zona rural y rural dispersa.

* Artículo modificado por el artículo 1º del Acto Legislativo 01 de 2023.

Concord.: L. 101/93 *(LTM 9331976)*; D. 1465/13 *(LTM 9383215)*; C.Const. Sent. C-006/02 M.P. Clara Inés Vargas *(LTM 10039959)*; C.Const. Sent. C-623/15 M.P. Alberto Rojas *(LTM 9967770)*.

Artículo 65

La producción de alimentos gozará de la especial protección del Estado. Para tal efecto, se otorgará prioridad al desarrollo integral de las actividades agrícolas, pecuarias, pesqueras, forestales y agroindustriales, así como también a la construcción de obras de infraestructura física y adecuación de tierras.

De igual manera, el Estado promoverá la investigación y la transferencia de tecnología para la producción de alimentos y materias primas de origen agropecuario, con el propósito de incrementar la productividad.

Concord.: D. 2078/12 *(LTM 9383453)*; C.Const. Sent. T-605/92 M.P. Eduardo Cifuentes *(LTM 10102685)*; C.E., Secc. Primera. Sent. 09/09/1993. Rad. CE-SEC1-EXP1993-N2309 M.P. Miguel González *(LTM 10180468)*; C.Const. Sent. T-253/94 M.P. Vladimiro Naranjo *(LTM 10101315)*.

Artículo 66

Las disposiciones que se dicten en materia crediticia podrán reglamentar las condiciones especiales del crédito agropecuario, teniendo en cuenta los ciclos de las cosechas y de los precios, como también los riesgos inherentes a la actividad y las calamidades ambientales.

Concord.: L. 69/93 *(LTM 9335835)*; D. 2371/15 *(LTM 12152454)*; C.E. Secc. Primera. Sent. 16/11/1996. Rad. 548-CE-SEC1-EXP1996-N3195 M.P. Libardo Rodríguez *(LTM 10128040)*; C.Const. Sent. C-489/94 M.P. José Gregorio Hernández *(LTM 10101105)*.

Artículo 67

La educación es un derecho de la persona y un servicio público que tiene una función social; con ella se busca el acceso al conocimiento, a la ciencia, a la técnica, y a los demás bienes y valores de la cultura.

La educación formará al colombiano en el respeto a los derechos humanos, a la paz y a la democracia; y en la práctica del trabajo y la recreación, para el mejoramiento cultural, científico, tecnológico y para la protección del ambiente.

El Estado, la sociedad y la familia son responsables de la educación, que será obligatoria entre los cinco y los quince años de edad y que comprenderá como mínimo, un año de preescolar y nueve de educación básica.

La educación será gratuita en las instituciones del Estado, sin perjuicio del cobro de derechos académicos a quienes puedan sufragarlos.

Corresponde al Estado regular y ejercer la suprema inspección y vigilancia de la educación con el fin de velar por su calidad, por el cumplimiento de sus fines y por la mejor formación moral, intelectual y física de los educandos; garantizar el adecuado cubrimiento del servicio y asegurar a los menores las condiciones necesarias para su acceso y permanencia en el sistema educativo.

La Nación y las entidades territoriales participarán en la dirección, financiación y administración de los servicios educativos estatales, en los términos que señalen la Constitución y la ley.

Concord.: DUDH, Art. 26; PIDESC, Art. 13 y 14; CorteIDH 01/09/2015. Serie C. N. 298; L. 30/92 *(LTM 9336877)*; L. 115/94 *(LTM 3763902)*; C.S.J Sala de Casación Civil. Sent. 11/09/2014. Rad. T 080012130002014-00365-01. M.P. Ariel Salazar *(LTM 11772739)*; C.E. Secc. Cuarta. Sent. 10/12/2014, Rad. 2014-00981, M.P. Jorge Octavio Ramírez *(LTM 9665140)*; C.Const. Sent. T-612/17 M.P. Cristina Pardo *(LTM 11794323)*.

Artículo 68

Los particulares podrán fundar establecimientos educativos. La Ley establecerá las condiciones para su creación y gestión.

La comunidad educativa participará en la dirección de las instituciones de educación.

La enseñanza estará a cargo de personas de reconocida idoneidad ética y pedagógica. La Ley garantiza la profesionalización y dignificación de la actividad docente.

Los padres de familia tendrán derecho de escoger el tipo de educación para sus hijos menores. En los establecimientos del Estado ninguna persona podrá ser obligada a recibir educación religiosa.

Las integrantes de los grupos étnicos tendrán derecho a una formación que respete y desarrolle su identidad cultural.

La erradicación del analfabetismo y la educación de personas con limitaciones físicas o mentales, o con capacidades excepcionales, son obligaciones especiales del Estado.

Concord.: L. 115/94 *(LTM 3763902)*; D. 1278/02 *(LTM 12159727)*; D. 1421/17 *(LTM 12177972)*; C.Const. Sent. C-007/03 M.P. Rodrigo Escobar Gil *(LTM 10029990)*; C.Const. Sent. C-208/07 M.P. Rodrigo Escobar Gil *(LTM 10005763)*; C.E., Secc. Tercera, Sent. 29/08/2012, Rad. 73001-23-31-000-1999-02489-01. M.P. Jaime Orlando Santofimio *(LTM 9687177)*.

Artículo 69

Se garantiza la autonomía universitaria. Las universidades podrán darse sus directivas y regirse por sus propios estatutos, de acuerdo con la ley.

La ley establecerá un régimen especial para las universidades del Estado.

El Estado fortalecerá la investigación científica en las universidades oficiales y privadas y ofrecerá las condiciones especiales para su desarrollo.

El Estado facilitará mecanismos financieros que hagan posible el acceso de todas las personas aptas a la educación superior.

Concord.: C.Const. Sent. T-539/93. M.P. José Gregorio Hernández *(LTM 10102152)*; C.E., Secc. Segunda, Sent. 22/04/2015 M.P. Alfonso Vargas *(LTM 9662269)*; C.E., Secc. Segunda. Sent. 07/12/2017. Rad. 25000-23-24-000-2009-00068-02 M.P. William Hernández *(LTM 15130480)*.

Artículo 70

El Estado tiene el deber de promover y fomentar el acceso a la cultura de todos los colombianos en igualdad de oportunidades, por medio de la educación permanente y la enseñanza científica, técnica, artística y profesional en todas las etapas del proceso de creación de la identidad nacional.

La cultura en sus diversas manifestaciones es fundamento de la nacionalidad. El Estado reconoce la igualdad y dignidad de todas las que conviven en el país.

El Estado promoverá la investigación, la ciencia, el desarrollo y la difusión de los valores culturales de la Nación.

Concord.: CADH, Art. 42; PIDESC, Art. 14; L. 397/97 *(LTM 9333354)*; L. 1185/08 *(LTM 9334198)*; D. U. 1080/15 *(LTM 9333355)*; C.Const. Sent. T-215/02 M.P. Jaime Córdoba *(LTM 10040947)*.

Artículo 71

La búsqueda del conocimiento y la expresión artística son libres. Los planes de desarrollo económico y social incluirán el fomento a las ciencias y, en general, a la cultura. El Estado creará incentivos para personas e instituciones que desarrollen y fomenten la ciencia y la tecnología y las demás manifestaciones culturales y ofrecerá estímulos especiales a personas e instituciones que ejerzan estas actividades.

Concord.: L. 1516/12 *(LTM 12171293)*; L. 1838/17 *(LTM 12176970)*; C.E., Secc. Primera. Sent. 25/11/2007. Rad. 25000-23-24-000-2003-00652-01. M.P. Rafael Ostau *(LTM 9836978)*; C.Const. Sent. SU.626/15 M.P. Mauricio González *(LTM 9967767)*; C.E., Secc. Tercera. Sent. 11/03/2009. Rad. 25000-23-31-000-2000-13018-01 M.P. Ruth Stella Correa *(LTM 9831373)*.

Artículo 72

El patrimonio cultural de la Nación está bajo la protección del Estado. El patrimonio arqueológico y otros bienes culturales que conforman la identidad nacional, pertenecen a la Nación y son inalienables, inembargables e imprescriptibles. La ley establecerá los mecanismos para readquirirlos cuando se encuentren en manos de particulares y reglamentará los derechos especiales que pudieran tener los grupos étnicos asentados en territorios de riqueza arqueológica.

Concord.: L. 1675/13 *(LTM 9377073)*; D. 833/02 *(LTM 9338244)*; D. 1530/16 *(LTM 9338260)*; C.Const. Sent. C-742/06 M.P. Marco Gerardo Monroy *(LTM 10026640)*; C.Const. Sent. C-474/03, M.P. Eduardo Montealegre *(LTM 10030775)*; C.E., Secc. Cuarta. Sent. 03/07/2003. Rad. 73001-23-31-000-2002-00701-01. M.P. María Inés Ortiz *(LTM 9868891)*; C.E., Secc. Primera. Sent. 31/05/2018. Rad. 15001-23-31-000-2012-00122-02. M.P. Oswaldo Giraldo *(LTM 15125142)*.

Artículo 73

La actividad periodística gozará de protección para garantizar su libertad e independencia profesional.

Concord.: CADH, Arts. 13 y 29; CorteIDH Opinión Consultiva. Sentencia del 13/11/1985. Serie A. N. 5; L. 918/04 *(LTM 12160289)*; L. 1016/06 *(LTM 12164319)*; C.Const. Sent. T-484/94. M.P. Jorge Arango Mejía *(LTM 10101108)*.

Artículo 74

Todas las personas tienen derecho a acceder a los documentos públicos salvo los casos que establezca la ley.

El secreto profesional es inviolable.

Concord.: L. 1712/14 *(LTM 9336969)*; CorteIDH 19/09/2006. Serie C. N. 151; C.Const. Sent. T-524/93 M.P. Hernando Herrera *(LTM 10102165)*; C.E. Secc. Cuarta. Sent. 26/04/1996. Rad. 338-CE-SEC4-EXP1996-NAC3494. M.P. Delio Gómez *(LTM 10141061)*; C.E. Secc. Primera. Sent. 25/07/2002. Rad. 08001-23-31-000-2002-2294-01 M.P. Gabriel Eduardo Mendoza *(LTM 9979945)*.

Artículo 75

El espectro electromagnético es un bien público inenajenable e imprescriptible sujeto a la gestión y control del Estado. Se garantiza la igualdad de oportunidades en el acceso a su uso en los términos que fije la ley.

Para garantizar el pluralismo informativo y la competencia, el Estado intervendrá por mandato de la ley para evitar las prácticas monopolísticas en el uso del espectro electromagnético.

Concord.: L. 1341/09 *(LTM 9336859)*; D. 1370/18 *(LTM 14555971)*; C.E., Secc. Tercera. Sent. 17/10/1996. Rad. 7-CE-SEC3-EXP1996-N11542 M.P. Jesús María Carillo *(LTM 10137436)*; C.Const. Sent. C-519/16 M.P. Gabriel Eduardo Mendoza *(LTM 9968217)*.

Artículo 76

* Artículo derogado por el artículo 1 del Acto Legislativo 2 de 2011.

Artículo 77

El Congreso de la República expedirá la ley que fijará la política en materia de televisión.

*Artículo modificado por el artículo 2 del Acto Legislativo 2 de 2011.

Concord.: L. 182/95 *(LTM 9383715)*; L. 335/96 *(LTM 9332889)*; L. 1507/12 *(LTM 9404391)*; C.E. Secc. Cuarta. Sent. 01/01/1998. Rad. 257-CE-SEC4-EXP1998-N8747 M.P. Delio Gómez *(LTM 10115845)*; C.E. Secc. Primera. Sent. 21/05/2015 M.P. María Elizabeth García *(LTM 9661751)*; C.Const. Sent. T-599/16 M.P. Luis Ernesto Vargas *(LTM 9968079)*; C.Const. Sent. T-114/18 M.P. Carlos Libardo Bernal *(LTM 13007822)*.

CAPÍTULO 3
DE LOS DERECHOS COLECTIVOS Y DEL AMBIENTE

Artículo 78

La ley regulará el control de calidad de bienes y servicios ofrecidos y prestados a la comunidad, así como la información que debe suministrarse al público en su comercialización.

Serán responsables, de acuerdo con la ley, quienes en la producción y en la comercialización de bienes y servicios, atenten contra la salud, la seguridad y el adecuado aprovisionamiento a consumidores y usuarios.

El Estado garantizará la participación de las organizaciones de consumidores y usuarios en el estudio de las disposiciones que les conciernen. Para gozar de este derecho las organizaciones deben ser representativas y observar procedimientos democráticos internos.

Concord.: L. 1340/09 *(LTM 9339670)*; L. 1480/11 *(LTM 9406184)*; L. 1748/14 *(LTM 9406234)*; D. 975/14 *(LTM 12174287)*; D. 2071/15 *(LTM 12170360)*; C.E.Secc. Primera. Sent. 03/06/2010. Rad. 19001-23-31-000-2005-01737-01. M.P. María Claudia Rojas *(LTM 9765787)*; C.S.J. Sala de Casación Civil. Sent. 15/12/2016. Rad. T1700122130002016-00507-01. M.P. Luis Armando Tolosa *(LTM 10680978)*; C.Const. Sent. T-543/17 M.P. Diana Constanza Fajardo *(LTM 10838045)*; C.Const. Sent. C-583/15 M.P. Gloria Stella Ortiz *(LTM 9968089)*.

Artículo 79

Todas las personas tienen derecho a gozar de un ambiente sano. La ley garantizará la participación de la comunidad en las decisiones que puedan afectarlo.

Es deber del Estado proteger la diversidad e integridad del ambiente, conservar las áreas de especial importancia ecológica y fomentar la educación para el logro de estos fines.

Concord.: CADH, Art. 11; D. 2811/74 *(LTM 9336818)*; D. 2691/14 *(LTM 9337229)*; D. U. 1076/15 *(LTM 9332518)*; C.E. Secc. Primera. Sent. 11/11/1993, Rad. 847-CE-SEC1-EXP1993-N2513 M.P. Ernesto Rafael Ariza *(LTM 10180129)*; C.S.J. Sala de Casación Penal. Sent. 04/08/2016. Rad. T 86998. M.P. José Luis Barceló *(LTM 11183328)*; C.Const. Sent. SU.067/93. M.P. Fabio Morón Díaz *(LTM 10102611)*; Corte IDH OC-23/17; C.Const. Sent. C-280/24 M.P. Antonio José Lizarazo Ocampo *(LTM 36321747)*.

Artículo 80

El Estado planificará el manejo y aprovechamiento de los recursos naturales, para garantizar su desarrollo sostenible, su conservación, restauración o sustitución.

Además, deberá prevenir y controlar los factores de deterioro ambiental, imponer las sanciones legales y exigir la reparación de los daños causados.

Así mismo, cooperará con otras naciones en la protección de los ecosistemas situados en las zonas fronterizas.

Concord.: ONU Resolución 14/12/1962. No. 1803 (XVII); Ley 99/93 *(LTM 9335986)*; L. 356/97 *(LTM 12157101)*; D. 2811/74 *(LTM 9336818)*; D. U. 1076/15 *(LTM 9332518)*; D. 1648/16 *(LTM 9339069)*; D. 1090/18 *(LTM 14485987)*; C.Const. Sent. T-622/16 M.P. Jorge Iván Palacios *(LTM 9968058)*; C.Const. Sent. C-225/17 M.P. Alejandro Linares *(LTM 9967454)*; C.E. Secc. Primera. Sent. 24/09/2006 Rad. 25000-23-25-000-2002-02193-01 M.P. Camilo Arciniegas *(LTM 9844527)*; C.E. Secc. Primera. Sent. 19/10/2018 Rad. 11001-03-24-000-2014-00330-00 M.P. Oswaldo Giraldo *(LTM 15115553)*; Const. Sent. C-280/24 M.P. Antonio José Lizarazo Ocampo *(LTM 36321747)*.

Artículo 81

Queda prohibida la fabricación, importación, posesión y uso de armas químicas, biológicas y nucleares, así como la introducción al territorio nacional de residuos nucleares y desechos tóxicos.

El Estado regulará el ingreso al país y la salida de él de los recursos genéticos, y su utilización, de acuerdo con el interés nacional.

Concord.: L. 945/05 *(LTM 12163585)*; D. 4741/05 *(LTM 9339065)*; C.Const. Sent. C-377/96 M.P. Antonio Barrera Carbonell *(LTM 10100098)*; C.Const. Sent. C-036/14 M.P. Luis Ernesto Vargas *(LTM 9994630)*; C.E. Sala de Consulta y Servicio Civil. Auto

08/08/1997. No. 211-CE-SC-EXP1997-N977 M.P. César Hoyos *(LTM 10121261)*; Comunidad Andina. Resolución 17/07/1996 No. 391 *(LTM 5893517)*.

Artículo 82

Es deber del Estado velar por la protección de la integridad del espacio público y por su destinación al uso común, el cual prevalece sobre el interés particular.

Las entidades públicas participarán en la plusvalía que genere su acción urbanística y regularán la utilización del suelo y del espacio aéreo urbano en defensa del interés común.

Concord.: D. 1504/98 *(LTM 9337025)*; L. 1454/11 *(LTM 12170501)*; D. 1065/14 *(LTM 12174296)*; C.E. Secc. Primera. Sent. 25/03/2010 Rad. 25000-23-27-000-2004-02676-01. M.P. María Claudia Rojas *(LTM 9824912)*; C.E. Secc. Primera. Sent. 16/06/2011. Rad. 20001-23-31-000-2003-02268-01 M.P. María Elizabeth García *(LTM 9707331)*; C.E. Secc. Primera. Auto 02/04/2014 M.P. Guillermo Vargas *(LTM 9669795)*; C.Const. Sent. T-021/00 M.P. José Gregorio Hernández *(LTM 10044452)*; C.Const. Sent. T-424/17 M.P. Alejandro Linares *(LTM 10433859)*.

CAPÍTULO 4
DE LA PROTECCIÓN Y APLICACIÓN DE LOS DERECHOS

Artículo 83

Las actuaciones de los particulares y de las autoridades públicas deberán ceñirse a los postulados de la buena fe, la cual se presumirá en todas las gestiones que aquellos adelanten ante éstas.

Concord.: C.C. Art. 769 *(LTM 9334173)*; C.Const. Sent. C-540/95 M.P. Jorge Arango Mejía *(LTM 10840629)*; C.S.J Sala de Casación Laboral. Resolución 08/11/2011 M.P. Francisco Javier Ricaurte *(LTM 10076884)*; C.S.J Sala de Casación Penal. Auto. 29/07/2015. No.45902 M.P. Eugenio Fernández *(LTM 11575613)*; C.E. Secc. Primera. Auto 06/01/2008 No. 05001-23-31-000-2000-03129-01 M.P. Rafael Ostau *(LTM 9836345)*.

Artículo 84

Cuando un derecho o una actividad hayan sido reglamentados de manera general, las autoridades públicas no podrán establecer ni exigir permisos, licencias o requisitos adicionales para su ejercicio.

Concord.: C.Const. Sent. T-336/15 M.P. Mauricio González *(LTM 9968521)*; C.E. Secc. Segunda. Sent. 12/08/2010. Rad. 11001-03-25-000-2009-00024-00 M.P. Víctor Hernando Alvarado *(LTM 9763003)*.

Artículo 85

Son de aplicación inmediata los derechos consagrados en los artículos 11, 12, 13, 14, 15, 16, 17, 18, 19, 20, 21, 23, 24, 26, 27, 28, 29, 30, 31, 33, 34, 37 y 40.

Concord.: C.E. Secc. Tercera. Sent. 03/02/1993. Rad. AC481. M.P. Juan de Dios Montes *(LTM 10181784)*; C.E. Sala Plena. Sent. 01/01/1994. Rad. 239-CE-SP-EXP1993-NAC590. M.P. Miguel González *(LTM 10179679)*; C.S.J Sala de Casación Laboral Sent. 24/04/2013 Rad. 40523 M.P. Luis Gabriel Miranda *(LTM 11794974)*.

Artículo 86

Toda persona tendrá acción de tutela para reclamar ante los jueces, en todo momento y lugar, mediante un procedimiento preferente y sumario, por sí misma o por quien actúe a su nombre, la protección inmediata de sus derechos constitucionales fundamentales, cuando quiera que éstos resulten vulnerados o amenazados por la acción o la omisión de cualquier autoridad pública.

La protección consistirá en una orden para que aquel respecto de quien se solicita la tutela, actúe o se abstenga de hacerlo. El fallo, que será de inmediato cumplimiento, podrá impugnarse ante el juez competente y, en todo caso, éste lo remitirá a la Corte Constitucional para su eventual revisión.

Esta acción sólo procederá cuando el afectado no disponga de otro medio de defensa judicial, salvo que aquella se utilice como mecanismo transitorio para evitar un perjuicio irremediable.

En ningún caso podrán transcurrir más de diez días entre la solicitud de tutela y su resolución.

La ley establecerá los casos en los que la acción de tutela procede contra particulares encargados de la prestación de un servicio público o cuya conducta afecte grave y directamente el interés colectivo, o respecto de quienes el solicitante se halle en estado de subordinación o indefensión.

Concord.: D. 2591/91 *(LTM 12152023)*; D. 1382/00 *(LTM 12152022)*; D. U 1983/17 *(LTM 12178020)*; C.Const. Sent. T-146A/03 M.P. Clara Inés Vargas *(LTM 10039813)*; C.Const. Sent. SU.391/16 M.P. Alejandro Linares *(LTM 9968448)*; C.Const. Sent. T-604/17 M.P. Carlos Libardo Bernal *(LTM 11794325)*; C.Const. Sent. T-289/18 M.P. Carlos Libardo Bernal *(LTM 14492339)*; C.S.J Sala Casación Penal. Sent. 07/11/2014.

Rad. T 76532 M.P. Patricia Salazar *(LTM 11780452)*; C.S.J. Sala de Casación Penal. Auto 17/08/2017. No. T 93276 M.P. Luis Antonio Hernández *(LTM 10523792)*.

Artículo 87

Toda persona podrá acudir ante la autoridad judicial para hacer efectivo el cumplimiento de una ley o un acto administrativo.

En caso de prosperar la acción, la sentencia ordenará a la autoridad renuente el cumplimiento del deber omitido.

Concord.: L. 393/97 *(LTM 9381860)*; C.E. Secc. Primera. Sent. 04/03/1999. Rad. CE-SEC1-EXP1999-NACU620. M.P. Libardo Rodríguez *(LTM 10096506)*; C.E. Secc. Quinta. Sent. 02/03/2017. Rad. 20001-23-33-000-2016-00499-01 M.P. Lucy Jeannette Bermúdez *(LTM 9879667)*; C.Const. Sent. C-1194/01 M.P. Manuel José Cepeda *(LTM 10041368)*.

Artículo 88

La ley regulará las acciones populares para la protección de los derechos e intereses colectivos, relacionados con el patrimonio, el espacio, la seguridad y la salubridad públicos, la moral administrativa, el ambiente, la libre competencia económica y otros de similar naturaleza que se definen en ella.

También regulará las acciones originadas en los daños ocasionados a un número plural de personas, sin perjuicio de las correspondientes acciones particulares.

Así mismo, definirá los casos de responsabilidad civil objetiva por el daño inferido a los derechos e intereses colectivos.

Concord.: L. 472/98 *(LTM 9345301)*; L. 1425/10 *(LTM 12157355)*; C.E. Secc. Tercera. Auto 19/08/2004 No. 25000-23-27-000-2004-0643-01 M.P. Ramiro Saavedra *(LTM 9860814)*; C.E. Secc. Tercera. Auto 06/08/2006. No. 25000-23-25-000-2005-01679-01 M.P. Ruth Stella Correa *(LTM 9845403)*; C.E. Secc. Quinta. Auto. 10/04/2014 M.P. Alberto Yepes *(LTM 9669576)*.

Artículo 89

Además de los consagrados en los artículos anteriores, la ley establecerá los demás recursos, las acciones, y los procedimientos necesarios para que puedan propugnar por la integridad del orden jurídico, y por la protección de sus derechos individuales, de grupo o colectivos, frente a la acción u omisión de las autoridades públicas.

Concord.: C.S.J. Sala de Casación Laboral. Resolución 09/04/2014 M.P. Clara Cecilia Dueñas *(LTM 6187344)*; C.Const. Sent. C-471/06 M.P. Álvaro Tafur *(LTM 10026919)*; C.Const. Sent. C-342/07 M.P. Rodrigo Escobar Gil *(LTM 10005630)*.

Artículo 90

El Estado responderá patrimonialmente por los daños antijurídicos que le sean imputables, causados por la acción o la omisión de las autoridades públicas.

En el evento de ser condenado el Estado a la reparación patrimonial de uno de tales daños, que haya sido consecuencia de la conducta dolosa o gravemente culposa de un agente suyo, aquel deberá repetir contra éste.

Concord.: L. 678/01 *(LTM 12152362)*; C.E. Secc. Tercera. Sent. 18/02/2010. Rad. 66001-23-31-000-1998-00618-01. M.P. Myriam Guerrero *(LTM 9825959)*; C.E. Secc. Tercera. Sent. 08/08/2012 Rad. 76001-2325-000-1998-5486-01. M.P. Jaime Orlando Santofimio *(LTM 9688515)*; C.Const. Sent. C-372/02 M.P. Jaime Córdoba Triviño *(LTM 10040778)*.

Artículo 91

En caso de infracción manifiesta de un precepto constitucional en detrimento de alguna persona, el mandato superior no exime de responsabilidad al agente que lo ejecuta.

Los militares en servicio quedan exceptuados de esta disposición. Respecto de ellos, la responsabilidad recaerá únicamente en el superior que da la orden.

Concord.: C.Const. Sent. C-048/06 M.P. Marco Gerardo Monroy *(LTM 10027336)*.

Artículo 92

Cualquier persona natural o jurídica podrá solicitar de la autoridad competente la aplicación de las sanciones penales o disciplinarias derivadas de la conducta de las autoridades públicas.

Concord.: C.P. Título XV *(LTM 9335791)*, Art. 397-434; L. 1474/11 *(LTM 9335718)*; D. 1073/99 *(LTM 12158470)*; L. 734/02 *(LTM 9338211)*; L. 836/03 *(LTM 12160293)*;

L. 1015/06 *(LTM 9332764)*; C.E. S.C.A Sent. 14/04/2016 M.P. Gabriel Valbuena *(LTM 9900825)*; C.Const. Sent. C-555/01 M.P. Marco Gerardo Monroy *(LTM 10042023)*.

Artículo 93

Los tratados y convenios internacionales ratificados por el Congreso, que reconocen los derechos humanos y que prohíben su limitación en los estados de excepción, prevalecen en el orden interno.

Los derechos y deberes consagrados en esta Carta, se interpretarán de conformidad con los tratados internacionales sobre derechos humanos ratificados por Colombia.

El Estado Colombiano puede reconocer la jurisdicción de la Corte Penal Internacional en los términos previstos en el Estatuto de Roma adoptado el 17 de julio de 1998 por la Conferencia de Plenipotenciarios de las Naciones Unidas y, consecuentemente, ratificar este tratado de conformidad con el procedimiento establecido en esta Constitución.

* Inciso 3 adicionado por el artículo 1 del Acto Legislativo No. 2 de 2001.

La admisión de un tratamiento diferente en materias sustanciales por parte del Estatuto de Roma con respecto a las garantías contenidas en la Constitución tendrá efectos exclusivamente dentro del ámbito de la materia regulada en él.

* Inciso 4 adicionado por el artículo 1 del Acto Legislativo No. 2 de 2001.

Concord.: D. 4100/11 *(LTM 9333561)*; C.E. Secc. Segunda. Sent. 14/12/2011. Rad. 11001-03-25-000-2005-00244-01 M.P. Carlos Arturo Orjuela *(LTM 9701716)*; C.E. Secc. Segunda Sent. 06/10/2016, Rad. 2012-00681, M.P. Sandra Lisset Ibarra *(LTM 9643775)*; C.Const. Sent. C-225/95 M.P. Alejandro Martínez *(LTM 10100762)*; C.Const. Sent. C-067/03 M.P. Marco Gerardo Monroy *(LTM 10039904)*; C.S.J. Sala de Casación Penal. Auto 30/07/2014. No. 44202 M.P. María del Rosario González *(LTM 11744168)*; C.Const. Sent. C-146/21 M.P. Cristina Pardo Schlesinger *(LTM 23521598)*.

Artículo 94

La enunciación de los derechos y garantías contenidos en la Constitución y en los convenios internacionales vigentes, no debe entenderse como negación de otros que, siendo inherentes a la persona humana, no figuren expresamente en ellos.

Concord.: C.Const. Sent. T-487/06 M.P. Jaime Araújo *(LTM 10026904)*; C.Const. Sent. T-212/09 M.P. Gabriel Eduardo Mendoza *(LTM 10004396)*; C.Const. Sent.

T-245/16 M.P. Gloria Stella Ortiz *(LTM 9968715)*; C.S.J Sala de Casación Civil y Agraria. Sent. 16/09/2013. Rad. T 1700122130002013-00184-01. M.P. Margarita Cabello *(LTM 11819179)*.

CAPÍTULO 5
DE LOS DEBERES Y OBLIGACIONES

Artículo 95

La calidad de colombiano enaltece a todos los miembros de la comunidad nacional. Todos están en el deber de engrandecerla y dignificarla. El ejercicio de los derechos y libertades reconocidos en esta Constitución implica responsabilidades.

Toda persona está obligada a cumplir la Constitución y las leyes.

Son deberes de la persona y del ciudadano:

1. Respetar los derechos ajenos y no abusar de los propios;
2. Obrar conforme al principio de solidaridad social, respondiendo con acciones humanitarias ante situaciones que pongan en peligro la vida o la salud de las personas;
3. Respetar y apoyar a las autoridades democráticas legítimamente constituidas para mantener la independencia y la integridad nacionales;
4. Defender y difundir los derechos humanos como fundamento de la convivencia pacífica;
5. Participar en la vida política, cívica y comunitaria del país;
6. Propender al logro y mantenimiento de la paz;
7. Colaborar para el buen funcionamiento de la administración de la justicia;
8. Proteger los recursos culturales y naturales del país y velar por la conservación de un ambiente sano,
9. Contribuir al financiamiento de los gastos e inversiones del Estado dentro de conceptos de justicia y equidad.

Concord.: C.E. Secc. Primera. Auto. 06/08/2006. No. 54001-23-31-000-2003-01311-01 M.P. Camilo Arciniegas *(LTM 9845395)*; C.E. Secc. Primera. Sent. 27/07/2017. Rad. 11001-03-15-000-2017-01683-00 M.P. Roberto Augusto Serrato *(LTM 15135505)*; C.Const. Sent. T-125/94 M.P. Eduardo Cifuentes *(LTM 10101444)*; C.Const. Sent. SU.747/98 M.P. Eduardo Cifuentes *(LTM 10098281)*; C.Const. Sent. T-976/03 M.P. Eduardo Montealegre *(LTM 10030270)*; C.Const. Sent. T-277/16 M.P. Alejandro Linares *(LTM 9968655)*; C.Const. Sent. T-270/16 M.P. María Victoria Calle *(LTM 9968666)*; C.Const. Sent. C-164/22 M.P. Antonio José Lizarazo Ocampo *(LTM 29554084)*.

TÍTULO III
DE LOS HABITANTES Y DEL TERRITORIO

CAPÍTULO 1
DE LA NACIONALIDAD

Artículo 96

Son nacionales colombianos.

1. Por nacimiento:

a) Los naturales de Colombia, que con una de dos condiciones: que el padre o la madre hayan sido naturales o nacionales colombianos o que, siendo hijos de extranjeros, alguno de sus padres estuviere domiciliado en la República en el momento del nacimiento y;

b) Los hijos de padre o madre colombianos que hubieren nacido en tierra extranjera y fuego se domiciliaren en territorio colombiano o registraren en una oficina consular de la República.

2. Por adopción:

a) Los extranjeros que soliciten y obtengan carta de naturalización, de acuerdo con la ley, la cual establecerá los casos en los cuales se pierde la nacionalidad colombiana por adopción;

b) Los Latinoamericanos y del Caribe por nacimiento domiciliados en Colombia, que con autorización del Gobierno y de acuerdo con la ley y el principio de reciprocidad, pidan ser inscritos como colombianos ante la municipalidad donde se establecieren, y;

c) Los miembros de los pueblos indígenas que comparten territorios fronterizos, con aplicación del principio de reciprocidad según tratados públicos.

Ningún colombiano por nacimiento podrá ser privado de su nacionalidad. La calidad de nacional colombiano no se pierde por el hecho de adquirir otra nacionalidad. Los nacionales por adopción no estarán obligados a renunciar a su nacionalidad de origen o adopción.

Quienes hayan renunciado a la nacionalidad colombiana podrán recobrarla con arreglo a la ley.

---

*Artículo modificado por el artículo 1 del Acto Legislativo No. 1 de 2002.

Concord.: L. 43/93 *(LTM 9348034)*; D. 1775/96 *(LTM 12156724)*; C.E. Sala de Consulta y Servicio Civil. Auto 23/02/1994. No. 190-CE-SC-EXP1994-N616 M.P. Roberto Suárez *(LTM 10179578)*; C.E. Sala de Consulta y Servicio Civil. Auto 22/04/1999. No. 172-CE-SC-RAD1999-N1183. M.P. César Hoyos *(LTM 10096205)*; C.Const. Sent. C-104/16, M.P. Luis Guillermo Guerrero *(LTM 9968958)*; C.Const. Sent. T-421/17

M.P. Iván Humberto Escrucería *(LTM 9967329)*; C.Const. Sent. SU-180/22 M.P. Jorge Enrique Ibáñez Najar *(LTM 29554082)*.

Artículo 97

El colombiano, aunque haya renunciado a la calidad de nacional, que actúe contra los intereses del país en guerra exterior contra Colombia, será juzgado y penado como traidor.

Los colombianos por adopción y los extranjeros domiciliados en Colombia, no podrán ser obligados a tomar las armas contra su país de origen; tampoco lo serán los colombianos nacionalizados en país extranjero, contra el país de su nueva nacionalidad.

Concord.: L. 43/93 *(LTM 9348034)*; C.Const. Sent. C-335/99 M.P. Vladimiro Naranjo Mesa *(LTM 10094733)*; C.Const. Sent. C-451/15 M.P. Jorge Iván Palacios *(LTM 9967737)*.

CAPÍTULO 2
DE LA CIUDADANÍA

Artículo 98

La ciudadanía se pierde de hecho cuando se ha renunciado a la nacionalidad, y su ejercicio se puede suspender en virtud de decisión judicial en los casos que determine la ley.

Quienes hayan sido suspendidos en el ejercicio de la ciudadanía, podrán solicitar su rehabilitación.

Parágrafo. Mientras la ley no decida otra edad, la ciudadanía se ejercerá a partir de los dieciocho años.

Concord.: D. 691/1935 *(LTM 9391348)*; C.Const. Sent. C-484/17 M.P. Iván Humberto Escrucería *(LTM 11794292)*; C.E. Sala Plena. Auto 15/05/1973. No. 406-CE-SP-EXP1973-N31 M.P. Carlos Galindo *(LTM 10251862)*; C.Const. Sent. C-113/23 M.P. Antonio José Lizarazo *(LTM 33209373)*.

Artículo 99

La calidad de ciudadano en ejercicio es condición previa e indispensable para ejercer el derecho de sufragio, para ser elegido y para desempeñar cargos públicos que lleven anexa autoridad o jurisdicción.

Concord.: L. 84/93 *(LTM 12152350)*; C.Const. Sent. T-502/2002, M.P. Clara Inés Vargas *(LTM 10040639)*; C.Const. Sent. T-497/06 M.P. Jaime Córdoba Triviño *(LTM 10026893)*.

CAPÍTULO 3
DE LOS EXTRANJEROS

Artículo 100

Los extranjeros disfrutarán en Colombia de los mismos derechos civiles que se conceden a los colombianos. No obstante, la ley podrá, por razones de orden público, subordinar a condiciones especiales o negar el ejercicio de determinados derechos civiles a los extranjeros.

Así mismo, los extranjeros gozarán, en el territorio de la República, de las garantías concedidas a los nacionales, salvo las limitaciones que establezcan la Constitución o la ley.

Los derechos políticos se reservan a los nacionales, pero la ley podrá conceder a los extranjeros residentes en Colombia el derecho al voto en las elecciones y consultas populares de carácter municipal o distrital.

Concord.: DUDH-PIDCP, Art. 1, 2, 3, 13; C.Const. Sent. T-210/18, M.P. Gloria Stella Ortiz Delgado *(LTM 13097253)*; C.E. Secc. Primera, Auto 10/10/1967, Rad 185-CE-SEC1-1967-10-10, M.P. Alfonso Meluk *(LTM 10253065)*; CorteIDH 01/10/1999. Serie A. N. 16.

CAPÍTULO 4
DEL TERRITORIO

Artículo 101

Los límites de Colombia son los establecidos en los tratados internacionales aprobados por el Congreso, debidamente ratificados por el Presidente de la República, y los definidos por los laudos arbitrales en que sea parte la Nación.

Los límites señalados en la forma prevista por esta Constitución, sólo podrán modificarse en virtud de tratados aprobados por el Congreso, debidamente ratificados por el Presidente de la República.

Forman parte de Colombia, además del territorio continental, el archipiélago de San Andrés, Providencia y Santa Catalina, la isla de Malpelo, además de las islas, islotes, cayos, morros y bancos que le pertenecen.

*Inciso corregido según Aclaración de la Secretaría General de la Asamblea Nacional Constituyente del 6 de septiembre de 1991, publicada en la Gaceta Constitucional No. 125, del 25 de septiembre de 1991.

También son parte de Colombia, el subsuelo, el mar territorial, la zona contigua, la plataforma continental, la zona económica exclusiva, el espacio aéreo, el segmento de la órbita geoestacionaria, el espectro electromagnético y el espacio donde actúa, de conformidad con el Derecho Internacional o con las leyes colombianas a falta de normas internacionales.

Concord.: L. 14/1914 *(LTM 12105913)*; L. 56 de 1921 *(LTM 9353435)*.

Artículo 102

El territorio, con los bienes públicos que de él forman parte, pertenecen a la Nación.

Concord.: C.E. Secc. Primera, Sent. 25/02/1985, Rad 347-CE-SEC1-EXP1985-N4730, M.P. Samuel Buitrago Hurtado *(LTM 10242476)*; C.E. Secc. Cuarta, Sent. 13/11/2003, Rad 47001-23-31-000-2000-0003-01, M.P. Ligia López Díaz *(LTM 9866554)*; C.E., Secc. Primera, Sent. 01/07/2007, Rad 19001-23-31-000-2004-01611-01, M.P. Gabriel Eduardo Mendoza Martelo *(LTM 9839934)*.

TÍTULO IV
DE LA PARTICIPACIÓN DEMOCRÁTICA Y DE LOS PARTIDOS POLÍTICOS

CAPÍTULO 1
DE LAS FORMAS DE PARTICIPACIÓN DEMOCRÁTICA

Artículo 103

Son mecanismos de participación del pueblo en ejercicio de su soberanía: el voto, el plebiscito, el referendo, la consulta popular, el cabildo abierto, la iniciativa legislativa y la revocatoria del mandato. La ley los reglamentará.

El Estado contribuirá a la organización, promoción y capacitación de las asociaciones profesionales, cívicas, sindicales, comunitarias, juveniles, benéficas o de utilidad común no gubernamentales, sin detrimento de su autonomía con el objeto de que constituyan mecanismos democráticos de representación en las diferentes instancias de participación, concertación, control y vigilancia de la gestión pública que se establezcan.

Concord.: L. 134/94 *(LTM 9333135)*; L. 1864/17 *(LTM 12176982)*; D. 1872/17 *(LTM 12178013)*; C.S.J, Sala de Casación Laboral, Sent. 26/10/2016, Rad. T 69433, M.P. Fernando Castillo Cadena *(LTM 11315707)*; C.E., Secc. Primera, Sent. 29/09/2016, Rad. 2016-02680, M.P. Roberto Augusto Serrato Valdés *(LTM 9643911)*; C.Const. Sent. C-180/94, M.P. Hernando Herrera Vergara *(LTM 10101433)*.

Artículo 104

El Presidente de la República, con la firma de todos los ministros y previo concepto favorable del Senado de la República, podrá consultar al pueblo decisiones de trascendencia nacional. La decisión del pueblo será obligatoria. La consulta no podrá realizarse en concurrencia con otra elección.

Concord.: L. 1806/16 *(LTM 12174807)*; D. 1391/16 *(LTM 12175369)*; D. 1398/16 *(LTM 9409342)*; C.Const. Sent. C-609/17 M.P. Carlos Libardo Bernal Pulido *(LTM 10838015)*.

Artículo 105

Previo cumplimiento de los requisitos y formalidades que señale el estatuto general de la organización territorial y en los casos que éste determine, los Gobernadores y Alcaldes según el caso, podrán realizar consultas populares para decidir sobre asuntos de competencia del respectivo departamento o municipio.

Concord.: C.E., Secc. Primera, Auto 29/07/1994, Rad CE-SEC1-EXP1994-N2851, M.P. Yesid Rojas Serrano *(LTM 10154238)*; C.E., Secc. Quinta. Sent. 23/04/2018. Rad 11001-03-15-000-2017-02516-01, M.P. Alberto Yepes Barreiro *(LTM 15127114)*.

Artículo 106

Previo el cumplimiento de los requisitos que la ley señale y en los casos que ésta determine, los habitantes de las entidades territoriales podrán presentar proyectos sobre asuntos que son de competencia de la respectiva corporación pública, la cual está obligada a tramitarlos; decidir sobre las disposiciones de interés de la comunidad a iniciativa de la autoridad o corporación correspondiente o por no menos del 10% de los ciudadanos inscritos en el respectivo censo electoral; y elegir representantes en las juntas de las empresas que prestan servicios públicos dentro de la entidad territorial respectiva.

*Artículo corregido según Aclaración de la Secretaría General de la Asamblea Nacional Constituyente del 6 de septiembre de 1991, publicada en la Gaceta Constitucional No. 125, del 25 de septiembre de 1991.

Concord.: L. 134/94 *(LTM 9333135)*; C.E., Sala de Consulta y Servicio Civil, Concepto 02/10/1996, Rad 475-CE-SC-EXP1996-N904 M.P. Roberto Suárez Franco *(LTM 10137615)*; C.E., Sala de Consulta y Servicio Civil, Concepto, 13/01/2008, Rad 11001-03-06-000-2007-00091-00, M.P. William Zambrano Cetina *(LTM 9836297)*.

CAPÍTULO 2
DE LOS PARTIDOS Y DE LOS MOVIMIENTOS POLÍTICOS

Artículo 107

Se garantiza a todos los ciudadanos el derecho a fundar, organizar y desarrollar partidos y movimientos políticos, y la libertad de afiliarse a ellos o de retirarse.

En ningún caso se permitirá a los ciudadanos pertenecer simultáneamente a más de un partido o movimiento político con personería jurídica.

Los Partidos y Movimientos Políticos se organizarán democráticamente y tendrán como principios rectores la transparencia, objetividad, moralidad, la equidad de género, y el deber de presentar y divulgar sus programas políticos.

Para la toma de sus decisiones o la escogencia de sus candidatos propios o por coalición, podrán celebrar consultas populares o internas o interpartidistas que coincidan o no con las elecciones a Corporaciones Públicas, de acuerdo con lo previsto en sus Estatutos y en la ley.

En el caso de las consultas populares se aplicarán las normas sobre financiación y publicidad de campañas y acceso a los medios de comunicación del Estado, que rigen para las elecciones ordinarias. Quien participe en las consultas de un partido o movimiento político o en consultas interpartidistas, no podrá inscribirse por otro en el mismo proceso electoral. El resultado de las consultas será obligatorio.

Los directivos de los Partidos y Movimientos Políticos deberán propiciar procesos de democratización interna y el fortalecimiento del régimen de bancadas.

Los Partidos y Movimientos Políticos deberán responder por toda violación o contravención a las normas que rigen su organización, funcionamiento o financiación, así como también por avalar candidatos elegidos en cargos o Corporaciones Públicas de elección popular, quienes hayan sido o fueren condenados durante el ejercicio del cargo al cual se avaló mediante sentencia ejecutoriada en Colombia o en el exterior por delitos relacionados con la vinculación a grupos armados ilegales y actividades del narcotráfico o de delitos contra los mecanismos de participación democrática o de lesa humanidad.

Los partidos o movimientos políticos también responderán por avalar a candidatos no elegidos para cargos o Corporaciones Públicas de Elección Popular, si estos hubieran sido o fueren condenados durante el período del cargo público al cual se candidatizó, mediante sentencia ejecutoriada en Colombia o en el exterior por delitos relacionados con la vinculación a grupos armados ilegales y actividades del narcotráfico, cometidos con anterioridad a la expedición del aval correspondiente.

Las sanciones podrán consistir en multas, devolución de los recursos públicos percibidos mediante el sistema de reposición de votos, hasta la cancelación de la personería jurídica. Cuando se trate de estas condenas a quienes fueron electos para cargos uninominales, el partido o movimiento que avaló al condenado, no podrá presentar candidatos para las siguientes elecciones en esa Circunscripción. Si faltan menos de 18 meses para las siguientes elecciones, no podrán presentar terna, caso en el cual, el nominador podrá libremente designar el reemplazo.

Los directivos de los partidos a quienes se demuestre que no han procedido con el debido cuidado y diligencia en el ejercicio de los derechos y obligaciones que les confiere Personería Jurídica también estarán sujetos a las sanciones que determine la ley.

También se garantiza a las organizaciones sociales el derecho a manifestarse y a participar en eventos políticos.

Quien siendo miembro de una corporación pública decida presentarse a la siguiente elección, por un partido distinto, deberá renunciar a la curul al menos doce (12) meses antes del primer día de inscripciones.

Parágrafo Transitorio 1o. Sin perjuicio de lo dispuesto por el artículo 134, dentro de los dos (2) meses siguientes a la entrada en vigencia del presente acto legislativo, autorízase, por una sola vez, a los miembros de los Cuerpos Colegiados de elección popular, o a quienes hubieren renunciado a su curul con anterioridad a la vigencia del presente acto legislativo, para inscribirse en un partido distinto al que los avaló, sin renunciar a la curul o incurrir en doble militancia.

Parágrafo Transitorio 2o. El Gobierno Nacional o los miembros del Congreso presentarán, antes del 1° de agosto de 2009, un Proyecto de Ley Estatutaria que desarrolle este artículo.

El Proyecto tendrá mensaje de urgencia y sesiones conjuntas y podrá ser objeto de mensaje de insistencia si fuere necesario. Se reducen a la mitad los términos para la revisión previa de exequibilidad del Proyecto de Ley Estatutaria, por parte de la Corte Constitucional.

*Artículo modificado por el artículo 1 del Acto Legislativo 1 de 2009.

Concord.: L. 1475/11 *(LTM 12170481)*; L. 130/94 *(LTM 9331901)*; L. 1909/18 *(LTM 14485963)*; C.E. Secc. Primera, Sent. 28/10/2004, Rad 11001-03-24-000-2000-06556-01, M.P. Olga Inés Navarrete Barrero *(LTM 9859084)*; C.Const. A. 307/10, Sala Plena *(LTM 12867614)*.

Artículo 108

El Consejo Nacional Electoral reconocerá Personería Jurídica a los partidos, movimientos políticos y grupos significativos de ciudadanos. Estos podrán obtenerlas con votación no inferior al tres por ciento (3%) de los votos emitidos válidamente en el territorio nacional en elecciones de Cámara de Representantes o Senado. Las perderán si no consiguen ese porcentaje en las elecciones de las mismas Corporaciones Públicas. Se exceptúa el régimen excepcional que se estatuya en la ley para las circunscripciones de minorías étnicas y políticas, en las cuales bastará haber obtenido representación en el Congreso.

También será causal de pérdida de la Personería Jurídica de los partidos y movimientos políticos si estos no celebran por lo menos durante cada dos (2) años convenciones que posibiliten a sus miembros influir en la toma de las decisiones más importantes de la organización política.

Los Partidos y Movimientos Políticos con Personería Jurídica reconocida podrán inscribir candidatos a elecciones. Dicha inscripción deberá ser avalada para los mismos efectos por el respectivo representante legal del partido o movimiento o por quien él delegue.

Los movimientos sociales y grupos significativos de ciudadanos también podrán inscribir candidatos.

Toda inscripción de candidato incurso en causal de inhabilidad, será revocada por el Consejo Nacional Electoral con respeto al debido proceso.

Los Estatutos de los Partidos y Movimientos Políticos regularán lo atinente a su Régimen Disciplinario Interno. Los miembros de las Corporaciones Públicas elegidos por un mismo Partido o Movimiento Político o grupo significativo de ciudadanos actuarán en ellas como bancada en los términos que señale la ley y de conformidad con las decisiones adoptadas democráticamente por estas.

Los Estatutos Internos de los Partidos y Movimientos Políticos determinarán los asuntos de conciencia respecto de los cuales no se aplicará este régimen y podrán establecer sanciones por la inobservancia de sus directrices por parte de los miembros de las bancadas, las cuales se fijarán gradualmente hasta la expulsión, y podrán incluir la pérdida del derecho de voto del Congresista, Diputado, Concejal o Edil por el resto del período para el cual fue elegido.

Inciso declarado inexequible por el Acto Legislativo 1 de 2009.

Parágrafo Transitorio. Para las elecciones al Congreso de la República a celebrarse en 2010, el porcentaje a que se refiere el inciso primero del presente artículo será del dos por ciento (2%), y no se requerirá del requisito de inscripción con un año de antelación del que habla el inciso 8º.

---

*Artículo modificado por el artículo 2 del Acto Legislativo 1 de 2009.

Concord.: L. 974/05 *(LTM 12151918)*; C.Const. Sent. C-1124/04, M.P. Marco Gerardo Monroy Cabra *(LTM 10028866)*; C.Const. Sent. C-027/18, M.P. José Fernando Reyes Cuartas *(LTM 13122493)*; C.E. Secc. Primera, Sent. 09/08/1993, Rad CE-SEC1-EXP1993-N2287, M.P. Miguel González Rodríguez *(LTM 10180599)*.

Artículo 109

El Estado concurrirá a la financiación política y electoral de los Partidos y Movimientos Políticos con personería jurídica, de conformidad con la ley.

Las campañas electorales que adelanten los candidatos avalados por partidos y movimientos con Personería Jurídica o por grupos significativos de ciudadanos, serán financiadas parcialmente con recursos estatales.

La ley determinará el porcentaje de votación necesario para tener derecho a dicha financiación.

También se podrá limitar el monto de los gastos que los partidos, movimientos, grupos significativos de ciudadanos o candidatos puedan realizar en las campañas electorales, así como la máxima cuantía de las contribuciones privadas, de acuerdo con la ley.

Un porcentaje de esta financiación se entregará a partidos y movimientos con Personería Jurídica vigente, y a los grupos significativos de ciudadanos que avalen candidatos, previamente a la elección, o las consultas de acuerdo con las condiciones y garantías que determine la ley y con autorización del Consejo Nacional Electoral.

Las campañas para elegir Presidente de la República dispondrán de acceso a un máximo de espacios publicitarios y espacios institucionales de radio y televisión costeados por el Estado, para aquellos candidatos de partidos, movimientos y grupos significativos de ciudadanos cuya postulación cumpla los requisitos de seriedad que, para el efecto, determine la ley.

Para las elecciones que se celebren a partir de la vigencia del presente acto legislativo, la violación de los topes máximos de financiación de las campañas, debidamente comprobada, será sancionada con la pérdida de investidura o del cargo. La ley reglamentará los demás efectos por la violación de este precepto.

Los partidos, movimientos, grupos significativos de ciudadanos y candidatos deberán rendir públicamente cuentas sobre el volumen, origen y destino de sus ingresos.

Es prohibido a los Partidos y Movimientos Políticos y a grupos significativos de ciudadanos, recibir financiación para campañas electorales, de personas naturales o jurídicas extranjeras. Ningún tipo de financiación privada podrá tener fines antidemocráticos o atentatorios del orden público.

Parágrafo. La financiación anual de los Partidos y Movimientos Políticos con Personería Jurídica ascenderá como mínimo a dos punto siete (2.7) veces la aportada en el año 2003, manteniendo su valor en el tiempo.

La cuantía de la financiación de las campañas de los Partidos y Movimientos Políticos con Personería Jurídica será por lo menos tres veces la aportada en el período 1999-2002 en pesos constantes de 2003. Ello incluye el costo del transporte del día de elecciones y el costo de las franquicias de correo hoy financiadas.

Las consultas de los partidos y movimientos que opten por este mecanismo recibirán financiación mediante el sistema de reposición por votos depositados, manteniendo para ello el valor en pesos constantes vigente en el momento de aprobación de este Acto Legislativo.

Parágrafo Transitorio. El Gobierno Nacional o los miembros del Congreso presentarán, antes del 1° de agosto de 2009, un Proyecto de Ley Estatutaria que desarrolle este artículo.

El proyecto tendrá mensaje de urgencia y podrá ser objeto de mensaje de insistencia si fuere necesario. Se reducen a la mitad los términos para la revisión previa de exequibilidad del Proyecto de Ley Estatutaria, por parte de la Corte Constitucional.

*Artículo modificado por el artículo 3 del Acto Legislativo 1 de 2009.

Concord.: L. 974/05 *(LTM 12151918)*; C.Const. Sent. C-1124/04, M.P. Marco Gerardo Monroy Cabra *(LTM 10028866)*; C.Const. Sent. C-027/18, M.P. José Fernando Reyes Cuartas *(LTM 13122493)*; C.E. Secc. Primera, Sent. 09/08/1993, Rad CE-SEC1-EXP1993-N2287, M.P. Miguel González Rodríguez *(LTM 10180599)*.

Artículo 110

Se prohíbe a quienes desempeñan funciones públicas hacer contribución alguna a los partidos, movimientos o candidatos, o inducir a otros a que lo hagan, salvo las excepciones que establezca la ley. El incumplimiento de cualquiera de estas prohibiciones será causal de remoción del cargo o de pérdida de la investidura.

Concord.: L. 130/94 *(LTM 933191)*; C.E. Secc. Primera, Sent. 10/09/1992, Rad 700-CE-SEC1-EXP1992-N2040, M.P. Miguel González Rodríguez *(LTM 10182425)*; C.E. Secc. Quinta, Auto 01/01/1997, Rad 1261-CE-SEC5-EXP1997-N1570A, M.P. Mario Rafael Alario Méndez. *(LTM 10122392)*.

Artículo 111

Los partidos y movimientos políticos con personería jurídica tienen derecho a utilizar los medios de comunicación que hagan uso del espectro electromagnético, en todo tiempo, conforme a la ley. Ella establecerá así mismo los casos y la forma como los partidos, los movimientos políticos y los candidatos debidamente inscritos, tendrán acceso a dichos medios.

*Artículo modificado por el artículo 4 del Acto Legislativo 1 de 2003.

Concord.: C.E. Sala de Consulta y Servicio Civil. Concepto 26/06/1997. No. 34-CE-SC-EXP1997-N995 M.P. César Hoyos Salazar *(LTM 10121469)*; C.E. Sala de Consulta y Servicio Civil. Concepto 14/02/2013. No. 11001-03-06-000-2013-00001-00 M.P. Luis Fernando Álvarez *(LTM 9676782)*; C.Const. Sent. T-305/14 M.P. Gabriel Eduardo Mendoza *(LTM 9994317)*.

CAPÍTULO 3
DEL ESTATUTO DE LA OPOSICIÓN

Artículo 112

Los partidos y movimientos políticos con personería jurídica que se declaren en oposición al Gobierno, podrán ejercer libremente la función crítica frente a este, y plantear y desarrollar alternativas políticas. Para estos efectos, se les garantizarán los siguientes derechos: el acceso a la información y a la documentación oficial, con las restricciones constitucionales y legales; el uso de los medios de comunicación social del Estado o en aquellos que hagan uso del espectro electromagnético de acuerdo con la representación obtenida en las elecciones para Congreso inmediatamente anteriores; la réplica en los mismos medios de comunicación.

Los partidos y movimientos minoritarios con personería jurídica tendrán derecho a participar en las mesas directivas de los cuerpos colegiados, según su representación en ellos.

Una ley estatutaria reglamentará íntegramente la materia.

El candidato que le siga en votos a quien la autoridad electoral declare elegido en el cargo de Presidente y Vicepresidente de la República, Gobernador de Departamento, Alcalde Distrital y Alcalde municipal tendrá el derecho personal a ocupar una curul en el Senado, Cámara de Representantes, Asamblea Departamental, Concejo Distrital y Concejo Municipal, respectivamente, durante el período de la correspondiente corporación.

*Inciso adicionado por el artículo 1 del Acto Legislativo 2 de 2015.

Las curules así asignadas en el Senado de la República y en la Cámara de Representantes serán adicionales a las previstas en los artículos 171 y 176. Las demás curules no aumentarán el número de miembros de dichas corporaciones.

*Inciso adicionado por el artículo 1 del Acto Legislativo 2 de 2015.

En caso de no aceptación de la curul en las corporaciones públicas de las entidades territoriales, la misma se asignará de acuerdo con la regla general de asignación de curules prevista en el artículo 263.

*Inciso adicionado por el artículo 1 del Acto Legislativo 2 de 2015.

*Artículo modificado por el artículo 5 del Acto Legislativo 1 de 2003.

Concord.: L. 1909/18 *(LTM 14485963)*; C.Const. Sent. C-018/18 M.P. Alejandro Linares *(LTM 13111888)*; C.Const. Sent. SU-347/23 M.P. Cristina Pardo Schlesinger.

TÍTULO V
DE LA ORGANIZACIÓN DEL ESTADO

CAPÍTULO 1
DE LA ESTRUCTURA DEL ESTADO

Artículo 113

Son Ramas del Poder Público, la legislativa, la ejecutiva y la judicial.

Además de los órganos que las integran existen otros, autónomos e independientes, para el cumplimiento de las demás funciones del Estado. Los diferentes órganos del Estado tienen funciones separadas pero colaboran armónicamente para la realización de sus fines.

Concord.: C.E. Secc. Quinta. Sent. 17/07/2008. Rad. 11001-03-24-000-2008-00009-00. M.P. María Nohemí Hernández *(LTM 983391)*; C.E. Sala de Consulta y Servicio Civil. Concepto 28/06/2006. No. 11001-03-06-000-2006-00063-00. M.P. Enrique José Arboleda *(LTM 9846270)*; C.Const. Sent. T-522/16 M.P. Luis Ernesto Vargas *(LTM 9968211)*.

Artículo 114

Corresponde al Congreso de la República reformar la Constitución, hacer las leyes y ejercer control político sobre el gobierno y la administración.

El Congreso de la República estará integrado por el Senado y la Cámara de Representantes.

Concord.: L. 5/92 *(LTM 9335852)*; L. 3/92 *(LTM 12151921)*; C.E. Sala de Consulta y Servicio Civil. Concepto 13/11/1992. No. 140-CE-SC-EXP1992-N481. M.P. Humberto Mora *(LTM 10182110)*; C.E. Sala de Consulta y Servicio Civil. Auto 25/06/1994. No. 212-CE-SC-EXP1994-N615 M.P. Javier Henao *(LTM 10154320)*; C.E. Sala Plena de lo Contencioso Administrativo Sent. 09/11/2016 M.P. William Hernández *(LTM 9643092)*; C.Const. Sent. C-198/94 M.P. Vladimiro Naranjo *(LTM 10101371)*.

Artículo 115

El Presidente de la República es Jefe del Estado, Jefe del Gobierno y suprema autoridad administrativa.

El Gobierno Nacional está formado por el Presidente de la República, los ministros del despacho y los directores de departamentos administrativos. El Presidente y el Ministro o Director de Departamento correspondientes, en cada negocio particular, constituyen el Gobierno.

Ningún acto del Presidente, excepto el de nombramiento y remoción de Ministros y Directores de Departamentos Administrativos y aquellos expedidos en su calidad de Jefe del Estado y de suprema autoridad administrativa, tendrá valor ni fuerza alguna mientras no sea suscrito y comunicado por el Ministro del ramo respectivo o por el Director del Departamento Administrativo correspondiente, quienes, por el mismo hecho se hacen responsables.

Las gobernaciones y las alcaldías, así como las superintendencias, los establecimientos públicos y las empresas industriales o comerciales del Estado, forman parte de la Rama Ejecutiva.

Concord.: L. 872/03 *(LTM 12160261)*; D. U. 1081/15 *(LTM 9337408)*; D. 648/17 *(LTM 12175363)*; D. 999/17 *(LTM 12174826)*; C.E. Secc. Primera. Sent. 18/05/2000

No. CE-SEC1-EXP2000-N5906 M.P. Juan Alberto Polo *(LTM 10058820)*; C.E. Secc. Primera. Sent. 12/09/2002. No. 11001-03-24-000-2000-06487-01. M.P. Manuel Santiago Urueta *(LTM 9978673)*.

Artículo 116

La Corte Constitucional, la Corte Suprema de Justicia, el Consejo de Estado, la Comisión Nacional de Disciplina Judicial, la Fiscalía General de la Nación, los Tribunales y los Jueces, administran Justicia. También lo hace la Justicia Penal Militar y la Jurisdicción Agraria y Rural.

El órgano de cierre de la Jurisdicción Agraria y Rural será la Sala de Casación Civil, Agraria y Rural de la Corte Suprema de Justicia, sin perjuicio de las competencias atribuidas al Consejo de Estado en los términos del artículo 237 de la Constitución Política de Colombia.

*Inciso modificado por el artículo 1 del Acto Legislativo 3 de 2023.

El Congreso ejercerá determinadas funciones judiciales.

Excepcionalmente la ley podrá atribuir función jurisdiccional en materias precisas a determinadas autoridades administrativas. Sin embargo no les será permitido adelantar la instrucción de sumarios ni juzgar delitos.

Los particulares pueden ser investidos transitoriamente de la función de administrar justicia en la condición de jurados en las causas criminales, conciliadores o en la de árbitros habilitados por las partes para proferir fallos en derecho o en equidad, en los términos que determine la ley.

---

*Artículo modificado por el artículo 1 del Acto Legislativo No. 3 de 2002.

Concord.: L. 270/96 *(LTM 9380443)*; L. 1285/09 *(LTM 9381681)*; L. 1563/12 *(LTM 9336720)*; D. 2568/03 *(LTM 9339125)*; D. 1242/18 *(LTM 14706598)*; C.E. Secc. Tercera. Sent. 25/04/2012. No. 11001-03-26-000-2011-00064-01. M.P. Jaime Orlando Santofimio *(LTM 9691150)*; C.Const. Sent. C-030/23 M.P. Juan Carlos Cortés González y José Fernando Reyes Cuartas *(LTM 33938035)*.

Artículo 117

El Ministerio Público y la Controlaría General de la República son órganos de control.

Concord.: C.E. Secc. Cuarta. Auto 26/08/1994. No. 358-CE-SEC4-EXP1994-08-26. M.P. Jaime Abella *(LTM 10154138)*; C.E. Sala de Consulta y Servicio Civil. Auto 01/01/1999. No. 229-CE-SC-RAD1999-N1188 M.P. Luis Camilo Osorio *(LTM*

10108893); C.E. Secc. Segunda. Auto 19/09/2004 No. 05001-23-31-000-1999-1393-02 M.P. Ana Margarita Olaya *(LTM 9859884)*.

Artículo 118

El Ministerio Público será ejercido por el Procurador General de la Nación, por el Defensor del Pueblo, por los procuradores delegados y los agentes del ministerio público, ante las autoridades jurisdiccionales, por los personeros municipales y por los demás funcionarios que determine la ley. Al Ministerio Público corresponde la guarda y promoción de los derechos humanos, la protección del interés público y la vigilancia de la conducta oficial de quienes desempeñan funciones públicas.

Concord.: L. 201/95 *(LTM 9335881)*; D. 262/00 *(LTM 9335983)*; D. 2246/11 *(LTM 9405022)*; C.Const. Sent. C-479/95 M.P. Vladimiro Naranjo *(LTM 10840691)*; C.Const. Sent. C-399/95 M.P. Alejandro Martínez *(LTM 10100570)*; C.Const. Sent. C-255/97 M.P. Alejandro Martínez *(LTM 10099475)*; C.Const. Sent. C-031/97 M.P. Antonio Barrera Carbonell *(LTM 10099709)*; C.E. Secc. Tercera. Auto 14/04/1994. No. CE-SEC3-EXP1994-N9257 M.P. Daniel Suárez *(LTM 10154649)*, C.E. Secc. Tercera. Sent. 31/01/1997. Rad. CE-SEC3-EXP1997-N10498 M.P. Daniel Suárez Hernández *(LTM 10122219)*; C.E. Secc. Segunda. Sent. 22/05/2008. No. 25000-23-25-000-2003-00061-01 M.P. Alfonso María Vargas *(LTM 9834511)*.

Artículo 119

La Contraloría General de la República tiene a su cargo la vigilancia de la gestión fiscal y el control de resultado de la administración.

Concord.: L. 610/00 *(LTM 12152420)*; L. 1416/10 *(LTM 12167828)*; L. 1807/16 *(LTM 9386215)*; D. 267/00 *(LTM 9768452)*; C.Const. Sent. C-1148/01 M.P. Alfredo Beltrán *(LTM 10041416)*; C.Const. Sent. C-1176/04 M.P. Clara Inés Vargas *(LTM 10028822)*; C.E. Secc. Primera. Sent. 29/04/2010 Rad. 11001-03-24-000-2002-00444-01 M.P. María Claudia Rojas *(LTM 9768452)*; C.E. Sala de Consulta y Servicio Civil. Concepto 24/05/2011. No. 11001-03-06-000-2011-00023-00 M.P. Luis Fernando Álvarez *(LTM 9749595)*.

Artículo 120

La organización electoral está conformada por el Consejo Nacional Electoral, por la Registraduría Nacional del Estado Civil y por los demás organismos que establezca la ley. Tiene a su cargo la organización de las elecciones, su dirección y vigilancia, así como lo relativo a la identidad de las personas.

Concord.: L. 89/48 *(LTM 9333456)*; L. 1163/07 *(LTM 12164310)*; D. 3130/83 *(LTM 12146263)*; D. 1870/11 *(LTM 12170601)*; C.E., Sala Plena, Sent. 04/05/1971, Rad 401-CE-SCA-1971-05-04, M.P. Juan Hernández Sáenz *(LTM 10252358)*.

Artículo 121

Ninguna autoridad del Estado podrá ejercer funciones distintas de las que le atribuyen la Constitución y la ley.

Concord.: C.E. Secc. Primera, Sent. 11/07/2009, Rad 25000-23-24-000-2005-00148-01, M.P. Rafael E. Ostau De Lafont *(LTM 9829198)*; C.S.J. Sala de Casación Penal, Sent. 04/10/2018, Rad STP13018-2018, M.P. Luis Guillermo Salazar Otero *(LTM 14961583)*.

CAPÍTULO 2
DE LA FUNCIÓN PÚBLICA

Artículo 122

No habrá empleo público que no tenga funciones detalladas en ley o reglamento y para proveer los de carácter remunerado se requiere que estén contemplados en la respectiva planta y previstos sus emolumentos en el presupuesto correspondiente.

Ningún servidor público entrará a ejercer su cargo sin prestar juramento de cumplir y defender la Constitución y desempeñar los deberes que le incumben.

Antes de tomar posesión del cargo, al retirarse del mismo o cuando autoridad competente se lo solicite deberá declarar, bajo juramento, el monto de sus bienes y rentas.

Dicha declaración sólo podrá ser utilizada para los fines y propósitos de la aplicación de las normas del servidor público.

Sin perjuicio de las demás sanciones que establezca la ley, no podrán ser inscritos como candidatos a cargos de elección popular, ni elegidos, ni designados como servidores públicos, ni celebrar personalmente, o por interpuesta persona, contratos con el Estado, quienes hayan sido condenados, en cualquier tiempo, por la comisión de delitos que afecten el patrimonio del Estado *o quienes hayan sido condenados por delitos relacionados con la pertenencia, promoción o financia-*

ción de grupos armados ilegales, delitos de lesa humanidad o por narcotráfico en Colombia o en el exterior.

*Inciso modificado por el artículo 4 del Acto Legislativo 1 de 2009.

Tampoco quien haya dado lugar, como servidores públicos, con su conducta dolosa o gravemente culposa, así calificada por sentencia ejecutoriada, a que el Estado sea condenado a una reparación patrimonial, salvo que asuma con cargo a su patrimonio el valor del daño.

*Inciso modificado por el artículo 4 del Acto Legislativo 1 de 2009.

Parágrafo. Los miembros de los grupos armados organizados al margen de la ley condenados por delitos cometidos por causa, con ocasión o en relación directa o indirecta con el conflicto armado, que hayan suscrito un acuerdo de paz con el Gobierno o se hayan desmovilizado individualmente, siempre que hayan dejado las armas, se hayan acogido al marco de justicia transicional aplicable en cada caso, entre estos la Jurisdicción Especial para la Paz en los términos de este acto legislativo y no hayan sido condenados por delitos dolosos posteriores al acuerdo de paz o a su desmovilización, estarán habilitados para ser designados como empleados públicos o trabajadores oficiales cuando no estén efectivamente privados de su libertad, bien sea de manera preventiva o en cumplimiento de la sanción que les haya sido impuesta y para celebrar personalmente, o por interpuesta persona, contratos con el Estado. Las personas a las que se refiere el presente artículo no quedarán inhabilitadas para el ejercicio de una profesión, arte u oficio.

La anterior disposición aplicará igualmente a los miembros de la Fuerza Pública que se sometan a la Jurisdicción Especial para la Paz, quienes podrán ser empleados públicos, trabajadores oficiales o contratistas del Estado, cuando no estén efectivamente privados de su libertad, bien sea de manera preventiva o en cumplimiento de la sanción que les haya sido impuesta, sin perjuicio de la prohibición de reincorporación al servicio activo prevista en la Ley 1820 de 2016 para las situaciones en ella señaladas.

Como aporte a las garantías de no repetición, el Estado colombiano garantizará que los hechos que ocurrieron en el pasado no se repitan, y para ello implementará las medidas referidas en el Acuerdo General de Paz en esta materia. Quienes sean sancionados por graves violaciones de derechos humanos o graves infracciones al derecho Internacional Humanitario, no podrán hacer parte de ningún organismo de seguridad, defensa del Estado, Rama Judicial ni órganos de control.

*Parágrafo adicionado por el artículo 2 del Acto Legislativo 1 de 2017.

*Artículo corregido por Aclaración publicada en la Gaceta No. 125.

Concord.: L. 1864/17; Art. 5 *(LTM 12176982)*; C.E. Sala de Consulta y Servicio Civil, Concepto 04/06/2006, Rad 11001-03-06-000-2006-00039-00, M.P. Luis Fernando Álvarez Jaramillo *(LTM 9846810)*; C.S.J, Sala de Casación Penal, Sent. 08/02/2017, Rad 1420-2017, M.P. Luis Antonio Hernández Barbosa. *(LTM 9970471)*.

Artículo 123

Son servidores públicos los miembros de las corporaciones públicas, los empleados y trabajadores del Estado y de sus entidades descentralizadas territorialmente y por servicios.

Los servidores públicos están al servicio del Estado y de la comunidad; ejercerán sus funciones en la forma prevista por la Constitución, la ley y el reglamento.

La ley determinará el régimen aplicable a los particulares que temporalmente desempeñen funciones públicas y regulará su ejercicio.

Concord.: L. 80/93 *(LTM 9341513)*; L. 190/95 *(LTM 12145209)*; L. 584/00 *(LTM 12133555)*. L. 1635/13 *(LTM 12171316)*; D. 960/70 *(LTM 9334103)*. C.Const. Sent. C-230/95 M.P. Eduardo Barrera Carbonell *(LTM 10100749)*; C.E. Secc. Segunda. Sent. 26/07/2018. Rad. 11001-03-25-000-2014-01511-00 M.P. Sandra Lisset Ibarra *(LTM 15123072)*.

Artículo 124

La ley determinará la responsabilidad de los servidores públicos y la manera de hacerla efectiva.

Concord.: L. 412/97 *(LTM 12157051)*; L. 610/00 *(LTM 12152420)*; L. 1476/11 *(LTM 12170480)*; L. 996/05 Arts. 38-41 *(LTM 12163466)*; C.E. Secc. Tercera Sent. 06/03/2008 Rad. 19001-23-31-000-1998-00582-01 M.P. Ruth Stella Correa *(LTM 9835659)*; C.Const. Sent. C-728/00 M.P. Eduardo Cifuentes *(LTM 10043696)*; C.S.J. Sala de Casación Penal. Auto 22/09/2014 No. 38611 *(LTM 11771619)*.

Artículo 125

Los empleos en los órganos y entidades del Estado son de carrera. Se exceptúan los de elección popular, los de libre nombramiento y remoción, los de trabajadores oficiales y los demás que determine la ley.

Los funcionarios, cuyo sistema de nombramiento no haya sido determinado por la Constitución o la ley, serán nombrados por concurso público.

El ingreso a los cargos de carrera y el ascenso en los mismos, se harán previo cumplimiento de los requisitos y condiciones que fije la ley para determinar los méritos y calidades de los aspirantes.

El retiro se hará: por calificación no satisfactoria en el desempeño del empleo; por violación del régimen disciplinario y por las demás causales previstas en la Constitución o la ley.

En ningún caso la filiación política de los ciudadanos podrá determinar su nombramiento para un empleo de carrera, su ascenso o remoción.

Parágrafo. Los períodos establecidos en la Constitución Política o en la ley para cargos de elección tienen el carácter de institucionales. Quienes sean designados o elegidos para ocupar tales cargos, en reemplazo por falta absoluta de su titular, lo harán por el resto del período para el cual este fue elegido.

---

*Parágrafo adicionado por el artículo 6 del Acto Legislativo 1 de 2003.

Concord.: L. 136/94, Art. 2, literal D *(LTM 9332212)*; L. 909/04 *(LTM 9388528)*; L. 1093/06 *(LTM 12160303)*; L. 1821/16 *(LTM 9342109)*; C.Const. Sent. C-084/18, M.P. Luis Guillermo Guerrero *(LTM 14950286)*; C.Const. Sent. C-431/10, M.P. Mauricio González Cuervo *(LTM 10839344)*.

Artículo 126

Los servidores públicos no podrán en ejercicio de sus funciones, nombrar, postular, ni contratar con personas con las cuales tengan parentesco hasta el cuarto grado de consanguinidad, segundo de afinidad, primero civil, o con quien estén ligados por matrimonio o unión permanente.

Tampoco podrán nombrar ni postular como servidores públicos, ni celebrar contratos estatales, con quienes hubieren intervenido en su postulación o designación, ni con personas que tengan con estas los mismos vínculos señalados en el inciso anterior.

Se exceptúan de lo previsto en este artículo los nombramientos que se hagan en aplicación de las normas vigentes sobre ingreso o ascenso por méritos en cargos de carrera.

Salvo los concursos regulados por la ley, la elección de servidores públicos atribuida a corporaciones públicas deberá estar precedida de una convocatoria pública reglada por la ley, en la que se fijen requisitos y procedimientos que garanticen los principios de publicidad, transparencia, participación ciudadana, equidad de género y criterios de mérito para su selección.

Quien haya ejercido en propiedad alguno de los cargos en la siguiente lista, no podrá ser reelegido para el mismo. Tampoco podrá ser nominado para otro de estos cargos, ni ser elegido a un cargo de elección popular, sino un año después de haber cesado en el ejercido de sus funciones:

Magistrado de la Corte Constitucional, de la Corte Suprema de Justicia, del Consejo de Estado, de la Comisión Nacional de Disciplina Judicial, Miembro del Consejo Nacional Electoral, Fiscal General de la Nación, Procurador General de la Nación, Defensor del Pueblo, Contralor General de la República y Registrador Nacional del Estado Civil.

*Artículo modificado por el artículo 2 del Acto Legislativo 2 de 2015.

Concord.: L. 190/95, Art. 6 *(LTM 12145209)*; L. 1904/18 *(LTM 13123959)*; C.Const. Sent. C-121/96 M.P. Carlos Gaviria Díaz *(LTM 1953857)*; C.Const. Sent. C-054/96 M.P. Eduardo Cifuentes *(LTM 1953906)*.

Artículo 127

Los servidores públicos no podrán celebrar, por sí o por interpuesta persona, o en representación de otro, contrato alguno con entidades públicas o con personas privadas que manejen o administren recursos públicos, salvo las excepciones legales.

A los empleados del Estado que se desempeñen en la Rama Judicial, en los órganos electorales, de control y de seguridad les está prohibido tomar parte en las actividades de los partidos y movimientos y en las controversias políticas, sin perjuicio de ejercer libremente el derecho al sufragio. A los miembros de la Fuerza Pública en servicio activo se les aplican las limitaciones contempladas en el artículo 219 de la Constitución.

Los empleados no contemplados en esta prohibición solo podrán participar en dichas actividades y controversias en las condiciones que señale la Ley Estatutaria.

La utilización del empleo para presionar a los ciudadanos a respaldar una causa o campaña política constituye causal de mala conducta.

Inciso DEROGADO por el artículo 3° del Acto Legislativo 2 de 2015 (Diario Oficial No. 49.560 de 1 de julio de 2015).

Inciso DEROGADO por el artículo 3° del Acto Legislativo 2 de 2015 (Diario Oficial No. 49.560 de 1 de julio de 2015).

*Artículo modificado por el Acto Legislativo 2 de 2004.

Concord.: L. 130/94 *(LTM 9331901)*; L. 734/02, Art. 48 Num. 39 *(LTM 9338211)*; L. 996/05 *(LTM 12163466)*; L. 1474/11 *(LTM 9335718)*; C.Const. Sent. C-824/13 M.P. Gabriel Eduardo Mendoza Martelo *(LTM 9994856)*.

Artículo 128

Nadie podrá desempeñar simultáneamente más de un empleo público ni recibir más de una asignación que provenga del tesoro público, o de empresas o de instituciones en las que tenga parte mayoritaria el Estado, salvo los casos expresamente determinados por la ley.

Entiéndese por tesoro público el de la Nación, el de las entidades territoriales y el de las descentralizadas.

Concord.: L. 190/95 *(LTM 12145209)*; C.Const. Sent. C-206/03, M.P. Eduardo Montealegre *(LTM 1955337)*; C.Const. Sent. C-851/05, M.P. Manuel José Cepeda *(LTM 1956262)*; C.E., Secc. Segunda. Sent. 12/05/2007. Rad 25000-23-25-000-2002-05173-01, M.P. Ana Margarita Olaya Forero *(LTM 9840741)*.

Artículo 129

Los servidores públicos no podrán aceptar cargos, honores o recompensas de gobiernos extranjeros u organismos internacionales, ni celebrar contratos con ellos, sin previa autorización del Gobierno.

Concord.: L. 5 / 1992, Arts. 222, 272, 273 *(LTM 9335852)*. L. 734/2002, Art. 35 *(LTM 9338211)*. D. 262/2002, Arts. 105, 106, 107 *(LTM 9335983)*. C.E. Sala de Consulta. Consulta 747/1995. M.P. Luis Camilo Osorio Isaza.

Artículo 130

Habrá una Comisión Nacional del Servicio Civil responsable de la administración y vigilancia de las carreras de los servidores públicos, excepción hecha de las que tengan carácter especial.

Concord.: L. 443/98 *(LTM 9335953)*; L. 909/04 *(LTM 9388528)*; C.Const. Sent. C-642/99 *(LTM 1954488)*; C.Const. Sent. C-560/00 *(LTM 1954274)*; C.E. Sala de Consulta y Servicio Civil. Concepto 18/06/1998, Rad. CE-SC-RAD2002-N1105. M.P. Javier Henao Hidrón *(LTM 10114706)*.

Artículo 131

Compete a la ley la reglamentación del servicio público que prestan los notarios y registradores, la definición del régimen laboral para sus empleados y lo relativo a los aportes como tributación especial de las notarías, con destino a la administración de justicia.

El nombramiento de los notarios en propiedad se hará mediante concurso.

Corresponde al Gobierno la creación, supresión y fusión de los círculos de notariado y registro y la determinación del número de notarios y oficinas de registro.

Concord.: L. 588/2000 *(LTM 933504)*; D. 3454/2006 *(LTM 9390633)*; C.E. Secc. Quinta, Sent. 12/09/13, M.P. Alberto Yepes Barreiro *(LTM 9673216)*; C.E. Secc. Quinta, Sent. 24/04/12, Rad. 11001-03-28-000-2010-00110, M.P. Susana Buitrago Valencia *(LTM 9691173)*.

TÍTULO VI
DE LA RAMA LEGISLATIVA

CAPÍTULO 1
DE LA COMPOSICIÓN Y LAS FUNCIONES

Artículo 132

Los senadores y los representantes serán elegidos para un periodo de cuatro años, que se inicia el 20 de julio siguiente a la elección.

Concord.: L. 5/1992 *(LTM 9335852)*.

Artículo 133

Los miembros de cuerpos colegiados de elección directa representan al pueblo, y deberán actuar consultando la justicia y el bien común. El voto de sus miembros será nominal y público, excepto en los casos que determine la ley.

El elegido es responsable políticamente ante la sociedad y frente a sus electores del cumplimiento de las obligaciones propias de su investidura.

*Artículo modificado por el artículo 5 del Acto Legislativo 1 de 2009.

Concord.: L. 5/1992 *(LTM 9335852)*; L. 974/2005 *(LTM 12151918)*; C.E. Secc. Primera, Sent. 12/05/2011, Rad. 11001-03-28-000-2005-00008-01, M.P. María Claudia Rojas Lasso *(LTM 9749992)*.

Artículo 134

Los miembros de las Corporaciones Públicas de elección popular no tendrán suplentes. Solo podrán ser reemplazados en los casos de faltas absolutas o temporales que determine la ley, por los candidatos no elegidos que según el orden de inscripción o votación obtenida, le sigan en forma sucesiva y descendente en la misma lista electoral.

En ningún caso podrán ser reemplazados quienes sean condenados por delitos comunes relacionados con pertenencia, promoción o financiación a grupos armados ilegales o actividades de narcotráfico; dolosos contra la administración pública; contra los mecanismos de participación democrática, ni por Delitos de Lesa Humanidad. Tampoco quienes renuncien habiendo sido vinculados formalmente en Colombia a procesos penales por la comisión de tales delitos, ni las faltas temporales de aquellos contra quienes se profiera orden de captura dentro de los respectivos procesos.

Para efectos de conformación de quórum se tendrá como número de miembros la totalidad de los integrantes de la Corporación con excepción de aquellas curules que no puedan ser reemplazadas. La misma regla se aplicará en los eventos de impedimentos o recusaciones aceptadas.

Si por faltas absolutas que no den lugar a reemplazo los miembros de cuerpos colegiados elegidos en una misma circunscripción electoral quedan reducidos a la mitad o menos, el Consejo Nacional Electoral convocará a elecciones para llenar las vacantes, siempre y cuando falten más de veinticuatro (24) meses para la terminación del periodo.

Parágrafo Transitorio. Mientras el legislador regula el régimen de reemplazos, se aplicarán las siguientes reglas: i) Constituyen faltas absolutas que dan lugar a reemplazo la muerte; la incapacidad física absoluta para el ejercicio del cargo; la declaración de nulidad de la elección; la renuncia justificada y aceptada por la respectiva corporación; la sanción disciplinaria consistente en destitución, y la pérdida de investidura; ii) Constituyen faltas temporales que dan lugar a reemplazo, la licencia de maternidad y la medida de aseguramiento privativa de la libertad por delitos distintos a los mencionados en el presente artículo.

La prohibición de reemplazos se aplicará para las investigaciones judiciales que se iniciaron a partir de la vigencia del Acto Legislativo número 01 de 2009, con excepción del relacionado con la comisión de delitos contra la administración pública que se aplicará para las investigaciones que se inicien a partir de la vigencia del presente acto legislativo.

---

*Artículo modificado por el artículo 4 del Acto Legislativo 2 de 2015.

Concord.: L. 1551/2012, Art. 22 *(LTM 9382394)*; C.Const. Sent. C-699/2013, M.P. María Victoria Calle Correa *(LTM 9994983)*; C.E. Sala de Consulta y Servicio Civil, Concepto 05/09/2018, Rad. 11001-03-06-000-2018-00169-00, M.P. Germán Bula Escobar *(LTM 15117821)*.

Artículo 135

Son facultades de cada Cámara:

1. Elegir sus mesas directivas.

2. Elegir a su Secretario General, para períodos de dos años, contados a partir del 20 de julio, quien deberá reunir las mismas calidades señaladas para ser miembro de la respectiva Cámara.

3. Solicitar al Gobierno los informes que necesite, salvo lo dispuesto en el numeral 2 del Artículo siguiente.

4. Determinar la celebración de sesiones reservadas en forma prioritaria a las preguntas orales que formulen los Congresistas a los Ministros y a las respuestas de éstos. El reglamento regulará la materia.

5. Proveer los empleos creados por la ley para el cumplimiento de sus funciones.

6. Recabar del Gobierno la cooperación de los organismos de la administración pública para el mejor desempeño de sus atribuciones.

7. Organizar su Policía interior.

8. Citar y requerir a los ministros, superintendentes y directores de departamentos administrativos para que concurran a las sesiones. Las citaciones deberán hacerse con una anticipación no menor de cinco días y formularse en cuestionario escrito. En caso de que los ministros, superintendentes o directores de departamentos administrativos no concurran, sin excusa aceptada por la respectiva cámara, esta podrá proponer moción de censura. Los ministros, superintendentes o directores administrativos deberán ser oídos en la sesión para la cual fueron citados, sin perjuicio de que el debate continúe en las sesiones posteriores por decisión de la respectiva cámara. El debate no podrá extenderse a asuntos ajenos al cuestionario y deberá encabezar el orden del día de la sesión.

9. Proponer moción de censura respecto de los ministros, superintendentes y directores de departamentos administrativos por asuntos relacionados con funciones propias del cargo, o por desatención a los requerimientos y citaciones del Congreso de la República. La moción de censura, si hubiere lugar a ella, deberá proponerla por lo menos la décima parte de los miembros que componen la respectiva cámara. La votación se hará entre el tercero y el décimo día siguientes a la terminación del debate, con audiencia pública del funcionario respectivo. Su

aprobación requerirá el voto afirmativo de la mitad más uno de los integrantes de la cámara que la haya propuesto. Una vez aprobada, el funcionario quedará separado de su cargo. Si fuere rechazada, no podrá presentarse otra sobre la misma materia a menos que la motiven hechos nuevos. La renuncia del funcionario respecto del cual se haya promovido moción de censura no obsta para que la misma sea aprobada conforme a lo previsto en este artículo. Pronunciada una cámara sobre la moción de censura su decisión inhibe a la otra para pronunciarse sobre la misma.

*Artículo modificado por el Acto Legislativo 1 de 2007.

Concord.: L. 5/1992, Arts. 40, 47 *(LTM 9335852)*; C.Const. Sent. C-372/2004 M.P. Clara Inés Vargas Hernández *(LTM 10029617)*.

Artículo 136

Se prohíbe al Congreso y a cada una de sus cámaras:

1. Inmiscuirse, por medio de resoluciones o de leyes, en asuntos de competencia privativa de otras autoridades.

2. Exigir al Gobierno información sobre instrucciones en materia diplomática o sobre negociaciones de carácter reservado.

3. Dar votos de aplauso a los actos oficiales.

4. Decretar a favor de personas o entidades donaciones, gratificaciones, auxilios, indemnizaciones, pensiones u otras erogaciones que no estén destinadas a satisfacer créditos o derechos reconocidos con arreglo a la ley preexistente.

5. Decretar actos de proscripción o persecución contra personas naturales o jurídicas.

6. Autorizar viajes al exterior con dineros del erario, salvo en cumplimiento de misiones específicas, aprobadas al menos por las tres cuartas partes de los miembros de la respectiva cámara.

Concord.: L. 5/1992, Arts. 52, 66, 67 *(LTM 9335852)*; C.E. Sent. 23/05/2002, Rad. 11001-03-15-000-2001-0154-01, M.P. Reinaldo Chavarro Buriticá *(LTM 9981625)*; C.Const. Sent. C-115/2006, M.P. Jaime Córdoba Triviño *(LTM 10027274)*.

Artículo 137

Cualquier comisión permanente podrá emplazar a toda persona natural o jurídica, para que en sesión especial rinda declaraciones orales o escritas, que podrán exigirse bajo juramento, sobre hechos relacionados directamente con las indagaciones que la comisión adelante.

Si quienes hayan sido citados se excusaren de asistir y la comisión insistiere en llamarlos, la Corte Constitucional, después de oírlos, resolverá sobre el particular en un plazo de diez días, bajo estricta reserva.

La renuncia de los citados a comparecer o a rendir las declaraciones requeridas, será sancionada por la comisión con la pena que señalen las normas vigentes para los casos de desacato a las autoridades.

Si en el desarrollo de la investigación se requiere, para su perfeccionamiento, o para la persecución de posibles infractores penales, la intervención de otras autoridades, se las exhortará para lo pertinente.

Concord.: L. 5/1992 *(LTM 9335852)*; L. 599/2000 *(LTM 9335791)*; C.Const. Sent. C-165/93, M.P. Carlos Gaviria Díaz *(LTM 1953434)*; C.Const. Sent. C-198/94, M.P. Vladimiro Naranjo Mesa *(LTM 195328)*.

CAPÍTULO 2
DE LA REUNIÓN Y EL FUNCIONAMIENTO

Artículo 138

El Congreso, por derecho propio se reunirá en sesiones ordinarias, durante dos periodos por año, que constituirán una sola legislatura. El primer periodo de sesiones comenzará el 20 de julio y terminará el 16 de diciembre; el segundo periodo iniciará el 16 de febrero y concluirá el 20 de junio.

Entre el 16 de febrero y el 15 de marzo no podrán tramitarse proyectos de leyes estatutarias ni reformas a la Constitución.

En el periodo de sesiones en el que se lleven a cabo las elecciones al Congreso de la República, este periodo iniciará el 16 de marzo y concluirá el 20 de junio.

Si por cualquier causa el Congreso no pudiese reunirse en las fechas indicadas, lo hará tan pronto como fuese posible, dentro de los periodos respectivos.

También se reunirá el Congreso en sesiones extraordinarias, por convocatoria del Gobierno y durante el tiempo que éste señale. En el curso de ellas sólo podrá ocuparse de los asuntos que el Gobierno someta a su consideración, sin perjuicio de la función de control político que le es propia, la cual podrá ejercer en todo tiempo.

* Artículo modificado por el artículo 1º del Acto Legislativo 02 de 2023.

Concord.: L. 5/1992 *(LTM 9335852)*; L. 489/1998, Art. 119. *(LTM 9332778)*; L. 3/1992 *(LTM 12151921)*; L. 1152/2007, Art. 133 - Art. 134. *(LTM 9383758)*; C.Const. Sent. C-242/2020, M.P. Luis Guillermo Guerrero Pérez - Cristina Pardo Schlesinger *(LTM 18284496)*.

Artículo 139

Las sesiones del Congreso serán instaladas y clausuradas conjunta y públicamente por el Presidente de la República, sin que esta ceremonia, en el primer evento, sea esencial para que el Congreso ejerza legítimamente sus funciones.

Concord.: L. 5/1992 Art. 14 Incs. 2 y 3; Art. 15; Art. 37; Art. 39 *(LTM 9335852)*.

Artículo 140

El Congreso tiene su sede en la capital de la República.

Las cámaras podrán por acuerdo entre ellas trasladar su sede a otro lugar y, en caso de perturbación del orden público, podrán reunirse en el sitio que designe el Presidente del Senado.

Concord.: Const. Pol., Art. 150, num. 6º *(LTM 9331500)*; L. 5/1992 *(LTM 9335852)*.

Artículo 141

El Congreso se reunirá en un solo cuerpo únicamente para la instalación y clausura de sus sesiones, para dar posesión al Presidente de la República, para recibir a Jefes de Estado o de Gobierno de otros países, para elegir Contralor General de la República y Vicepresidente cuando sea menester reemplazar el electo por el pueblo, así como decidir sobre la moción de censura, con arreglo al artículo 135.

En tales casos el Presidente del Senado y el de la Cámara serán respectivamente Presidente y Vicepresidente del Congreso.

Concord.: L. 3/1992 - Art. 9. *(LTM 12151921)*; L. 5/92. *(LTM 9335852)*; L. 1448/11 - Art. 142. *(LTM 9336867)*; L. 1904/18 - Art. 1 *(LTM 13123959)*; C.Const. Sent.C-025 de 1993, M.P. Eduardo Cifuentes Muñoz. *(LTM 10102651)*; C.Const. Sent. C-428 de 1993, M.P. Dr. José Gregorio Hernández Galindo. *(LTM 10102248)*; C.Const. Sent. C-061 de 1993, M.P. Dr. Eduardo Cifuentes Muñoz (*LTM 10102595)*.

Artículo 142

Cada Cámara elegirá, para el respectivo período constitucional, comisiones permanentes que tramitarán en primer debate los proyectos de acto legislativo o de ley.

La ley determinará el número de comisiones permanentes y el de sus miembros, así como las materias de las que cada una deberá ocuparse.

Cuando sesionen conjuntamente las Comisiones Constitucionales Permanentes, el quórum decisorio será el que se requiera para cada una de las comisiones individualmente consideradas.

Concord.: L. 3/1992 *(LTM 12151921)*; L. 5/1992 *(LTM 9335852)*; L. 186/1995 *(LTM 12151919)*; L. 754/2002 *(LTM 9381076)*; L. 1147/2007 *(LTM 9381049)*; L. 1127/2007 *(LTM 9381045)*; L. 1202/2008 *(LTM 9381048)*; L. 1434/2011 *(LTM 9381046)*; C.Const. Sent. C-093/1994. M.P. José Gregorio Hernández Galindo *(LTM 10101479)*; C.Const. Sent. C-145/1994. M.P. Alejandro Martínez Caballero *(LTM 1954192)*; C. C.Const. Sent. C-226/1994. M.P. Alejandro Martínez Caballero *(LTM 10101345)*; C.Const. Sent. C-334/1994. M.P. Jorge Arango Mejía *(LTM 10101233)*; C.Const. Sent. C-809/2001. M.P. Clara Inés Vargas Hernández *(LTM 10041767)*; C.Const. Sent. C-1190/2001. M.P. Jaime Araújo Rentería *(LTM 1955804)*; C.Const. Sent. 1248/2001. M.P. Rodrigo Escobar Gil *(LTM 10041312)*; C.Const. Sent. C-011/2013. M.P. Alexei Julio Estrada *(LTM 9994657)*; C.Const. Sent. C-162/2019 M.P. José Fernando Reyes Cuartas *(LTM 16090200)*.

Artículo 143

El Senado de la República y la Cámara de Representantes podrán disponer que cualquiera de las comisiones permanentes sesione durante el receso, con el fin de debatir los asuntos que hubieren quedado pendientes en el período anterior, de realizar los estudios que la corporación respectiva determine y de preparar los proyectos que las Cámaras les encarguen.

Concord.: L. 3/1992. *(LTM 12151921)*.

Artículo 144

Las sesiones de las Cámaras y de sus Comisiones Permanentes serán públicas, con las limitaciones a que haya lugar conforme a su reglamento.

El ejercicio del cabildeo será reglamentado mediante ley.

*Artículo modificado por el artículo 7 del Acto Legislativo 1 de 2009.

Concord.: L. 5/1992 *(LTM 9335852)*; L. 273/1996 *(LTM 9381051)*; C.Const. Sent. C-198/94, M.P. Vladimiro Naranjo Mesa *(LTM 10101371)*; C.Const. Sent. C-006/01, M.P. Eduardo Montealegre Lynett *(LTM 10041171)*.

Artículo 145

El Congreso pleno, las Cámaras y sus comisiones no podrán abrir sesiones ni deliberar con menos de una cuarta parte de sus miembros. Las decisiones sólo podrán tomarse con la asistencia de la mayoría de los integrantes de la respectiva corporación, salvo que la Constitución determine un quórum diferente.

Concord.: L. 5/1992 *(LTM 9335852)*; C.Const. Sent. C-133/93, M.P. Vladimiro Naranjo Mesa *(LTM 10102543)*; C.Const. Sent. C-006/01, M.P. Eduardo Montealegre Lynett *(LTM 10041171)*; C.Const. Sent. C-737/01, M.P. Eduardo Montealegre Lynett (*LTM 1955902)*; C.Const. Sent. C-278/04, M.P. Manuel José Cepeda Espinosa, Marco Gerardo Monroy Cabra *(LTM 10029720)*; C.Const. Sent. C-781/04, M.P. Manuel José Cepeda Espinosa *(LTM 10029210)*.

Artículo 146

el Congreso pleno, en las Cámaras y en sus comisiones permanentes, las decisiones se tomarán por la mayoría de los votos de los asistentes, salvo que la Constitución exija expresamente una mayoría especial.

Concord.: L. 5/1992 *(LTM 9335852)*; C.Const. Sent. C-006/01, M.P. Eduardo Montealegre Lynett *(LTM 10041171)*; C.Const. Sent. C-737/01, M.P. Eduardo Montealegre Lynett (*LTM 1955902)*; C.Const. Sent. C-585/2014, M.P. Luis Ernesto Vargas Silva *(LTM 9994017);* C.Const. Sent. SU-221/15, M.P. Gloria Stella Ortiz Delgado (*LTM 9968724)*.

Artículo 147

Las mesas directivas de las cámaras y de sus comisiones permanentes serán renovadas cada año, para la legislatura que se inicia el 20 de julio, y ninguno de sus miembros podrá ser reelegido dentro del mismo cuatrienio constitucional.

Concord.: L. 3/1992 *(LTM 12151921)*; L. 5/1992 *(LTM 9335852)*; L. 1909/2018 *(LTM 14485963)*; C.Const. Sent. C-122/2011. M.P. Juan Carlos Henao Pérez *(LTM 9997717)*.

Artículo 148

Las normas sobre quórum y mayorías decisorias regirán también para las demás corporaciones públicas de elección popular.

Concord.: C.Const. Sent. C-231/95, M.P. Hernando Herrera Vergara (*LTM 10100751*).

Artículo 149

Toda reunión de miembros del Congreso que, con el propósito de ejercer funciones propias de la rama legislativa del poder público, se efectúe fuera de las condiciones constitucionales, carecerá de validez; a los actos que realice no podrá dárseles efecto alguno, y quienes participen en las deliberaciones, serán sancionados conforme a las leyes.

Concord.: L. 5/1992 *(LTM 9335852)*; C.Const. Sent. C-113/93, M.P. Jorge Arango Mejía *(LTM 10102563)*; C.Const. Sent. C-145/94, M.P. Alejandro Martínez Caballero *(LTM 10101452)*; C.Const. Sent. C-866/04, M.P. Rodrigo Escobar Gil *(LTM 10029122)*; C.Const. Sent. C-685/2011, M.P. Humberto Antonio Sierra Porto *(LTM 10838451)*; C.Const. Sent. C-242/20, M.P. Luis Guillermo Guerrero Pérez, Cristina Pardo Schlesinger *(LTM 18284496)*.

CAPÍTULO 3
DE LAS LEYES

Artículo 150

Corresponde al Congreso hacer las leyes. Por medio de ellas ejerce las siguientes funciones:

1. Interpretar, reformar y derogar las leyes.

2. Expedir códigos en todos los ramos de la legislación y reformar sus disposiciones.

3. Aprobar el plan nacional de desarrollo y de inversiones públicas que hayan de emprenderse o continuarse, con la determinación de los recursos y apropiaciones que se autoricen para su ejecución, y las medidas necesarias para impulsar el cumplimiento de los mismos.

4. Definir la división general del territorio con arreglo a lo previsto en esta Constitución, fijar las bases y condiciones para crear, eliminar, modificar o fusionar entidades territoriales y establecer sus competencias.

5. Conferir atribuciones especiales a las asambleas departamentales.

6. Variar, en circunstancias extraordinarias y por graves motivos de conveniencia pública, la actual residencia de los altos poderes nacionales.

7. Determinar la estructura de la administración nacional y crear, suprimir o fusionar ministerios, departamentos administrativos, superintendencias, establecimientos públicos y otras entidades del orden nacional, señalando sus objetivos y estructura orgánica; reglamentar la creación y funcionamiento de las Corporaciones Autónomas Regionales dentro de un régimen de autonomía; así mismo, crear o autorizar la constitución de empresas industriales y comerciales del estado y sociedades de economía mixta.

8. Expedir las normas a las cuales debe sujetarse el Gobierno para el ejercicio de las funciones de inspección y vigilancia que le señala la Constitución.

9. Conceder autorizaciones al Gobierno para celebrar contratos, negociar empréstitos y enajenar bienes nacionales. El Gobierno rendirá periódicamente informes al Congreso sobre el ejercicio de estas autorizaciones.

10. Revestir, hasta por seis meses, al Presidente de la República de precisas facultades extraordinarias, para expedir normas con fuerza de ley cuando la necesidad lo exija o la conveniencia pública lo aconseje. Tales facultades deberán ser solicitadas expresamente por el Gobierno y su aprobación requerirá la mayoría absoluta de los miembros de una y otra Cámara.

El Congreso podrá, en todo tiempo y por iniciativa propia, modificar los decretos leyes dictados por el Gobierno en uso de facultades extraordinarias.

Estas facultades no se podrán conferir para expedir códigos, leyes estatutarias, orgánicas, ni las previstas en el numeral 20 del presente artículo, ni para decretar impuestos.

11. Establecer las rentas nacionales y fijar los gastos de la administración.

12. Establecer contribuciones fiscales y, excepcionalmente, contribuciones parafiscales en los casos y bajo las condiciones que establezca la ley.

13. Determinar la moneda legal, la convertibilidad y el alcance de su poder liberatorio, y arreglar el sistema de pesas y medidas.

14. Aprobar o improbar los contratos o convenios que, por razones de evidente necesidad nacional, hubiere celebrado el Presidente de la República, con particulares, compañías o entidades públicas, sin autorización previa.

15. Decretar honores a los ciudadanos que hayan prestado servicios a la patria.

16. Aprobar o improbar los tratados que el Gobierno celebre con otros Estados o con entidades de derecho internacional. Por medio de dichos tratados podrá el Estado, sobre bases de equidad, reciprocidad y conveniencia nacional, transferir

parcialmente determinadas atribuciones a organismos internacionales, que tengan por objeto promover o consolidar la integración económica con otros Estados.

17. Conceder, por mayoría de los dos tercios de los votos de los miembros de una y otra Cámara y por graves motivos de conveniencia pública, amnistías o indultos generales por delitos políticos. En caso de que los favorecidos fueren eximidos de la responsabilidad civil respecto de particulares, el Estado quedará obligado a las indemnizaciones a que hubiere lugar.

En ningún caso el delito de secuestro, ni los delitos relacionados con la fabricación, el tráfico o el porte de estupefacientes, serán considerados como delitos políticos o como conductas conexas a estos, ni como dirigidas a promover, facilitar, apoyar, financiar, u ocultar cualquier delito que atente contra el régimen constitucional y legal. Por lo tanto, no podrá existir respecto de ellos, amnistía o indulto.

Parágrafo. Las disposiciones del inciso segundo del numeral 17 del artículo 150 de la Constitución Política, en ningún caso afectarán las disposiciones de acuerdos de paz anteriores, ni sus respectivas disposiciones y serán aplicadas a conductas cometidas con posterioridad a la entrada en vigencia del presente acto legislativo.

18. Dictar las normas sobre apropiación o adjudicación y recuperación de tierras baldías.

19. Dictar las normas generales, y señalar en ellas los objetivos y criterios a los cuales debe sujetarse el Gobierno para los siguientes efectos:

a) Organizar el crédito público;

b) Regular el comercio exterior y señalar el régimen de cambio internacional, en concordancia con las funciones que la Constitución consagra para la Junta Directiva del Banco de la República;

c) Modificar, por razones de política comercial los aranceles, tarifas y demás disposiciones concernientes al régimen de aduanas;

d) Regular las actividades financiera, bursátil, aseguradora y cualquiera otra relacionada con el manejo, aprovechamiento e inversión de los recursos captados del público;

e) Fijar el régimen salarial y prestacional de los empleados públicos, de los miembros del Congreso Nacional y de la Fuerza Pública;

f) Regular el régimen de prestaciones sociales mínimas de los trabajadores oficiales.

Estas funciones en lo pertinente a prestaciones sociales son indelegables en las Corporaciones públicas territoriales y éstas no podrán arrogárselas.

20. Crear los servicios administrativos y técnicos de las Cámaras.

21. Expedir las leyes de intervención económica, previstas en el artículo 334, las cuales deberán precisar sus fines y alcances y los límites a la libertad económica.

22. Expedir las leyes relacionadas con el Banco de la República y con las funciones que compete desempeñar a su Junta Directiva.

23. Expedir las leyes que regirán el ejercicio de las funciones públicas y la prestación de los servicios públicos.

24. Regular el régimen de propiedad industrial, patentes y marcas y las otras formas de propiedad intelectual.

25. Unificar las normas sobre policía de tránsito en todo el territorio de la República.

Compete al Congreso expedir el estatuto general de contratación de la administración pública y en especial de la administración nacional.

---

*Artículo modificado por el Acto Legislativo 2 de 2019.

Concord.: L. 23/82 *(LTM 9336676)*; L. 160/94 *(LTM 9332135)*; L. 1454/11 *(LTM 12170501)*; L. 617/00; D. L. 663/93 *(LTM 9335700)*; L. 45/90 *(LTM 9332191)*; L. 35/93 *(LTM 12152429)*; L. 510/99 *(LTM 9335687)*; L. 795/03 *(LTM 9384508)*; L. 964/05 *(LTM 9334826)*; L. 1328/09 *(LTM 9338085)*; L. 1915/18 *(LTM 14485956)*; C.Const. Sent. C-398/95, M.P. José Gregorio Hernández Galindo *(LTM 1953995)*; C.Const. Sent. C-1028/02, M.P. Clara Inés Vargas Hernández *(LTM 1955413)*; C.Const. Sent. C-691/03, M.P. Clara Inés Vargas Hernández *(LTM 1955233)*; C.Const. Sent. C-061/05, M.P. Manuel José Cepeda Espinosa *(LTM 1956388)*; C.Const. Sent. C-219/15, M.P. Mauricio González Cuervo *(LTM 9967698)*; C.Const. Sent. C-261/16, M.P. Luis Guillermo Guerrero Pérez *(LTM 6137014)*; C.Const. Sent. C-172/17, M.P. Gloria Stella Ortiz Delgado *(LTM 9328324)*; C.Const. Sent. C-175/23 M.P. Juan Carlos Cortés González *(LTM 33669105)*.

Artículo 151

El Congreso expedirá leyes orgánicas a las cuales estará sujeto el ejercicio de la actividad legislativa. Por medio de ellas se establecerán los reglamentos del Congreso y de cada una de las Cámaras, las normas sobre preparación, aprobación y ejecución del presupuesto de rentas y ley de apropiaciones y del plan general de desarrollo, y las relativas a la asignación de competencias normativas a las entidades territoriales. Las leyes orgánicas requerirán, para su aprobación, la mayoría absoluta de los votos de los miembros de una y otra Cámara.

Concord.: L. 3/92 *(LTM 12151921)*; L. 5/92 *(LTM 9335852)*; L. 60/93 *(LTM 9339763)*; L. 152/94 *(LTM 12153247)*; L. 1127/07 *(LTM 9381045)*; L. 1454/11 *(LTM 1217050)*;

C.Const. Sent. C-377/1993, M.P. Vladimiro Naranjo Mesa *(LTM 10102344)*; C.Const. Sent. C-284/2014, M.P. Luis Ernesto Vargas Silva *(LTM 9994339)*.

Artículo 152

Mediante las leyes estatutarias, el Congreso de la República regulará las siguientes materias:

a) Derechos y deberes fundamentales de las personas y los procedimientos y recursos para su protección;

b) Administración de justicia;

c) Organización y régimen de los partidos y movimientos políticos; estatuto de la oposición y funciones electorales;

d) Instituciones y mecanismos de participación ciudadana.

e) Estados de excepción.

f) La igualdad electoral entre los candidatos a la Presidencia de la República que reúnan los requisitos que determine la ley.

Literal derogado por el artículo 2 del Acto Legislativo 2 de 2012.

Parágrafo Transitorio. El Gobierno Nacional o los miembros del Congreso presentarán, antes del 1o. de marzo de 2005, un Proyecto de Ley Estatutaria que desarrolle el literal f) del artículo 152 de la Constitución y regule además, entre otras, las siguientes materias: Garantías a la oposición, participación en política de servidores públicos, derecho al acceso equitativo a los medios de comunicación que hagan uso del espectro electromagnético, financiación preponderantemente estatal de las campañas presidenciales, derecho de réplica en condiciones de equidad cuando el Presidente de la República sea candidato y normas sobre inhabilidades para candidatos a la Presidencia de la República.

El proyecto tendrá mensaje de urgencia y podrá ser objeto de mensaje de insistencia si fuere necesario. El Congreso de la República expedirá la Ley Estatutaria antes del 20 de junio de 2005. Se reducen a la mitad los términos para la revisión previa de exequibilidad del Proyecto de Ley Estatutaria, por parte de la Corte Constitucional.

---

*Artículo modificado por el Acto Legislativo 2 de 2004.

Concord.: L. 134/94 *(LTM 9333135)*; L. 137/94 *(LTM 12153284)*; L. 270/96 *(LTM 9380443)*; L. 850/03 *(LTM 9336898)*; L. 996/05 *(LTM 12163466)*; L. 1475/11 *(LTM 12170481)*; L. 1745/14 *(LTM 12173498)*; L. 1806/16 *(LTM 12174807)*; L. 1909/18 *(LTM 14485963)*; L. 1885/18 *(LTM 12750131)*; L. 1957/19 *(LTM 16151649)*; C.Const. Sent. C-179/94, M.P. Carlos Gaviria Díaz *(LTM 10101445)*; C.Const. Sent. C-646/2001, M.P. Manuel José Cepeda Espinosa *(LTM 10041930)*; C.Const. Sent. C-292/2003, M.P.

Eduardo Montealegre Lynett *(LTM 10030984)*; C.Const. Sent. C-379/2016, M.P. Luis Ernesto Vargas Silva *(LTM 9968490)*.

Artículo 153

La aprobación, modificación o derogación de las leyes estatutarias exigirá la mayoría absoluta de los miembros del Congreso y deberá efectuarse dentro de una sola legislatura.

Dicho trámite comprenderá la revisión previa, por parte de la Corte Constitucional, de la exequibilidad del proyecto. Cualquier ciudadano podrá intervenir para defenderla o impugnarla.

Concord.: L. 5/92 *(LTM 9335852)*; C.Const. Sent. C-687/2002, M.P. Eduardo Montealegre Lynett *(LTM 1955521)*; C.Const. Sent. C-551/2003, M.P. Eduardo Montealegre Lynett *(LTM 10030756)*.

Artículo 154

Las leyes pueden tener origen en cualquiera de las Cámaras a propuesta de sus respectivos miembros, del Gobierno Nacional, de las entidades señaladas en el artículo 156, o por iniciativa popular en los casos previstos en la Constitución.

No obstante, sólo podrán ser dictadas o reformadas por iniciativa del Gobierno las leyes a que se refieren los numerales 3, 7, 9, 11 y 22 y los literales a, b y e, del numeral 19 del artículo 150; las que ordenen participaciones en las rentas nacionales o transferencias de las mismas; las que autoricen aportes o suscripciones del Estado a empresas industriales o comerciales y las que decreten exenciones de impuestos, contribuciones o tasas nacionales.

Las Cámaras podrán introducir modificaciones a los proyectos presentados por el Gobierno.

Los proyectos de ley relativos a los tributos iniciarán su trámite en la Cámara de Representantes y los que se refieran a relaciones internacionales, en el Senado.

Concord.: L. 5/92 *(LTM 9335852)*; L. 134/94 *(LTM 9333135)*; C.Const. Sent. C-475/94, M.P. Jorge Arango Mejía *(LTM 1953505)*; C.Const. Sent. C-490/94, M.P. Eduardo Cifuentes Muñoz *(LTM 10101106)*; C.Const. Sent. C-266/95, M.P. Hernando Herrera Vergara *(LTM 1954087)*; C.Const. Sent. C-084/95, M.P. Alejandro Martínez Caballero *(LTM 1954122)*; C.Const. Sent. C-360/96, M.P. Eduardo Cifuentes Muñoz *(LTM 10100118)*; C.Const. Sent. C-648/97, M.P. Eduardo Cifuentes Muñoz *(LTM 1954865)*; C.Const. Sent. C-582/97, M.P. José Gregorio Hernández Galindo *(LTM 10099133)*; C.Const. Sent. C-197/98, M.P. José Gregorio Hernández Galindo *(LTM 10098813)*;

C.Const. Sent. C-1707/00, M.P. Cristina Pardo Schlesinger *(LTM 10042694)*; C.Const. Sent. C-503/01, M.P. Rodrigo Escobar Gil *(LTM 1956020)*; C.Const. Sent. C-1246/01, M.P. Rodrigo Uprimny Yepes *(LTM 10041315)*; C.Const. Sent. C-058/02, M.P. Álvaro Tafur Galvis *(LTM 1955739)*; C.Const. Sent. C-551/03, M.P. Eduardo Montealegre Lynett *(LTM 10030756)*; C.Const. Sent. C-121/03, M.P. Clara Inés Vargas Hernández *(LTM 10039838)*; C.Const. Sent. C-354/06, M.P. Álvaro Tafur Galvis *(LTM 10027045)*.

Artículo 155

Podrán presentar proyectos de ley o de reforma constitucional, un número de ciudadanos igual o superior al cinco por ciento del censo electoral existente en la fecha respectiva o el treinta por ciento de los concejales o diputados del país. La iniciativa popular será tramitada por el Congreso, de conformidad con lo establecido en el artículo 163, para los proyectos que hayan sido objeto de manifestación de urgencia.

Los ciudadanos proponentes tendrán derecho a designar un vocero que será oído por las Cámaras en todas las etapas del trámite.

Concord.: L. 5/92 *(LTM 9335852)*; L. 134/94 *(LTM 9333135)*; C.Const. Sent. C-180/94, M.P. Hernando Herrera Vergara *(LTM 10101433)*; C.Const. Sent. C-089/94, M.P. Eduardo Cifuentes Muñoz *(LTM 10101531)*; C.Const. Sent. C-385/97, M.P. Carlos Gaviria Díaz *(LTM 1954202)*; C.Const. Sent. C-222/97, M.P. José Gregorio Hernández Galindo *(LTM 1953575)*; C.Const. Sent. C-643/00, M.P. Álvaro Tafur Galvis *(LTM 10043788)*; C.Const. Sent. C-058/02, M.P. Álvaro Tafur Galvis *(LTM 1955739)*.

Artículo 156

La Corte Constitucional, el Consejo Superior de la Judicatura, la Corte Suprema de Justicia, el Consejo de Estado, el Consejo Nacional Electoral, el Procurador General de la Nación, el Contralor General de la República, tienen la facultad de presentar proyectos de ley en materias relacionadas con sus funciones.

Concord.: C.Const. Sent. C-433/96, M.P. Hernando Herrera Vergara *(LTM 1953742)*; C.Const. Sent. C-092/20, M.P. José Fernando Reyes Cuartas *(LTM 17702225)*.

Artículo 157

Ningún proyecto será ley sin los requisitos siguientes:

1. Haber sido publicado oficialmente por el Congreso, antes de darle curso en la comisión respectiva.

2. Haber sido aprobado en primer debate en la correspondiente comisión permanente de cada Cámara. El reglamento del Congreso determinará los casos en los cuales el primer debate se surtirá en sesión conjunta de las comisiones permanentes de ambas Cámaras.

3. Haber sido aprobado en cada Cámara en segundo debate.

4. Haber obtenido la sanción del Gobierno.

Concord.: L. 5/92 *(LTM 9335852)*; C.Const. Sent. C-084/96, M.P. Carlos Gaviria Díaz *(LTM 10100415)*; C.Const. Sent. 473/04, M.P. Manuel José Cepeda Espinosa *(LTM 1955005)*; C.Const. Sent. C-932/06, M.P. Humberto Antonio Sierra Porto *(LTM 1956998)*; C.Const. Sent. C-786/12, M.P. Luis Ernesto Vargas Silva *(LTM 9996601)*; C.Const. Sent. C-168/12, M.P. Gabriel Eduardo Mendoza Martelo *(LTM 9997238)*; C.Const. Sent. C-080/23 M.P. Jorge Enrique Ibáñez Najar *(LTM 33520510)*.

Artículo 158

Todo proyecto de ley debe referirse a una misma materia y serán inadmisibles las disposiciones o modificaciones que no se relacionen con ella. El Presidente de la respectiva comisión rechazará las iniciativas que no se avengan con este precepto, pero sus decisiones serán apelables ante la misma comisión. La ley que sea objeto de reforma parcial se publicará en un solo texto que incorpore las modificaciones aprobadas.

Concord.: C.E. Secc. Primera. Sent. 01/10/1993. Rad. Num CE-SEC1-EXP1993-N2500 M.P. Libardo Rodríguez *(LTM 10180383)*; C.Const. Sent. C-194/93 M.P. Fabio Morón Díaz *(LTM 10102482)*.

Artículo 159

El proyecto de ley que hubiere sido negado en primer debate podrá ser considerado por la respectiva cámara a solicitud de su autor, de un miembro de ella, del Gobierno o del vocero de los proponentes en los casos de iniciativa popular.

Concord.: L. 5/1992 *(LTM 9335852)*; C.Const. Sent. C-385/97 M.P. Carlos Gaviria Díaz *(LTM 10099336)*.

Artículo 160

Entre el primero y el segundo debate deberá mediar un lapso no inferior a ocho días, y entre la aprobación del proyecto en una de las cámaras y la iniciación del debate en la otra, deberán transcurrir por lo menos quince días.

Durante el segundo debate cada Cámara podrá introducir al proyecto las modificaciones, adiciones y supresiones que juzgue necesarias.

En el informe a la Cámara plena para segundo debate, el ponente deberá consignar la totalidad de las propuestas que fueron consideradas por la comisión y las razones que determinaron su rechazo.

Todo Proyecto de Ley o de Acto Legislativo deberá tener informe de ponencia en la respectiva comisión encargada de tramitarlo, y deberá dársele el curso correspondiente.

Ningún proyecto de ley será sometido a votación en sesión diferente a aquella que previamente se haya anunciado. El aviso de que un proyecto será sometido a votación lo dará la Presidencia de cada Cámara o Comisión en sesión distinta a aquella en la cual se realizará la votación.

*Inciso Adicionado por el artículo 8 del Acto Legislativo 1 de 2003.

Concord.: L. 5/1992 *(LTM 9335852)*; L. 1830/2017 *(LTM 12177844)*; C.Const. Sent. A. 029/95 M.P. José Gregorio Hernández Galindo *(LTM 12884940)*; C.Const. Sent. C-1113/03 M.P. Álvaro Tafur *(LTM 10030132)*; C.E. Sala de Consulta y Servicio Civil Auto 26/06/1996 Num. 110-CE-SC-EXP1996-N856 M.P. César Hoyos *(LTM 10139839)*; C.E. Secc. Primera. Sent. 05/02/2015 M.P. Marco Antonio Velilla *(LTM 9664450)*; C.Const. Sent. C-080/23 M.P. Jorge Enrique Ibáñez Najar *(LTM 33520510)*.

Artículo 161

Cuando surgieren discrepancias en las Cámaras respecto de un proyecto, ambas integrarán comisiones de conciliadores conformadas por un mismo número de Senadores y Representantes, quienes reunidos conjuntamente, procurarán conciliar los textos, y en caso de no ser posible, definirán por mayoría.

Previa publicación por lo menos con un día de anticipación, el texto escogido se someterá a debate y aprobación de las respectivas plenarias. Si después de la repetición del segundo debate persiste la diferencia, se considera negado el proyecto.

*Artículo modificado por el artículo 9 del Acto Legislativo 1 de 2003.

Concord.: C.Const. Sent. C-138/07 M.P. Álvaro Tafur *(LTM 10005842)*; C.Const. Sent. C-033/09 M.P. Manuel José Cepeda *(LTM 10004576)*.

Artículo 162

Los proyectos de ley que no hubieren completado su trámite en una legislatura y que hubieren recibido primer debate en alguna de las cámaras, continuarán su curso en la siguiente, en el estado en que se encuentren. Ningún proyecto podrá ser considerado en más de dos legislaturas.

Concord.: L. 5/1992 *(LTM 9335852)*; C.E. Sala de Consulta y Servicio Civil. Concepto 26/07/1996 Num. CE-SC-RAD1996-N856 M.P. César Hoyos *(LTM 10139241)*; C.Const. Sent. C-069/04 M.P: Eduardo Montealegre *(LTM 10029925)*.

Artículo 163

El Presidente de la República podrá solicitar trámite de urgencia para cualquier proyecto de ley. En tal caso, la respectiva cámara deberá decidir sobre el mismo dentro del plazo de treinta días. Aun dentro de este lapso, la manifestación de urgencia puede repetirse en todas las etapas constitucionales del proyecto. Si el Presidente insistiere en la urgencia, el proyecto tendrá prelación en el orden del día excluyendo la consideración de cualquier otro asunto, hasta tanto la respectiva cámara o comisión decida sobre él.

Si el proyecto de ley a que se refiere el mensaje de urgencia se encuentra al estudio de una comisión permanente, esta, a solicitud del Gobierno, deliberará conjuntamente con la correspondiente de la otra cámara para darle primer debate.

Concord.: L. 5/92 *(LTM 9335852)*; C.Const. Sent. C-607/92, M.P. Alejandro Martínez Caballero *(LTM 1953480)*; C.Const. Sent. C-025/93, M.P. Eduardo Cifuentes Muñoz *(LTM 10102651)*; C.Const. Sent. C-072/95, M.P. Hernando Herrera Vergara *(LTM 1954153)*; C.Const. Sent. C-510/96, M.P. Vladimiro Naranjo Mesa *(LTM 10099985)*; C.Const. Sent. C-872/02, M.P. Eduardo Cifuentes Muñoz *(LTM 1955542)*; C.Const. Sent. C-369/02, M.P. Eduardo Montealegre Lynett *(LTM 10040790)*; C.Const. Sent. C-658/03, M.P. Alfredo Beltrán Sierra *(LTM 1954931)*; C.Const. Sent. C-1040/05, M.P. Manuel José Cepeda Espinosa *(LTM 1956356)*; C.Const. Sent. C-446/09, M.P. Mauricio González Cuervo *(LTM 10000247)*; C.Const. Sent. C-225/14, M.P. Luis Guillermo Guerrero Pérez *(LTM 9994437)*; C.Const. Sent. C-637/15, M.P. Alberto Rojas Ríos *(LTM 5156272)*; C.Const. Sent. C-784/14, M.P. María Victoria Calle Correa *(LTM 9993786)*.

Artículo 164

El Congreso dará prioridad al trámite de los proyectos de ley aprobatorios de los tratados sobre derechos humanos que sean sometidos a su consideración por el Gobierno.

Concord.: L. 5/92 *(LTM 9335852)*; C.Const. Sent. C-225/14, M.P. Luis Guillermo Guerrero Pérez *(LTM 9994437)*.

Artículo 165

Aprobado un proyecto de ley por ambas cámaras, pasará al Gobierno para su sanción. Si éste no lo objetare, dispondrá que se promulgue como ley; si lo objetare, lo devolverá a la cámara en que tuvo origen.

Concord.: L. 5/1992 *(LTM 9335852)*; C.Const. Sent. C-241/94 M.P. Hernando Herrera Vergara *(LTM 10101326)*; C.Const. Sent. C-534/04 M.P. Alfredo Beltrán Sierra *(LTM 10029475)*; C.Const. Sent. C-889/06 M.P. Manuel José Cepeda *(LTM 10021482)*; C.Const. Sent. C-452/06 M.P. Humberto Antonio Sierra Porto *(LTM 10026942)*.

Artículo 166

El Gobierno dispone del término de seis días para devolver con objeciones cualquier proyecto cuando no conste de más de veinte artículos; de diez días, cuando el proyecto contenga de veintiuno a cincuenta artículos; y hasta de veinte días cuando los artículos sean más de cincuenta.

Si transcurridos los indicados términos, el Gobierno no hubiere devuelto el proyecto con objeciones, el Presidente deberá sancionarlo y promulgarlo.

Si las cámaras entran en receso dentro de dichos términos, el Presidente tendrá el deber de publicar el proyecto sancionado u objetado dentro de aquellos plazos.

Concord.: L. 5/1992 *(LTM 9335852)*; C.Const. Sent. C-241/94 M.P. Hernando Herrera Vergara *(LTM 10101326)*; C.Const. Sent. C-510/96, M.P. Vladimiro Naranjo Mesa *(LTM 10099985)*; C.Const. Sent. C-063/02, M.P. Jaime Córdoba Triviño *(LTM 10041113)*; C.Const. Sent. C-506/09 M.P. Jorge Iván Palacio *(LTM 10000695)*; C.Const. A. 309/09 M.P. Carlos Henao *(LTM 12867882)*; C.E. Sala de Consulta y Servicio Civil Concepto 17/10/2007 Num. 11001-03-06-000-2007-00063-00 M.P. Enrique José Arboleda *(LTM 9837901)*.

Artículo 167

El proyecto de ley objetado total o parcialmente por el Gobierno volverá a las Cámaras a segundo debate.

El Presidente sancionará sin poder presentar objeciones el proyecto que, reconsiderado, fuere aprobado por la mitad más uno de los miembros de una y otra Cámara. Exceptúase el caso en que el proyecto fuere objetado por inconstitucional.

En tal evento, si las Cámaras insistieren, el proyecto pasará a la Corte Constitucional para que ella, dentro de los seis días siguientes decida sobre su exequibilidad. El fallo de la Corte obliga al Presidente a sancionar la ley. Si lo declara inexequible, se archivará el proyecto.

Si la Corte considera que el proyecto es parcialmente inexequible, así lo indicará a la Cámara en que tuvo su origen para que, oído el Ministro del ramo, rehaga e integre las disposiciones afectadas en términos concordantes con el dictamen de la Corte. Una vez cumplido este trámite, remitirá a la Corte el proyecto para fallo definitivo.

Concord.: L. 5/1992 *(LTM 9335852)*; C.Const. Sent. C-241/94 M.P. Hernando Herrera Vergara *(LTM 10101326)*; C.Const. Sent. C-036/98, M.P. Eduardo Cifuentes Muñoz *(LTM 10098991)*; C.Const. Sent. C-1404/00, M.P. Carlos Gaviria Díaz *(LTM 10042888)*; C.Const. Sent. C-1146/03, M.P. Marco Gerardo Monroy Cabra *(LTM 10030096)*; C.Const. Sent. C-068/04, M.P. Jaime Araújo Rentería *(LTM 10029923)*; C.Const. Sent. C-433/04, M.P. Jaime Córdoba Triviño *(LTM 10029584)*; C.Const. Sent. C-500/05, M.P. Humberto Antonio Sierra Porto *(LTM 10028217)*; C.Const. Sent. C-452/06 M.P. Humberto Antonio Sierra Porto *(LTM 10026942)*; C. C-196/09, M.P. Clara Elena Reales Gutiérrez *(LTM 10004410)*.

Artículo 168

Si el Presidente no cumpliere el deber de sancionar las leyes en los términos y según las condiciones que la Constitución establece, las sancionará y promulgará el Presidente del Congreso.

Concord.: L. 5/1992 *(LTM 9335852)*; C.Const. Sent. C-198/94 M.P. Vladimiro Naranjo Mesa *(LTM 10101371)*; C.Const. A. 129/07 M.P. Rodrigo Escobar Gil *(LTM 12868399)*.

Artículo 169

El título de las leyes deberá corresponder precisamente a su contenido, y a su texto precederá esta fórmula:

"El Congreso de Colombia, DECRETA"

Concord.: L. 5/92 *(LTM 9335852)*; C.Const. Sent. C-026/93, M.P. Jaime Sanín Greiffenstein *(LTM 1953491)*; C.Const. Sent. C-290/00, M.P. Vladimiro Naranjo Mesa *(LTM 1954346)*; C.Const. Sent. C-1185/00, M.P. Vladimiro Naranjo Mesa *(LTM 10043201)*; C.Const. Sent. C-837/01, M.P. Jaime Araújo Rentería *(LTM 1955910)*; C.Const. Sent. C-152/03, M.P. Manuel José Cepeda Espinosa *(LTM 1955362)*; C.Const. Sent. C-1057/05, M.P. Humberto Antonio Sierra Porto *(LTM 1956245)*; C.Const. Sent. C-821/06, M.P. Humberto Antonio Sierra Porto *(LTM 1957019)*; C.Const. Sent. C-133/12, M.P. Gabriel Eduardo Mendoza Martelo *(LTM 9997270)*.

Artículo 170

Un número de ciudadanos equivalente a la décima parte del censo electoral, podrá solicitar ante la organización electoral la convocación de un referendo para la derogatoria de una ley.

La ley quedará derogada si así lo determina la mitad más uno de los votantes que concurran al acto de consulta, siempre y cuando participe en éste una cuarta parte de los ciudadanos que componen el censo electoral.

No procede el referendo respecto de las leyes aprobatorias de tratados internacionales, ni de la Ley de Presupuesto, ni de las referentes a materias fiscales o tributarias.

Concord.: L. 134/1994 *(LTM 9333135)*; L. 1757/2015 *(LTM 12160276)*; C.E. Sala de Consulta y Servicio Civil. Concepto 27/05/1999 Num. CE-SC-RAD1999-N1195 M.P. Luis Camilo Osorio *(LTM 10095945)*.

CAPÍTULO 4
DEL SENADO

Artículo 171

El Senado de la República estará integrado por cien miembros elegidos en circunscripción nacional.

Habrá un número adicional de dos senadores elegidos en circunscripción nacional especial por comunidades indígenas.

Los ciudadanos colombianos que se encuentren o residan en el exterior podrán sufragar en las elecciones para Senado de la República.

La Circunscripción Especial para la elección de senadores por las comunidades indígenas se regirá por el sistema de cuociente electoral.

Los representantes de las comunidades indígenas que aspiren a integrar el Senado de la República, deberán haber ejercido un cargo de autoridad tradicional en su respectiva comunidad o haber sido líder de una organización indígena, calidad que se acreditará mediante certificado de la respectiva organización, refrendado por el Ministro de Gobierno.

Concord.: D. 4768/2005 *(LTM 12163800)*; D. 301/2010 *(LTM 12168046)*; C.E. Secc. Primera Sent. 09/10/1997 Rad. Num. CE-SEC1-EXP1997-N4399 M.P. Ernesto Rafael Ariza *(LTM 10120899)*; C.E. Sala Plena Sent. 03/03/1998 Rad. CE-SP-EXP1998-NAC5439 M.P. Juan Alberto Polo *(LTM 10115339)*; C.E. Secc. Quinta Auto 25/06/1998 Rad. Num. CE-SEC5-EXP1998-N1892A M.P. Luis Eduardo Jaramillo *(LTM 10114653)*; C.E. Secc. Quinta Sent. 26/02/2015 M.P. Alberto Yepes *(LTM 9664071)*; C.E. Secc. Quinta Sent. 08/02/2018 Rad. Num. 11001-03-28-00-2014-00117-00 M.P. Lucy Jeannette Bermúdez *(LTM 12722696)*; C.Const. Sent. SU.132/02 M.P. Álvaro Tafur *(LTM 10041034)*.

Artículo 172

Para ser elegido senador se requiere ser colombiano de nacimiento, ciudadano en ejercicio y tener más de treinta años de edad en la fecha de la elección.

Concord.: C.E. Secc. Quinta 25/06/1998 Rad. CE-SEC5-EXP1998-N1892A M.P. Luis Eduardo Jaramillo *(LTM 10114653)*; C.E. Secc. Quinta Sent. 24/11/1999 Rad. Num. CE-SEC5-EXP1999-N1891 M.P. Darío Quiñones *(LTM 10089346)*; C.E. Sala Plena de lo Contencioso Administrativo. Sent. 12/06/2012 M.P. Marco Antonio Velilla *(LTM 9690125)*.

Artículo 173

Son atribuciones del Senado:

1. Admitir o no las renuncias que hagan de sus empleos el Presidente de la República o el Vicepresidente.

2. Aprobar o improbar los ascensos militares que confiera el Gobierno, desde oficiales generales y oficiales de insignia de la fuerza pública, hasta el más alto grado.

3. Conceder licencia al Presidente de la República para separarse temporalmente del cargo, no siendo caso de enfermedad, y decidir sobre las excusas del Vicepresidente para ejercer la Presidencia de la República.
4. Permitir el tránsito de tropas extranjeras por el territorio de la República.
5. Autorizar al Gobierno para declarar la guerra a otra nación.
6. Elegir a los magistrados de la Corte Constitucional.
7. Elegir al Procurador General de la Nación.

Concord.: C.E. Secc. Primera Sent. 28/09/1992 Rad. 877-CE-SEC1-EXP1992-N1557 M.P. Ernesto Rafael Ariza *(LTM 10182322)*.

Artículo 174

Corresponde al Senado conocer de las acusaciones que formule la Cámara de Representantes contra el Presidente de la República o quien haga sus veces; contra los Magistrados de la Corte Suprema de Justicia, del Consejo de Estado y de la Corte Constitucional, los miembros del Consejo Superior de la Judicatura y el Fiscal General de la Nación, aunque hubieren cesado en el ejercicio de sus cargos. En este caso, conocerá por hechos u omisiones ocurridos en el desempeño de los mismos.

Concord.: L. 273/1996 *(LTM 9381051)*; C.Const. Sent. C-222/96 M.P. Fabio Morón Díaz *(LTM 10100269)*; C.E. Sala de Consulta y Servicio Civil. Concepto 10/04/1996 Num. CE-SC-RAD1996-N815 M.P. Javier Henao *(LTM 10141606)*.

Artículo 175

En los juicios que se sigan ante el Senado, se observarán estas reglas:
1. El acusado queda de hecho suspenso de su empleo, siempre que una acusación sea públicamente admitida.
2. Si la acusación se refiere a delitos cometidos en ejercicio de funciones, o a indignidad por mala conducta, el Senado no podrá imponer otra pena que la de destitución del empleo, o la privación temporal o perdida absoluta de los derechos políticos; pero al reo se le seguirá juicio criminal ante la Corte Suprema de Justicia, si los hechos lo constituyen responsable de infracción que merezca otra pena.

3. Si la acusación se refiere a delitos comunes, el Senado se limitará a declarar si hay o no lugar a seguimiento de causa y, en caso afirmativo, pondrá al acusado a disposición de la Corte Suprema.

4. El Senado podrá cometer la instrucción de los procesos a una diputación de su seno, reservándose el juicio y la sentencia definitiva, que será pronunciada en sesión pública, por los dos tercios, al menos, de los votos de los Senadores presentes.

Concord.: L. 273/1996 *(LTM 9381051)*; L. 1921/2018 *(LTM 14485968)*; D. 158/2015 *(LTM 12175035)*; C.Const. Sent. SU.062/01 M.P. Eduardo Montealegre *(LTM 10042551)*.

CAPÍTULO 5
DE LA CÁMARA DE REPRESENTANTES

Artículo 176

La Cámara de Representantes se elegirá en circunscripciones territoriales y circunscripciones especiales.

Cada departamento y el Distrito capital de Bogotá, conformará una circunscripción territorial. Habrá dos representantes por cada circunscripción territorial y uno más por cada 365.000 habitantes o fracción mayor de 182.500 que tengan en exceso sobre los primeros 365.000. La circunscripción territorial conformada por el departamento de San Andrés, Providencia y Santa Catalina, elegirá adicionalmente un (1) Representante por la comunidad raizal de dicho departamento, de conformidad con la ley.

*Inciso modificado por el artículo 6 del Acto Legislativo 2 de 2015.

Para la elección de Representantes a la Cámara, cada departamento y el Distrito Capital de Bogotá conformarán una circunscripción territorial.

Las circunscripciones especiales asegurarán la participación en la Cámara de Representantes de los grupos étnicos y de los colombianos residentes en el exterior. Mediante estas circunscripciones se elegirán cuatro (4) Representantes, distribuidos así: dos (2) por la circunscripción de las comunidades afrodescendientes, uno (1) por la circunscripción de las comunidades indígenas, y uno (1) por la circunscripción internacional. En esta última, solo se contabilizarán los votos depositados fuera del territorio nacional por ciudadanos residentes en el exterior.

*Inciso modificado por el artículo 6 del Acto Legislativo 2 de 2015.

Parágrafo 1o. A partir de 2014, la base para la asignación de las curules adicionales se ajustará en la misma proporción del crecimiento de la población nacional, de acuerdo con lo que determine el censo. Le corresponderá a la organización electoral ajustar la cifra para la asignación de curules.

Parágrafo 2o. Si como resultado de la aplicación de la fórmula contenida en el presente artículo, una circunscripción territorial pierde una o más curules, mantendrá las mismas que le correspondían a 20 de julio de 2002.

Parágrafo Transitorio. El Congreso de la República reglamentará la circunscripción internacional a más tardar el 16 de diciembre de 2013; de lo contrario, lo hará el Gobierno Nacional dentro de los treinta (30) días siguientes a esa fecha. En dicha reglamentación se incluirán, entre otros temas, la inscripción de candidatos, y la inscripción de ciudadanos habilitados para votar en el exterior, los mecanismos para promover la participación y realización del escrutinio de votos a través de los Consulados y Embajadas, y la financiación estatal para visitas al exterior por parte de los Representantes elegidos.

*Artículo modificado por el artículo 1 del Acto Legislativo 1 de 2013.

Concord.: D. 300/2010 *(LTM 12168047)*; CE. Secc. Quinta Sent. 24/07/2003 Rad. 11001-03-28-000-2002-0039-01 M.P. María Nohemí Hernández *(LTM 9868399)*; C.E. Secc. Quinta Sent. 11/09/2003 Rad. 11001-03-28-000-2002-0062-01 M.P. Denise Duviau *(LTM 9867603)*; C.E. Secc. Quinta Sent. 19/08/2007 Rad. Num. 11001-03-28-000-2006-00078-01 M.P. Filemón Jimenez *(LTM 9839131)*; C.Const. Sent. C-169/01 M.P. Carlos Gaviria Díaz *(LTM 10042439)*.

Artículo 177

Para ser elegido representante se requiere ser ciudadano en ejercicio y tener más de veinticinco años de edad en la fecha de la elección.

Concord.: L. 5/1992 *(LTM 9335852)*; C.Const. Sent. C-484/96 M.P. Eduardo Cifuentes *(LTM 10100009)*; C.Const. Sent. C-169/01 M.P. Carlos Gaviria Díaz *(LTM 10042439)*; C.E. Secc. Quinta. Sent. 10/09/2015 M.P. Lucy Jeannette Bermúez *(LTM 9660071)*.

Artículo 178

La Cámara de Representantes tendrá las siguientes atribuciones especiales:

1. Elegir al Defensor del Pueblo.

2. Examinar y fenecer la cuenta general del presupuesto y del tesoro que le presente el Contralor General de la República.

3. Acusar ante el Senado, cuando hubiere causas constitucionales, al Presidente de la República o a quien haga sus veces, a los magistrados de la Corte Constitucional, a los magistrados de la Corte Suprema de Justicia, a los miembros del Consejo Superior de la Judicatura, a los magistrados del Consejo de Estado y al Fiscal General de la Nación.

4. Conocer de las denuncias y quejas que ante ella se presenten por el Fiscal General de la Nación o por los particulares contra los expresados funcionarios y, si prestan mérito, fundar en ellas acusación ante el Senado.

5. Requerir el auxilio de otras autoridades para el desarrollo de las investigaciones que le competen, y comisionar para la práctica de pruebas cuando lo considere conveniente.

Concord.: L. 5/1992 *(LTM 9335852)*; L. 1921/2018 *(LTM 14485968)*; C.Const. Sent. C-563/96 M.P. Hernando Herrera Vergara *(LTM 10099775)*; C.Const. A. 330/08 M.P. Humberto Antonio Sierra *(LTM 12868451)*; C.E. Sala de Consulta y Servicio Civil Concepto 13/10/1992 Num. 78-CE-SC-EXP1992-N777 M.P. Javier Henao *(LTM 10182270)*; C.E. Sala de Consulta y Servicio Civil Concepto 15/09/1994 Num. 305-CE-SC-EXP1994-N623 M.P. Roberto Suárez *(LTM 10154086)*.

Artículo 178A

* Artículo declarado Inexequible por la sentencia C-373 de 2016.

CAPÍTULO 6
DE LOS CONGRESISTAS

Artículo 179

No podrán ser congresistas:

1. Quienes hayan sido condenados en cualquier época por sentencia judicial, a pena privativa de la libertad, excepto por delitos políticos o culposos.

2. Quienes hubieren ejercido, como empleados públicos, jurisdicción o autoridad política, civil, administrativa o militar, dentro de los doce meses anteriores a la fecha de la elección.

3. Quienes hayan intervenido en gestión de negocios ante entidades públicas, o en la celebración de contratos con ellas en interés propio, o en el de terceros, o

hayan sido representantes legales de entidades que administren tributos o contribuciones parafiscales, dentro de los seis meses anteriores a la fecha de la elección.

4. Quienes hayan perdido la investidura de congresista.

5. Quienes tengan vínculos por matrimonio, o unión permanente, o de parentesco en tercer grado de consanguinidad, primero de afinidad, o único civil, con funcionarios que ejerzan autoridad civil o política.

6. Quienes estén vinculados entre sí por matrimonio, o unión permanente, o parentesco dentro del tercer grado de consanguinidad, segundo de afinidad, o primero civil, y se inscriban por el mismo partido, movimiento o grupo para elección de cargos, o de miembros de corporaciones públicas que deban realizarse en la misma fecha.

7. Quienes tengan doble nacionalidad, exceptuando los colombianos por nacimiento.

8. Nadie podrá ser elegido para más de una corporación o cargo público, ni para una corporación y un cargo, si los respectivos períodos coinciden en el tiempo, así sea parcialmente.

Las inhabilidades previstas en los numerales 2, 3, 5 y 6 se refieren a situaciones que tengan lugar en la circunscripción en la cual deba efectuarse la respectiva elección. La ley reglamentará los demás casos de inhabilidades por parentesco, con las autoridades no contemplados en estas disposiciones.

Para los fines de este artículo se considera que la circunscripción nacional coincide con cada una de las territoriales, excepto para la inhabilidad consignada en el numeral 5.

Concord.: L. 5/1992 *(LTM 9335852)*; L. 1828/2017 *(LTM 12177842)*; C.Const. Sent. C-093/94 M.P. Hernando Herrera *(LTM 10101479)*; C.E. Sección Quinta Sent. 01/01/1992 Rad. 981-CE-SEC5-EXP1992-N0647 M.P. Jorge Penen *(LTM 10183390)*; C.E. Sala de Consulta y Servicio Civil. Concepto 25/02/1998 Num. CE-SC-RAD1998-N1085 M.P. Javier Henao *(LTM 10115377)*; C.E. Sala Plena Sent. 27/01/1998 Rad. CE-SP-EXP1998-NAC5397 M.P. Ricardo Hoyos *(LTM 10115635)*; C.E. Secc. Quinta 06/05/1999 Rad. CE-SEC5-EXP1999-N1868 M.P. Mario Rafael Alario *(LTM 10096099)*; C.E. Sala Plena Sent. 28/07/2003 Rad. 11001-03-15-000-2002-1098-01 M.P. Jesús María Lemos *(LTM 9868313)*.

Artículo 180

Los congresistas no podrán:

1. Desempeñar cargo o empleo público o privado.

2. Gestionar, en nombre propio o ajeno, asuntos ante las entidades públicas o ante las personas que administren tributos, ser apoderados ante las mismas, cele-

brar con ellas, por si o por interpuesta persona, contrato alguno. La ley establecerá las excepciones a esta disposición.

3. Ser miembro de juntas o consejos directivos de entidades oficiales descentralizadas de cualquier nivel o de instituciones que administren tributos.

*Numeral modificado por el Artículo 2º del Acto Legislativo No. 3 de 1993.

4. Celebrar contratos o realizar gestiones con personas naturales o jurídicas de derecho privado que administren, manejen o inviertan fondos públicos o sean contratistas del Estado o reciban donaciones de éste. Se exceptúa la adquisición de bienes o servicios que se ofrecen a los ciudadanos en igualdad de condiciones.

Parágrafo 1o. Se exceptúa del régimen de incompatibilidades el ejercicio de la cátedra universitaria.

Parágrafo 2o. El funcionario que en contravención del presente artículo, nombre a un Congresista para un empleo o cargo o celebre con él un contrato o acepte que actúe como gestor en nombre propio o de terceros, incurrirá en causal de mala conducta.

Concord.: L. 11/1973 *(LTM 9371343)*; L. 5/1992 *(LTM 9335852)*; L. 1828/2017 *(LTM 12177842)*; C.Const. Sent. C-497/94 M.P. José Gregorio Hernández *(LTM 10101094)*; C.Const. Sent. C-985/99 M.P. Álvaro Tafur *(LTM 10094160)*; C.Const. Sent. T-461/03 M.P. Eduardo Montealegre *(LTM 10030791)*; C.E. Sala Plena Sent. 23/02/1994 Rad. CE-SP-EXP1994-NAC1064 M.P. Miguel Viana *(LTM 10179576)*; C.S.J Sala de Casación Penal. Auto 14/02/2017, No. Exp. T 90143, M.P. Patricia Salazar.

Artículo 181

Las incompatibilidades de los congresistas tendrán vigencia durante el período constitucional respectivo. En caso de renuncia, se mantendrán durante el año siguiente a su aceptación, si el lapso que faltare para el vencimiento del período fuere superior.

Quien fuere llamado a ocupar el cargo, quedará sometido al mismo régimen de inhabilidades e incompatibilidades a partir de su posesión.

Concord.: C.E. Sala Plena. Sent. 14/04/1998 Rad. CE-SP-EXP1998-NAC5358 M.P. Julio Enrique Correa *(LTM 10115113)*; C.E. Sala de Consulta y Servicio Civil. Concepto 08/08/2000. Rad. CE-SC-RAD2000-N1290 M.P. Flavio Augusto Rodríguez *(LTM 10050780)*; C.E. Sala Plena Sent. 09/04/2002 Rad. 11001-03-15-000-2001-0263-01 M.P. Alejandro Ordoñez *(LTM 9987514)*.

Artículo 182

Los congresistas deberán poner en conocimiento de la respectiva Cámara las situaciones de carácter moral o económico que los inhiban para participar en el trámite de los asuntos sometidos a su consideración. La ley determinará lo relacionado con los conflictos de intereses y las recusaciones.

Concord.: L. 5/1992 *(LTM 9335852)*; L. 1828/2017 *(LTM 12177842)*; C.E. Sala Plena. Sent. 17/10/2000 Rad. CE-SP-EXP2000N-AC11116. M.P. Mario Alario Méndez *(LTM 10048972)*; C.E. Sala Plena de lo Contencioso Administrativo. Sent. 06/06/2017 Rad. 11001-03-15-000-2015-01908-00 M.P. Marta Nubia Velásquez *(LTM 9877021)*; C.Const. Sent. C-1049/ M.P. Alfredo Beltrán *(LTM 10027682)*.

Artículo 183

Los congresistas perderán su investidura:

1. Por violación del régimen de inhabilidades e incompatibilidades, o del régimen de conflicto de intereses.

2. Por la inasistencia, en un mismo periodo de sesiones, a seis reuniones plenarias en las que se voten proyectos de acto legislativo, de ley o mociones de censura.

3. Por no tomar posesión del cargo dentro de los ocho días siguientes a la fecha de instalación de las Cámaras, o a la fecha en que fueren llamados a posesionarse.

4. Por indebida destinación de dineros públicos.

5. Por tráfico de influencias debidamente comprobado.

Parágrafo. Las causales 2 y 3 no tendrán aplicación cuando medie fuerza mayor.

Concord.: A.L. 1/2011 *(LTM 12170456)*; L. 144/1994 *(LTM 12153258)*; L. 1881/2018 *(LTM 12180062)*; C.Const. Sent. C-319/94 M.P. Hernando Herrera Vergara *(LTM 10101251)*; C.Const. Sent. C-247/95 M.P. José Gregorio Hernández *(LTM 10100735)*; C.E. Sala Plena de lo Contencioso Administrativo. Sent. 22/11/2016. Rad. 2015-02938. M.P. Carlos Enrique Moreno *(LTM 9641977)*; C.E. Sala Plena de lo Contencioso Administrativo. Sent. 03/09/2018. Rad. 11001-03-15-000-2018-01294-00 M.P. Carlos Alberto Zambrano *(LTM 15117849)*.

Artículo 184

La pérdida de la investidura será decretada por el Consejo de Estado de acuerdo con la ley y en un término no mayor de veinte días hábiles, contados a partir de la fecha de la solicitud formulada por la mesa directiva de la cámara correspondiente o por cualquier ciudadano.

Concord.: L. 144/1994 *(LTM 12153258)*; L. 1881/2018 *(LTM 12180062)*; C.Const. Sent. SU.858/01 M.P. Rodrigo Escobar Gil *(LTM 10041703)*; C.Const. Sent. T-920/05 M.P. Jaime Córdoba Triviño *(LTM 10027811)*; C.E. Sala Plena Auto 13/04/1993 Rad. 28-CE-SP-EXP1993-NAC676. M.P. Jaime Abella *(LTM 10181281)*.

Artículo 185

Los congresistas serán inviolables por las opiniones y los votos que emitan en el ejercicio del cargo, sin perjuicio de las normas disciplinarias contenidas en el reglamento respectivo.

Concord.: C.Const. Sent. SU.047/99 M.P. Carlos Gaviria Díaz *(LTM 10095051)*; C.Const. Sent. SU.062/01 M.P. Eduardo Montealegre *(LTM 10042551)*.

Artículo 186

De los delitos que cometan los Congresistas, conocerá en forma privativa la Corte Suprema de Justicia, única autoridad que podrá ordenar su detención. En caso de flagrante delito deberán ser aprehendidos y puestos inmediatamente a disposición de la misma corporación.

Corresponderá a la Sala Especial de Instrucción de la Sala Penal de la Corte Suprema de Justicia investigar y acusar ante la Sala Especial de Primera Instancia de la misma Sala Penal a los miembros del Congreso por los delitos cometidos.

Contra las sentencias que profiera la Sala Especial de Primera Instancia de la Sala Penal de la Corte Suprema de Justicia procederá el recurso de apelación. Su conocimiento corresponderá a la Sala de Casación Penal de la Corte Suprema de Justicia.

La primera condena podrá ser impugnada.

*Artículo modificado por el artículo 1 del Acto Legislativo 1 de 2018.

Concord.: C.Const. Sent. C-386/96 M.P. Alejandro Martínez *(LTM 10100092)*; C.S.J Sala de Casación Penal. Auto 27/08/2014 M.P. María del Rosario González *(LTM 11758018)*; C.E. Sala de Consulta y Servicio Civil. Concepto 20/08/1996. Rad. 149-CE-SC-EXP1996-N868 M.P. Roberto Suárez *(LTM 10138595)*.

Artículo 187

La asignación de los miembros del Congreso se reajustará cada año en proporción igual al promedio ponderado de los cambios ocurridos en la remuneración de los servidores de la administración central, según certificación que para el efecto expida el Contralor General de la República.

Concord.: C.Const. Sent. SU.975/03 M.P. Manuel José Cepeda *(LTM 10030285)*; C.Const. Sent. SU.566/15 M.P. Myriam Roldán *(LTM 9968119)*; C.E. Sala de Consulta y Servicio Civil. Concepto 07/06/2001 Num. CE-SC-RAD2001-N1345 M.P. Augusto Trejos *(LTM 10010313)*; C.E. Secc. Segunda Auto 30/11/2008. M.P. Gerardo Arenas *(LTM 9832463)*; C.E. Secc. Segunda. Subsección A. Sent. 07/04/2016. M.P. Gabriel Valbuena *(LTM 9910216)*.

TÍTULO VII
DE LA RAMA EJECUTIVA

CAPÍTULO 1
DEL PRESIDENTE DE LA REPÚBLICA

Artículo 188

El Presidente de la República simboliza la unidad nacional y al jurar el cumplimiento de la Constitución y de las leyes, se obliga a garantizar los derechos y libertades de todos los colombianos.

Concord.: C.E. Secc. Primera. Sent. 04/08/2016 Rad. 11001-03-24-000-2015-00377-00, M.P. María Elizabeth García *(LTM 9891903)*; C.Const. Sent. T-1191/04 M.P. Marco Gerardo Monroy *(LTM 10028812)*.

Artículo 189

Corresponde al Presidente de la República como Jefe de Estado, Jefe del Gobierno y Suprema Autoridad Administrativa:

1. Nombrar y separar libremente a los Ministros del Despacho y a los Directores de Departamentos Administrativos.

2. Dirigir las relaciones internacionales. Nombrar a los agentes diplomáticos y consulares, recibir a los agentes respectivos y celebrar con otros Estados y entidades de derecho internacional tratados o convenios que se someterán a la aprobación del Congreso.

3. Dirigir la fuerza pública y disponer de ella como Comandante Supremo de las Fuerzas Armadas de la República.

4. Conservar en todo el territorio el orden público y restablecerlo donde fuere turbado.

5. Dirigir las operaciones de guerra cuando lo estime conveniente.

6. Proveer a la seguridad exterior de la República, defendiendo la independencia y la honra de la Nación y la inviolabilidad del territorio; declarar la guerra con permiso del Senado, o hacerla sin tal autorización para repeler una agresión extranjera; y convenir y ratificar los tratados de paz, de todo lo cual dará cuenta inmediata al Congreso.

7. Permitir, en receso del Senado, previo dictamen del Consejo de Estado, el tránsito de tropas extranjeras por el territorio de la República.

8. Instalar y clausurar las sesiones del Congreso en cada legislatura.

9. Sancionar las leyes.

10. Promulgar las leyes, obedecerlas y velar por su estricto cumplimiento.

11. Ejercer la potestad reglamentaria, mediante la expedición de los decretos, resoluciones y órdenes necesarios para la cumplida ejecución de las leyes.

12. Presentar un informe al Congreso, al iniciarse cada legislatura, sobre los actos de la Administración, sobre la ejecución de los planes y programas de desarrollo económico y social, y sobre los proyectos que el Gobierno se proponga adelantar durante la vigencia de la nueva legislatura.

13. Nombrar a los presidentes, directores o gerentes de los establecimientos públicos nacionales y a las personas que deban desempeñar empleos nacionales cuya provisión no sea por concurso o no corresponda a otros funcionarios o corporaciones, según la Constitución o la ley.

En todo caso, el Gobierno tiene la facultad de nombrar y remover libremente a sus agentes.

14. Crear, fusionar o suprimir, conforme a la ley, los empleos que demande la administración central, señalar sus funciones especiales y fijar sus dotaciones y emolumentos. El Gobierno no podrá crear, con cargo al Tesoro, obligaciones que excedan el monto global fijado para el respectivo servicio en la ley de apropiaciones iniciales.

15. Suprimir o fusionar entidades u organismos administrativos nacionales de conformidad con la ley.

16. Modificar la estructura de los Ministerios, Departamentos Administrativos y demás entidades u organismos administrativos nacionales, con sujeción a los principios y reglas generales que defina la ley.

17. Distribuir los negocios según su naturaleza, entre Ministerios, Departamentos Administrativos y Establecimientos Públicos.

18. Conceder permiso a los empleados públicos nacionales que lo soliciten, para aceptar, con carácter temporal, cargos o mercedes de gobiernos extranjeros.

19. Conferir grados a los miembros de la fuerza pública y someter para aprobación del Senado los que correspondan de acuerdo con el artículo 173.

20. Velar por la estricta recaudación y administración de las rentas y caudales públicos y decretar su inversión de acuerdo con las leyes.

21. Ejercer la inspección y vigilancia de la enseñanza conforme a la ley.

22. Ejercer la inspección y vigilancia de la prestación de los servicios públicos.

23. Celebrar los contratos que le correspondan con sujeción a la Constitución y la ley.

24. Ejercer, de acuerdo con la ley, la inspección, vigilancia y control sobre las personas que realicen actividades financiera, bursátil, aseguradora y cualquier otra relacionada con el manejo, aprovechamiento o inversión de recursos captados del público. Así mismo, sobre las entidades cooperativas y las sociedades mercantiles.

25. Organizar el Crédito Público; reconocer la deuda nacional y arreglar su servicio; modificar los aranceles, tarifas y demás disposiciones concernientes al régimen de aduanas; regular el comercio exterior; y ejercer la intervención en las actividades financiera, bursátil, aseguradora y cualquier otra relacionada con el manejo, aprovechamiento e inversión de recursos provenientes del ahorro de terceros de acuerdo con la ley.

26. Ejercer la inspección y vigilancia sobre instituciones de utilidad común para que sus rentas se conserven y sean debidamente aplicadas y para que en todo lo esencial se cumpla con la voluntad de los fundadores.

27. Conceder patente de privilegio temporal a los autores de invenciones o perfeccionamientos útiles, con arreglo a la ley.

28. Expedir cartas de naturalización, conforme a la ley.

Concord.: D. 1685/1991 *(LTM 12146008)*; C.E. Secc. Primera. Sent. 22/09/1995 M.P. Libardo Rodríguez *(LTM 15446115)*; C.E. Secc. Primera. Sent. 14/02/1990 Rad. 264-CE-SEC1-EXP1990-N722 M.P. Simón Rodríguez *(LTM 10200639)*; C.E. Sala de Consulta y Servicio Civil. Concepto 18/12/1995 M.P. César Hoyos *(LTM 15445747)*; C.Const. Sent. C-566/00 M.P. Carlos Gaviria Díaz *(LTM 10043845)*.

Artículo 190

El Presidente de la República será elegido para un período de cuatro años, por la mitad más uno de los votos que, de manera secreta y directa, depositen los ciudadanos en la fecha y con las formalidades que determine la ley. Si ningún candidato obtiene dicha mayoría, se celebrará una nueva votación que tendrá lugar tres semanas más tarde, en la que sólo participarán los dos candidatos que hubieren obtenido las más altas votaciones. Será declarado Presidente quien obtenga el mayor número de votos.

En caso de muerte o incapacidad física permanente de alguno de los dos candidatos con mayoría de votos, su partido o movimiento político podrá inscribir un nuevo candidato para la segunda vuelta. Si no lo hace o si la falta obedece a otra causa, lo reemplazará quien hubiese obtenido la tercera votación; y así en forma sucesiva y en orden descendente.

Si la falta se produjese con antelación menor a dos semanas de la segunda vuelta, ésta se aplazará por quince días.

Concord.: C.E. Secc. Quinta. Sent. 05/11/2015, Rad. 11001-03-28-000-2014-00087-00, M.P. Carlos Enrique Moreno *(LTM 9659368)*;

Artículo 191

Para ser Presidente de la República se requiere ser colombiano por nacimiento, ciudadano en ejercicio y mayor de treinta años.

Concord.: L. 43/1993, Art. 28 *(LTM 9348034)*; C.Const. Sent. C-487/1993. M.P. José Gregorio Hernández Galindo *(LTM 1953377)*; C.Const. Sent. C-130/1994. M.P. Fabio Morón Díaz *(LTM 1953301)*; C.Const. Sent. C-093/2001. M.P. Alejandro Martínez Caballero *(LTM 10042516)*.

Artículo 192

El Presidente de la República tomará posesión de su destino ante el Congreso, y prestará juramento en estos términos: "Juro a Dios y prometo al pueblo cumplir fielmente la Constitución y las leyes de Colombia".

Si por cualquier motivo el Presidente de la República no pudiere tomar posesión ante el Congreso, lo hará ante la Corte Suprema de Justicia o, en defecto de esta, ante dos testigos.

Concord.: C.Const. Sent. C-428/1993. M.P. José Gregorio Hernández Galindo *(LTM 1953373)*; C.Const. Sent. C-1153/05. M.P. Marco Gerardo Monroy Cabra *(LTM 10027598)*.

Artículo 193

Corresponde al Senado conceder licencia al Presidente de la República para separarse temporalmente del cargo.

Por motivo de enfermedad, el Presidente de la República puede dejar de ejercer el cargo, por el tiempo necesario, mediante aviso al Senado o, en receso de este, a la Corte Suprema de Justicia.

Concord.: L. 5/1992 *(LTM 9335852)*; C.Const. Sent. C-428/1993. M.P. José Gregorio Hernández Galindo *(LTM 1953373)*.

Artículo 194

Son faltas absolutas del Presidente de la República su muerte, su renuncia aceptada, la destitución decretada por sentencia, la incapacidad física permanente y el abandono del cargo, declarados éstos dos últimos por el Senado.

Son faltas temporales la licencia y la enfermedad, de conformidad con el artículo precedente y la suspensión en el ejercicio del cargo decretada por el Senado, previa admisión pública de la acusación en el caso previsto en el numeral primero del artículo 175.

Concord.: L. 5/1992, Art. 313, Art. 323. *(LTM 9335852)*; C.Const. Sent. 428/93, M.P. José Gregorio Hernández Galindo *(LTM 1953373)*.

Artículo 195

El encargado del Ejecutivo tendrá la misma preeminencia y las mismas atribuciones que el Presidente, cuyas veces hace.

Concord.: D. 835/2021 *(LTM 22997665)*; C.Const. Sent. C-600/92, M.P. Eduardo Cifuentes Muñoz *(LTM 10102693)*; C.Const. Sent. C-428/93, M.P. José Gregorio Hernández Galindo *(LTM 10102248)*.

Artículo 196

El Presidente de la República, o quien haga sus veces, no podrá trasladarse a territorio extranjero durante el ejercicio de su cargo, sin previo aviso al Senado o, en receso de éste, a la Corte Suprema de Justicia.

La infracción de esta disposición implica abandono del cargo.

El Presidente de la República, o quien haya ocupado la Presidencia a título de encargado, no podrá salir del país dentro del año siguiente a la fecha en que cesó en el ejercicio de sus funciones, sin permiso previo del Senado.

Cuando el Presidente de la República se traslade a territorio extranjero en ejercicio de su cargo, el Ministro a quien corresponda, según el orden de precedencia legal, ejercerá bajo su propia responsabilidad las funciones constitucionales que el Presidente le delegue, tanto aquellas que le son propias como las que ejerce en su calidad de Jefe del Gobierno. El Ministro Delegatario pertenecerá al mismo partido o movimiento político del Presidente.

Concord.: L. 5/1992, Art. 313 *(LTM 9335852)*; A.L. 1/1997 *(LTM 12112641)*; C.Const. Sent. C-151/1993, M.P. Antonio Barrera Carbonell *(LTM 1953439)*; C.Const. Sent. C-428/93, M.P. José Gregorio Hernández Galindo *(LTM 10102248)*; C.Const. Sent. C-172/2006, M.P. Jaime Córdoba Triviño *(LTM 10027225)*; C.Const. Sent. C-176/2006, M.P. Álvaro Tafur Galvis *(LTM 10027213)*.

Artículo 197

No podrá ser elegido Presidente de la República el ciudadano que a cualquier título hubiere ejercido la Presidencia. Esta prohibición no cobija al Vicepresidente cuando la ha ejercido por menos de tres meses, en forma continua o discontinua, durante el cuatrienio. La prohibición de la reelección solo podrá ser reformada o derogada mediante referendo de iniciativa popular o asamblea constituyente.

No podrá ser elegido Presidente de la República o Vicepresidente quien hubiere incurrido en alguna de las causales de inhabilidad consagradas en los numerales 1, 4 y 7 del artículo 179, ni el ciudadano que un año antes de la elección haya tenido la investidura de Vicepresidente o ejercido cualquiera de los siguientes cargos:

Ministro, Director de Departamento Administrativo, Magistrado de la Corte Suprema de Justicia, de la Corte Constitucional, del Consejo de Estado, Comisión Nacional de Disciplina Judicial o del Consejo Nacional Electoral, Procurador General de la Nación, Defensor del Pueblo, Contralor General de la República, Fiscal General de la Nación, Registrador Nacional del Estado Civil, Comandantes de las Fuerzas Militares, Auditor General de la República, Director General de la Policía, Gobernador de departamento o Alcalde.

*Artículo modificado por el artículo 9 del Acto Legislativo 2 de 2015.

Concord.: Const. Pol. Art. 197, num. 1, 4 y 7 *(LTM 9331500)*; L. 996/2005 *(LTM 12163466)*; A.L. 2/2004 *(LTM 12160286)*; C.Const. Sent. C-145/94, M.P. Alejandro Martínez Caballero *(LTM 10101452)*; C.Const. Sent. C-952/2001, M.P. Álvaro Tafur Galvis *(LTM 10041627)*; Const. Sent. C-1153/2005, M.P. Marco Gerardo Monroy Cabra *(LTM 10027598)*; C.Const. Sent. C-1040/2005, M.P. Manuel José Cepeda Espinosa, Rodrigo Escobar Gil *(LTM 1956356)*; C. Const. Sent. C-141/10, M.P. Humberto Antonio Sierra Porto *(LTM 9997936)*; C.Const. Sent. C-630/2012, M.P. Mauricio González Cuervo *(LTM 9996759)*; C.Const. Sent. C-101/18, M.P. Gloria Stella Ortiz Delgado *(LTM 15113813)*.

Artículo 198

El Presidente de la República, o quien haga sus veces, será responsable de sus actos u omisiones que violen la Constitución o las leyes.

Concord.: Const. Pol. Arts. 6, 90, 124, 174, 178-3, 196, 199, 202, 214-5 *(LTM 9331500)*.

Artículo 199

El Presidente de la República, durante el periodo para el que sea elegido, o quien se halle encargado de la Presidencia, no podrá ser perseguido ni juzgado por delitos, sino en virtud de acusación de la Cámara de Representantes y cuando el Senado haya declarado que hay lugar a formación de causa.

Concord.: Const. Pol. Arts. 174, 178-3, 196. *(LTM 9331500)*.

CAPÍTULO 2
DEL GOBIERNO

Artículo 200

Corresponde al Gobierno, en relación con el Congreso:

1. Concurrir a la formación de las leyes, presentando proyectos por intermedio de los ministros, ejerciendo el derecho de objetarlos y cumpliendo el deber de sancionarlos con arreglo a la Constitución.

2. Convocarlo a sesiones extraordinarias.

3. Presentar el plan nacional de desarrollo y de inversiones públicas, conforme a lo dispuesto en el artículo 150.

4. Enviar a la Cámara de Representantes el proyecto de presupuesto de rentas y gastos.

5. Rendir a las cámaras los informes que éstas soliciten sobre negocios que no demanden reserva.

6. Prestar eficaz apoyo a las cámaras cuando ellas lo soliciten poniendo a su disposición la fuerza pública, si fuere necesario.

Concord.: L. 5/1992 *(LTM 9335852)*; L. 152/1994 *(LTM 12153247)*; L. 819/2003 *(LTM 9382271)*; L. 1955/2019 *(LTM 16151213)*; C.Const. Sent. C-1065/01, M.P. Alfredo Beltrán Sierra *(LTM 10041526)*.

Artículo 201

Corresponde al Gobierno, en relación con la Rama Judicial:

1. Prestar a los funcionarios judiciales, con arreglo a las leyes, los auxilios necesarios para hacer efectivas sus providencias.

2. Conceder indultos por delitos políticos, con arreglo a la ley, e informar al Congreso sobre el ejercicio de esta facultad. En ningún caso estos indultos podrán comprender la responsabilidad que tengan los favorecidos respecto de los particulares.

Concord.: L. 5/1992 *(LTM 9335852)*; L. 7/1992 *(LTM 12151916)*; L. 418/1997 (*LTM 9336796)*; L. 975/2005 *(LTM 9389705)*; L. 1820/2016 *(LTM 12174781)*; C.Const. Sent. C-207/93, M.P. Eduardo Cifuentes Muñoz *(LTM 10102469)*; C.Const. Sent. C-171/93, M.P. Vladimiro Naranjo Mesa *(LTM 10102511)*; C.Const. Sent. C-052/93, M.P. Jaime Sanín Greiffenstein *(LTM 10102630)*; C.Const. Sent. C-928/05, M.P. Jaime Araújo Rentería *(LTM 10027804)*.

CAPÍTULO 3
DEL VICEPRESIDENTE

Artículo 202

El Vicepresidente de la República será elegido por votación popular el mismo día y en la misma fórmula con el Presidente de la República.

Los candidatos para la segunda votación, si la hubiere, deberán ser en cada fórmula quienes la integraron en la primera.

El Vicepresidente tendrá el mismo período del Presidente y lo reemplazará en sus faltas temporales o absolutas, aun en el caso de que éstas se presenten antes de su posesión.

En las faltas temporales del Presidente de la República bastará con que el Vicepresidente tome posesión del cargo en la primera oportunidad, para que pueda ejercerlo cuantas veces fuere necesario. En caso de falta absoluta del Presidente de la República, el Vicepresidente asumirá el cargo hasta el final del período.

El Presidente de la República podrá confiar al Vicepresidente misiones o encargos especiales y designarlo en cualquier cargo de la rama ejecutiva.

El Vicepresidente no podrá asumir funciones de Ministro Delegatario.

Concord.: L. 5/1992 *(LTM 9335852)*; C.Const. Sent. C-428/1993, M.P. José Gregorio Hernández Galindo *(LTM 10102248)*; C.Const. Sent. C-594/1995, M.P. Antonio Barrera Carbonell *(LTM 10840572)*; C.Const. Sent. C-802/2006, M.P. Manuel José Cepeda Espinosa *(LTM 10021575)*.

Artículo 203

A falta del Vicepresidente cuando estuviera ejerciendo la Presidencia, ésta será asumida por un Ministro en el orden que establezca la ley.

La persona que de conformidad con este artículo reemplace al Presidente, pertenecerá a su mismo partido o movimiento y ejercerá la Presidencia hasta cuando el Congreso, por derecho propio, dentro de los treinta días siguientes a la fecha en que se produzca la vacancia presidencial, elija al Vicepresidente, quien tomará posesión de la Presidencia de la República.

Concord.: C.Const. Sent. C-428/1993, M.P. José Gregorio Hernández Galindo *(LTM 10102248)*.

Artículo 204

Para ser elegido Vicepresidente se requieren las mismas calidades que para ser Presidente de la República.

Inciso ELIMINADO por el artículo 10° del Acto Legislativo 2 de 2015 (Diario Oficial 49.560 de 1 de julio de 2015.)

Inciso ELIMINADO por el artículo 10° del Acto Legislativo 2 de 2015 (Diario Oficial 49.560 de 1 de julio de 2015.)

*Artículo modificado por el artículo 3 del Acto Legislativo 2 de 2004.

Concord.: Const. Pol. Art. 191. *(LTM 9331500).*

Artículo 205

En caso de falta absoluta del Vicepresidente, el Congreso se reunirá por derecho propio, o por convocatoria del Presidente de la República, a fin de elegir a quien haya de reemplazarlo para el resto del período. Son faltas absolutas del Vicepresidente: su muerte, su renuncia aceptada y la incapacidad física permanente reconocida por el Congreso.

Concord.: L. 5/1992 (*LTM 9335852)*; C.Const. Sent. C-428/93, M.P. José Gregorio Hernández Galindo (*LTM 10102248).*

CAPÍTULO 4
DE LOS MINISTROS Y DIRECTORES DE LOS DEPARTAMENTOS ADMINISTRATIVOS

Artículo 206

El número, denominación y orden de precedencia de los ministerios y departamentos administrativos serán determinados por la ley.

Concord.: L. 489/1998, Arts. 38, 39, 59 61 *(LTM 9332778)*; L. 1444/2011 (*LTM 9387101)*; C.Const. Sent. C-212/1994, M.P. José Gregorio Hernández Galindo (*LTM 10101358);* C.Const. Sent. C-808/2001, M.P. Manuel José Cepeda Espinosa (*LTM 1955869).*

Artículo 207

Para ser ministro o director de departamento administrativo se requieren las mismas calidades que para ser representante a la Cámara.

Concord.: Const. Pol., Art. 177 y 179 *(LTM 9331500).*

Artículo 208

Los ministros y los directores de departamentos administrativos son los jefes de la administración en su respectiva dependencia. Bajo la dirección del Presidente de la República, les corresponde formular las políticas atinentes a su despacho, dirigir la actividad administrativa y ejecutar la ley.

Los ministros, en relación con el Congreso, son voceros del Gobierno, presentan a las cámaras proyectos de ley, atienden las citaciones que aquéllas les hagan y toman parte en los debates directamente o por conducto de los viceministros.

Los ministros y los directores de departamentos administrativos presentarán al Congreso, dentro de los primeros quince días de cada legislatura, informe sobre el estado de los negocios adscritos a su ministerio o departamento administrativo, y sobre las reformas que consideren convenientes.

Las cámaras pueden requerir la asistencia de los ministros. Las comisiones permanentes, además, la de los viceministros, los directores de departamentos administrativos, el Gerente del Banco de la República, los presidentes, directores o gerentes de las entidades descentralizadas del orden nacional y la de otros funcionarios de la rama ejecutiva del poder público.

Concord.: L. 5/1992 *(LTM 9335852)*; L. 489/1998 *(LTM 9332778)*; L. 790/2002 *(LTM 12159699)*; C.Const. Sent. C-262/1995, M.P. Fabio Morón Díaz *(LTM 10100722)*; C.Const. Sent. C-561/1999, M.P. Alfredo Beltrán Sierra *(LTM 10094511)*; C.Const. Sent. C-702/1999, M.P. Fabio Morón Díaz *(LTM 10094397)*; C.Const. Sent. C-727/2000, M.P. Vladimir Naranjo Mesa *(LTM 10043702)*; C.E. Sala de Consulta y Servicio Civil, 00137/2016, Rad. No.: 11001-03-06-000-2015-00137-00 (2266) M.P. Germán Alberto Bula Escobar *(LTM 9893553)*; C.E., Sección Primera, Sent. 00125/2018. C.P. Oswald Giraldo López *(LTM 15122764)*; C.E. Sala de Consulta y Servicio Civil, Concepto 00186/2017, M.P. Édgar González López *(LTM 15130964)*.

CAPÍTULO 5
DE LA FUNCIÓN ADMINISTRATIVA

Artículo 209

La función administrativa está al servicio de los intereses generales y se desarrolla con fundamento en los principios de igualdad, moralidad, eficacia, economía, celeridad, imparcialidad y publicidad, mediante la descentralización, la delegación y la desconcentración de funciones.

Las autoridades administrativas deben coordinar sus actuaciones para el adecuado cumplimiento de los fines del Estado. La administración pública, en todos sus órdenes, tendrá un control interno que se ejercerá en los términos que señale la ley.

Concord.: C.E. Secc. Tercera. Sent. 26/07/2001 Rad. 25000-23-24-000-2001-0178-01 M.P. María Elena Giraldo *(LTM 10006912)*; C.E. Secc. Segunda. Sent. 2 07/10/2010 M.P. Gerardo Arenas Monsalve *(LTM 9760561)*; C.Const. Sent. T-540/92 M.P. Eduardo Cifuentes *(LTM 10102757)*; C.Const. Sent. C-560/99 M.P. Carlos Gaviria Díaz *(LTM 10094512)*.

Artículo 210

Las entidades del orden nacional descentralizadas por servicios sólo pueden ser creadas por ley o por autorización de ésta, con fundamento en los principios que orientan la actividad administrativa.

Los particulares pueden cumplir funciones administrativas en las condiciones que señale la ley.

La ley establecerá el régimen jurídico de las entidades descentralizadas y la responsabilidad de sus presidentes, directores o gerentes.

Concord.: L. 1772/1998 *(LTM 12158255)*; L. 755/2000 *(LTM 12159514)* L. 1362/2011 *(LTM 9336812)*; L. 1221/2011 *(LTM 9336812)*; C.Const. Sent. C-121/04 M.P. Alfredo Beltrán Sierra *(LTM 10029876)*; C.Const. Sent. C-121/96 M.P. Néstor García Parrado *(LTM 10100374)*; C.Const. Sent. C-688/96 M.P. Alejandro Martínez Caballero *(LTM 10099816)*; C.E. Secc. Segunda. Sent. 19/11/1991 M.P. Dolly Pedraza De Arenas *(LTM 10193959)*; C.E. Secc. Segunda. Sent. 11/02/1992 M.P. Clara Forero De Castro *(LTM 10183359)*.

Artículo 211

La ley señalará las funciones que el Presidente de la República podrá delegar en los ministros, directores de departamentos administrativos, representantes legales de entidades descentralizadas, superintendentes, gobernadores, alcaldes y agencias del Estado que la misma ley determine. Igualmente, fijará las condiciones para que las autoridades administrativas puedan delegar en sus subalternos o en otras autoridades.

La delegación exime de responsabilidad al delegante, la cual corresponderá exclusivamente al delegatario, cuyos actos o resoluciones podrá siempre reformar o revocar aquel, reasumiendo la responsabilidad consiguiente.

La ley establecerá los recursos que se pueden interponer contra los actos de los delegatarios.

Concord.: L. 1685/1991 *(LTM 12146008)*; C.E. Secc. Segunda. Sent. 03/06/1992 M.P. Dolly Pedraza De Arenas *(LTM 10182882)*; C.Const. Sent. C-566/00 M.P.

Carlos Gaviria Díaz *(LTM 10043845)*; C.S.J Sala Plena Sent. 10/03/2016 Rad. 11001023000020150016 3-01 M.P. Margarita Cabello Blanco *(LTM 10793787)*; C.E. Secc. Primera. 10/06/1992, Rad. 237-CE-SEC1-EXP1992-N2050, M.P. Ernesto Rafael Ariza Muñoz *(LTM 10182841)*; C.E. Secc. Primera. Sent. 14/02/1990, Rad. CE-SEC1-EXP1990-N722, M.P. Simón Rodríguez Rodríguez *(LTM 10200638)*.

CAPÍTULO 6
DE LOS ESTADOS DE EXCEPCIÓN

Artículo 212

El Presidente de la República, con la firma de todos los ministros, podrá declarar el Estado de Guerra Exterior. Mediante tal declaración, el Gobierno tendrá las facultades estrictamente necesarias para repeler la agresión, defender la soberanía, atender los requerimientos de la guerra, y procurar el restablecimiento de la normalidad.

La declaración del Estado de Guerra Exterior sólo procederá una vez el Senado haya autorizado la declaratoria de guerra, salvo que a juicio del Presidente fuere necesario repeler la agresión.

Mientras subsista el Estado de Guerra, el Congreso se reunirá con la plenitud de sus atribuciones constitucionales y legales, y el Gobierno le informará motivada y periódicamente sobre los decretos que haya dictado y la evolución de los acontecimientos.

Los decretos legislativos que dicte el Gobierno suspenden las leyes incompatibles con el Estado de Guerra, rigen durante el tiempo que ellos mismos señalen y dejarán de tener vigencia tan pronto se declare restablecida la normalidad. El Congreso podrá, en cualquier época, reformarlos o derogarlos con el voto favorable de los dos tercios de los miembros de una y otra cámara.

Concord.: L. 137/1994 *(LTM 12153284)*; C.E. Secc. Primera. Auto. 15/03/2007, Rad. 25000-23-24-000-2003-00763-01, M.P. Gabriel Eduardo Mendoza Martelo *(LTM 9841760)*.

Artículo 213

En caso de grave perturbación del orden público que atente de manera inminente contra la estabilidad institucional, la seguridad del Estado, o la convivencia ciudadana, y que no pueda ser conjurada mediante el uso de las atribuciones ordinarias de las autoridades de Policía, el Presidente de la República, con la firma de todos los ministros, podrá declarar el Estado de Conmoción Interior, en toda la República o parte de ella, por término no mayor de noventa días, prorrogable hasta por dos períodos iguales, el segundo de los cuales requiere concepto previo y favorable del Senado de la República.

Mediante tal declaración, el Gobierno tendrá las facultades estrictamente necesarias para conjurar las causas de la perturbación e impedir la extensión de sus efectos.

Los decretos legislativos que dicte el Gobierno podrán suspender las leyes incompatibles con el Estado de Conmoción y dejarán de regir tan pronto como se declare restablecido el orden público. El Gobierno podrá prorrogar su vigencia hasta por noventa días más.

Dentro de los tres días siguientes a la declaratoria o prórroga del Estado de Conmoción, el Congreso se reunirá por derecho propio, con la plenitud de sus atribuciones constitucionales y legales. El Presidente le pasará inmediatamente un informe motivado sobre las razones que determinaron la declaración.

En ningún caso los civiles podrán ser investigados o juzgados por la justicia penal militar.

Concord.: L. 4/1991 *(LTM 12177044)*; C.Const. Sent. C-300/94 M.P. Eduardo Cifuentes Muñoz *(LTM 10101270)*; C.Const. Sent. C-031/93 M.P. Eduardo Cifuentes Muñoz *(LTM 10100479)*; C.E. Secc. Segunda. Sent. 24/09/2010, 19001-23-31-000-2010-00193-01, M.P. Luis Rafael Vergara Quintero *(LTM 9761921)*; C.E. Secc. Tercera Subsección B. Sent. 13/11/2014, Rad. 08001-23-31-000-2000-00213-01, M.P. Stella Conto Díaz Del Castillo *(LTM 9665532)*;

Artículo 214

Los Estados de Excepción a que se refieren los artículos anteriores se someterán a las siguientes disposiciones:

1. Los decretos legislativos llevarán la firma del Presidente de la República y todos sus ministros y solamente podrán referirse a materias que tengan relación directa y específica con la situación que hubiere determinado la declaratoria del Estado de Excepción.

2. No podrán suspenderse los derechos humanos ni las libertades fundamentales. En todo caso se respetarán las reglas del derecho internacional humanitario. Una ley estatutaria regulará las facultades del Gobierno durante los estados de excepción y establecerá los controles judiciales y las garantías para proteger los derechos, de conformidad con los tratados internacionales. Las medidas que se adopten deberán ser proporcionales a la gravedad de los hechos.

3. No se interrumpirá el normal funcionamiento de las ramas del poder público ni de los órganos del Estado.

4. Tan pronto como hayan cesado la guerra exterior o las causas que dieron lugar al Estado de Conmoción Interior, el Gobierno declarará restablecido el orden público y levantará el Estado de Excepción.

5. El Presidente y los ministros serán responsables cuando declaren los estados de excepción sin haber ocurrido los casos de guerra exterior o de conmoción interior, y lo serán también, al igual que los demás funcionarios, por cualquier abuso que hubieren cometido en el ejercicio de las facultades a que se refieren los artículos anteriores.

6. El Gobierno enviará a la Corte Constitucional al día siguiente de su expedición, los decretos legislativos que dicte en uso de las facultades a que se refieren los artículos anteriores, para que aquélla decida definitivamente sobre su constitucionalidad. Si el Gobierno no cumpliere con el deber de enviarlos, la Corte Constitucional aprehenderá de oficio y en forma inmediata su conocimiento.

Concord.: C.Const. Sent. C-551/03 M.P. Eduardo Montealegre Lynett *(LTM 10030756)*; C.Const. Sent. C-290/10 M.P. Gabriel Eduardo Mendoza *(LTM 10839472)*; C.E. Sala Plena de lo Contencioso Administrativo. Sent. 30/07/2013, Rad. 2005-00170, M.P. Marco Antonio Velilla Moreno *(LTM 9673984)*.

Artículo 215

Cuando sobrevengan hechos distintos de los previstos en los artículos 212 y 213 que perturben o amenacen perturbar en forma grave e inminente el orden económico, social y ecológico del país, o que constituyan grave calamidad pública, podrá el Presidente, con la firma de todos los ministros, declarar el Estado de Emergencia por períodos hasta de treinta días en cada caso, que sumados no podrán exceder de noventa días en el año calendario.

Mediante tal declaración, que deberá ser motivada, podrá el Presidente, con la firma de todos los ministros, dictar decretos con fuerza de ley, destinados exclusivamente a conjurar la crisis y a impedir la extensión de sus efectos.

Estos decretos deberán referirse a materias que tengan relación directa y específica con el Estado de Emergencia, y podrán, en forma transitoria, establecer nuevos tributos o modificar los existentes. En estos últimos casos, las medidas dejarán de regir al término de la siguiente vigencia fiscal, salvo que el Congreso, durante el año siguiente, les otorgue carácter permanente.

El Gobierno, en el decreto que declare el Estado de Emergencia, señalará el término dentro del cual va a hacer uso de las facultades extraordinarias a que se refiere este artículo, y convocará al Congreso, si éste no se hallare reunido, para los diez días siguientes al vencimiento de dicho término.

El Congreso examinará hasta por un lapso de treinta días, prorrogable por acuerdo de las dos cámaras, el informe motivado que le presente el Gobierno sobre las causas que determinaron el Estado de Emergencia y las medidas adoptadas, y se pronunciará expresamente sobre la conveniencia y oportunidad de las mismas.

El Congreso, durante el año siguiente a la declaratoria de la emergencia, podrá derogar, modificar o adicionar los decretos a que se refiere este artículo, en aquellas materias que ordinariamente son de iniciativa del Gobierno. En relación con aquellas que son de iniciativa de sus miembros, el Congreso podrá ejercer dichas atribuciones en todo tiempo.

El Congreso, si no fuere convocado, se reunirá por derecho propio, en las condiciones y para los efectos previstos en este artículo.

El Presidente de la República y los ministros serán responsables cuando declaren el Estado de Emergencia sin haberse presentado alguna de las circunstancias previstas en el inciso primero, y lo serán también por cualquier abuso cometido en el ejercicio de las facultades que la Constitución otorga al Gobierno durante la emergencia.

El Gobierno no podrá desmejorar los derechos sociales de los trabajadores mediante los decretos contemplados en este artículo.

Parágrafo. El Gobierno enviará a la Corte Constitucional al día siguiente de su expedición los decretos legislativos que dicte en uso de las facultades a que se refiere este artículo, para que aquélla decida sobre su constitucionalidad. Si el Gobierno no cumpliere con el deber de enviarlos, la Corte Constitucional aprehenderá de oficio y en forma inmediata su conocimiento.

Concord.: L. 4825/2010 *(LTM 12168128)*; L. 1770/2015 *(LTM 9337273)*; C.Const. Sent. C-386/17 M.P. Luis Guillermo Guerrero Pérez *(LTM 9969128)*; C.Const. Sent. C-517/17 M.P. Iván Humberto Escrurecía Mayolo *(LTM 10838064)*; C.Const. Sent. C-670/15 M.P. María Victoria Calle Correa *(LTM 9967934)*.

CAPÍTULO 7
DE LA FUERZA PÚBLICA

Artículo 216

La fuerza pública estará integrada en forma exclusiva por las Fuerzas Militares y la Policía Nacional.

Todos los colombianos están obligados a tomar las armas cuando las necesidades públicas lo exijan para defender la independencia nacional y las instituciones públicas.

La Ley determinará las condiciones que en todo tiempo eximen del servicio militar y las prerrogativas por la prestación del mismo.

Concord.: C.S.J., Sala de Casación Penal, Auto. 09/10/2013 M.P. José Leónidas Bustos Martínez; C.E. Secc. Segunda. Sent. 10/12/2015, Rad. 17001-23-33-000-2012-00048-01, M.P. Sandra Lisset Ibarra Vélez *(LTM 9658703)*; C.E. Secc. Segunda. Sent. 28/10/2015, Rad. 17001-23-33-000-2013-00332-01, M.P. Sandra Lisset Ibarra Vélez *(LTM 9659492)*.

Artículo 217

La Nación tendrá para su defensa unas Fuerzas Militares permanentes constituidas por el Ejército, la Armada y la Fuerza Aérea.

Las Fuerzas Militares tendrán como finalidad primordial la defensa de la soberanía, la independencia, la integridad del territorio nacional y del orden constitucional.

La Ley determinará el sistema de reemplazos en las Fuerzas Militares, así como los ascensos, derechos y obligaciones de sus miembros y el régimen especial de carrera, prestacional y disciplinario, que les es propio.

Concord.: L. 1793/2000 *(LTM 12160491)*; L. 1104/2006 *(LTM 9332714)*; C.Const. Sent. C-477/98 M.P. Alfredo Beltrán Sierra *(LTM 10098544)*; C.S.J. Sala de Cesación Penal. Sent. 24/02/2015 Rad. T 77883 M.P. Patricia Salazar Cuéllar *(LTM 11476936)*; C.S.J Sala de Cesación Penal. Sent. 25/10/2016 Rad. T 88427 M.P. Patricia Salazar Cuéllar *(LTM 11316216)*.

Artículo 218

La ley organizará el cuerpo de Policía.

La Policía Nacional es un cuerpo armado permanente de naturaleza civil, a cargo de la Nación, cuyo fin primordial es el mantenimiento de las condiciones necesarias para el ejercicio de los derechos y libertades públicas, y para asegurar que los habitantes de Colombia convivan en paz.

La ley determinará su régimen de carrera, prestacional y disciplinario.

Concord.: L. 262/1994 *(LTM 9336131)*; L. 1791/2000 *(LTM 12151661)*; L. 1765/2015 *(LTM 9336120)*; C.Const. Sent. C-260/16 M.P. Luis Ernesto Vargas Silva *(LTM 9968681)*.

Artículo 219

La Fuerza Pública no es deliberante; no podrá reunirse sino por orden de autoridad legítima, ni dirigir peticiones, excepto sobre asuntos que se relacionen con el servicio y la moralidad del respectivo cuerpo y con arreglo a la ley.

Los miembros de la Fuerza Pública no podrán ejercer la función del sufragio mientras permanezcan en servicio activo, ni intervenir en actividades o debates de partidos o movimientos políticos.

Concord.: C.E. Secc. Segunda Subsección B Sent. 10/12/2015, Rad. 17001-23-33-000-2012-00048-01, M.P. Sandra Lisset Ibarra Vélez *(LTM 9658703)*; C.E. Secc. Segunda Subsección B Sent. 28/10/2015, Rad. 17001-23-33-000-2013-00332-01, M.P. Sandra Lisset Ibarra Vélez *(LTM 9659492)*.

Artículo 220

Los miembros de la Fuerza Pública no pueden ser privados de sus grados, honores y pensiones, sino en los casos y del modo que determine la Ley.

Concord.: L. 4433/2004 *(LTM 9332701)*; C.E. Secc. Segunda Subsección B Sent. 28/10/2016, Rad. 25000-23-25-000-2012-01112-01, M.P. César Palomino Cortés *(LTM 9643420)*; C.E. Secc. Segunda B Sent. 08/09/2016, Rad. 13001-23-31-000-2010-00353-01, M.P. Sandra Lisset Ibarra Vélez *(LTM 9881226)*.

Artículo 221

De las conductas punibles cometidas por los miembros de la Fuerza Pública en servicio activo, y en relación con el mismo servicio, conocerán las cortes marciales o tribunales militares, con arreglo a las prescripciones del Código Penal Militar. Tales Cortes o Tribunales estarán integrados por miembros de la Fuerza Pública en servicio activo o en retiro.

En la investigación y juzgamiento de las conductas punibles de los miembros de la Fuerza Pública, en relación con un conflicto armado o un enfrentamiento que reúna las condiciones objetivas del Derecho Internacional Humanitario, se aplicarán las normas y principios de este. Los jueces y fiscales de la justicia ordinaria y de la Justicia Penal Militar o Policial que conozcan de las conductas de los miembros de la Fuerza Pública deberán tener formación y conocimiento adecuado del Derecho Internacional Humanitario.

*Artículo modificado por el artículo 1 del Acto Legislativo 1 de 2015.

Concord.: L. 706/2017 *(LTM 12177821)*; C.Const. Sent. C-084/16 M.P. Luis Ernesto Vargas Silva *(LTM 9969006)*; C.Const. Sent. C-1054/01 M.P. Eduardo Montealegre Lynett *(LTM 10041513)*.

Artículo 222

La ley determinará los sistemas de promoción profesional, cultural y social de los miembros de la Fuerza Pública. En las etapas de su formación, se les impartirá la enseñanza de los fundamentos de la democracia y de los derechos humanos.

Concord.: L. 1471/2011 *(LTM 12170484)*.

Artículo 223

Sólo el Gobierno puede introducir y fabricar armas, municiones de guerra y explosivos. Nadie podrá poseerlos ni portarlos sin permiso de la autoridad competente. Este permiso no podrá extenderse a los casos de concurrencia a reuniones políticas, a elecciones, o a sesiones de corporaciones públicas o asambleas, ya sea para actuar en ellas o para presenciarlas.

Los miembros de los organismos nacionales de seguridad y otros cuerpos oficiales armados, de carácter permanente, creados o autorizados por la ley, podrán portar armas bajo el control del Gobierno, de conformidad con los principios y procedimientos que aquella señale.

Concord.: L. 2535/ 1993 *(LTM 9374007)*; C.Const. Sent. C-1137/00 M.P. Alfredo Beltrán Sierra *(LTM 10043287)*; C.Const. Sent. C-077/93 M.P. Eduardo Cifuentes Muñoz *(LTM 10102599)*.

CAPÍTULO 8
DE LAS RELACIONES INTERNACIONALES

Artículo 224

Los tratados, para su validez, deberán ser aprobados por el Congreso. Sin embargo, el Presidente de la República podrá dar aplicación provisional a los tratados de naturaleza económica y comercial acordados en el ámbito de organismos internacionales, que así lo dispongan. En este caso tan pronto como un tratado entre en vigor provisionalmente, deberá enviarse al Congreso para su aprobación. Si el Congreso no lo aprueba, se suspenderá la aplicación del tratado.

Concord.: C.E. Sala de Consulta y Servicio Civil Concept. 28/03/2002 Rad. CE-SC-RAD2006-N1367 M.P. Flavio Augusto Rodríguez Arce *(LTM 9988458)*; C.E. Secc. Tercera Auto 16/06/2007 Rad. 05001-23-31-000-1998-02290 M.P. Enrique Gil Botero *(LTM 9840188)*.

Artículo 225

La Comisión Asesora de Relaciones Exteriores, cuya composición será determinada por la ley, es cuerpo consultivo del Presidente de la República.

Concord.: L. 1717/1994 *(LTM 12154690)*.

Artículo 226

El Estado promoverá la internacionalización de las relaciones políticas, económicas, sociales y ecológicas sobre bases de equidad, reciprocidad y conveniencia nacional.

Concord.: C.Const. Sent. C-464/08 M.P. Manuel José Cepeda Espinoza *(LTM 10840345)*.

Artículo 227

El Estado promoverá la integración económica, social y política con las demás naciones y especialmente, con los países de América Latina y del Caribe mediante la celebración de tratados que sobre bases de equidad, igualdad y reciprocidad, creen organismos supranacionales, inclusive para conformar una comunidad latinoamericana de naciones. La ley podrá establecer elecciones directas para la constitución del Parlamento Andino y del Parlamento Latinoamericano.

Concord.: L. 942/2005 *(LTM 12163592)*; C.Const. Sent. C-303/01 M.P. Marco Gerardo Monroy Cabra *(LTM 10042285)*; C.Const. Sent. C-331/96 M.P. Eduardo Cifuentes Muñoz *(LTM 10100152)*.

TÍTULO VIII
DE LA RAMA JUDICIAL

CAPÍTULO 1
DE LAS DISPOSICIONES GENERALES

Artículo 228

La Administración de Justicia es función pública. Sus decisiones son independientes. Las actuaciones serán públicas y permanentes con las excepciones que establezca la ley y en ellas prevalecerá el derecho sustancial. Los términos procesales se observarán con diligencia y su incumplimiento será sancionado. Su funcionamiento será desconcentrado y autónomo.

Concord.: L. 270/1996 *(LTM 9380443)*; C.S.J Sala de Cesación Penal. Sent. 18/08/2016 Rad. STP11670-2016 M.P. Luis Guillermo Salazar Otero *(LTM 10940131)*; C.S.J Sala de Cesación Penal. Sent. 27/09/2018, No. Rad. T 100649, M.P. Eyder Patiño Cabrera *(LTM 14962414)*; C.S.J. Sala de Cesación Penal. Sent. 06/10/2016, No. Rad. T 88293, M.P. Gustavo Enrique Malo Fernández *(LTM 11375217)*; C.Const. Sent. SU-041/22 M.P. Alejandro Linares Cantillo *(LTM 26810420)*.

Artículo 229

Se garantiza el derecho de toda persona para acceder a la administración de justicia. La ley indicará en qué casos podrá hacerlo sin la representación de abogado.

Concord.: C.S.J Sala de Cesación Penal. Sent. 29/10/2015 M.P. Luis Guillermo Salazar Otero *(LTM 11605602)*; C.S.J Sala de Cesación Civil y Agraria. Sent. 10/03/2016, No. Rad. T 7000122140002015-00363-01, M.P. Ariel Salazar Ramírez *(LTM 10793757)*; C.S.J Sent. 11/02/13, No. Rad. T 2012-01971-01, M.P. Fernando Giraldo Gutiérrez *(LTM 11791241)*; C.S.J, Sala de Casación Laboral, Sent. 05/07/23, STL7118 M.P. Marjorie Zuñiga Romero *(LTM 36321777)*; C.Const. Sent. SU-026/2024 M.P. Jorge Enrique Ibáñez Najar *(LTM)*; C.Const. Sent. C-148 de 2024 M.P. Cristina Pardo Schlesinger

(LTM 35942716); C.Const. Sent. SU-241/24, M.P. Cristina Pardo Schlesinger *(LTM 36321774)*.

Artículo 230

Los jueces, en sus providencias, sólo están sometidos al imperio de la ley.

La equidad, la jurisprudencia, los principios generales del derecho y la doctrina son criterios auxiliares de la actividad judicial.

Concord.: C.E. Secc. Cuarta Auto 14/11/1997 Rad. 411-CE-SEC4-EXP1997-N8525 M.P. Delio Gómez Leyva *(LTM 10120477)*; C.E. Secc. Primera Sent. 13/11/1996 Rad. CE-SEC1-EXP1996-N3465 M.P. Manuel Santiago Urueta Ayola *(LTM 10128143)*; C.Const. Sent. SU-360/24 M.P. José Fernando Reyes Cuartas *(LTM)*.

Artículo 231

Los Magistrados de la Corte Suprema de Justicia y del Consejo de Estado serán elegidos por la respectiva Corporación, previa audiencia pública, de lista de diez elegibles enviada por el Consejo Superior de la Judicatura tras una convocatoria pública reglada de conformidad con la ley.

En el conjunto de procesos de selección de los Magistrados de la Corte Suprema de Justicia y del Consejo de Estado se atenderá el criterio de equilibrio entre quienes provienen del ejercicio profesional, de la Rama Judicial y de la academia.

La Corte Suprema de Justicia y el Consejo de Estado reglamentarán la fórmula de votación y el término en el cual deberán elegir a los Magistrados que conformen la respectiva corporación.

*Artículo modificado por el artículo 11 del Acto Legislativo 2 de 2015.

Concord.: L. 1472/2000 *(LTM 12177668)*; C.E. Secc. Quinta Auto 18/03/1993 Rad. 1387-CE-SEC5-EXP1993-N0957 M.P. Luis Eduardo Jaramillo Mejía *(LTM 10181412)*; C.E. Secc. Quinta Sent. 12/07/2001 Rad. 11001-03-28-000-2000-0035-01 M.P. Reinaldo Chamarro Buitrago *(LTM 10008869)*.

Artículo 232

Para ser Magistrado de la Corte Constitucional, de la Corte Suprema de Justicia y del Consejo de Estado se requiere:

1. Ser colombiano de nacimiento y ciudadano en ejercicio.
2. Ser abogado.

3. No haber sido condenado por sentencia judicial a pena privativa de la libertad, excepto por delitos políticos o culposos.

4. Haber desempeñado, durante quince años, cargos en la Rama Judicial o en el Ministerio Público, o haber ejercido, con buen crédito, por el mismo tiempo, la profesión de abogado o la cátedra universitaria en disciplinas jurídicas en establecimientos reconocidos oficialmente. Para el cargo de Magistrado de la Corte Suprema de Justicia y del Consejo de Estado, la cátedra universitaria deberá haber sido ejercida en disciplinas jurídicas relacionadas con el área de la magistratura a ejercer.

*Numeral modificado por el artículo 12 del Acto Legislativo 2 de 2015.

Parágrafo. Para ser Magistrado de estas corporaciones no será requisito pertenecer a la carrera judicial.

Concord.: L. 1485/2018 *(LTM 14706584)*; C.E. Secc. Quinta Sent. 24/04/2008, Rad. 2006-00175, M.P. Filemón Jiménez Ochoa *(LTM 9834910)*; C.E. Sala Plena Sent. 27/03/2001, Rad. CE-SP-EXP2001-NIJ015, M.P. Darío Quiñones Pinilla *(LTM 10032718)*; C.Const. Sent. C-205/01 M.P. José Gregorio Hernández Galindo *(LTM 10042395)*.

Artículo 233

Los Magistrados de la Corte Constitucional, de la Corte Suprema de Justicia y del Consejo de Estado serán elegidos para períodos individuales de ocho años, no podrán ser reelegidos y permanecerán en el ejercicio de sus cargos mientras observen buena conducta, tengan rendimiento satisfactorio y no hayan llegado a edad de retiro forzoso.

*Artículo corregido según Aclaración publicada en la Gaceta No. 125, del 25 de septiembre de 1991.

Concord.: C.E. Secc. Quinta Sent. 30/09/1993 Rad. 952-CE-SEC5-EXP1993-N0946 M.P. Amado Gutiérrez Velásquez *(LTM 10180398)*; C.Const. Sent. C-205/01 M.P. José Gregorio Hernández Galindo *(LTM 10042395)*; C.E. Secc. Quinta Sent. 13/07/2000 Rad. CE-SEC5-EXP2000-N2346 M.P. Reinaldo Chavarro Buriticá *(LTM 10055577)*.

CAPÍTULO 2
DE LA JURISDICCIÓN ORDINARIA

Artículo 234

La Corte Suprema de Justicia es el máximo Tribunal de la Jurisdicción Ordinaria y se compondrá del número impar de Magistrados que determine la ley. Esta dividirá la Corte en Salas y Salas Especiales, señalará a cada una de ellas los asuntos que deba conocer separadamente y determinará aquellos en que deba intervenir la Corte en pleno.

En el caso de los aforados constitucionales, la Sala de Casación Penal y las Salas Especiales garantizarán la separación de la instrucción y el juzgamiento, la doble instancia de la sentencia y el derecho a la impugnación de la primera condena.

La Sala Especial de Instrucción estará integrada por seis (6) Magistrados y la Sala Especial de Primera Instancia por tres (3) Magistrados.

Los miembros de estas Salas Especiales deberán cumplir los requisitos para ser Magistrados de la Corte Suprema de Justicia. Se les aplicará el mismo régimen para su elección y periodo.

Los Magistrados de las Salas Especiales solo tendrán competencia para conocer de manera exclusiva de los asuntos de instrucción y juzgamiento en primera instancia en las condiciones que lo establezca la ley.

El reglamento de la Corte Suprema de Justicia no podrá asignar a las Salas Especiales el conocimiento y la decisión de los asuntos que correspondan a la Sala de Casación Penal.

Los Magistrados de las Salas Especiales no podrán conocer de asuntos administrativos, ni electorales de la Corte Suprema de Justicia ni harán parte de la Sala Plena.

Parágrafo. Los aforados constitucionales del artículo 174 de la Constitución Política tienen derecho de impugnación y doble instancia conforme lo señale la ley.

---

*Artículo modificado por el artículo 2 del Acto Legislativo 1 de 2018.

Concord.: C.S.J. Sala de Cesación Penal Auto 24/02/2015, Rad. 340099, M.P. Hugo Quintero Bernate *(LTM 11476914)*; C.Const. Sent. SU.298/15 M.P. Alexei Egor Julio Estrada *(LTM 9995622)*; C.Const. Sent. SU.298/15 M.P. Gloria Stella Ortiz Delgado *(LTM 9968593)*; C.Const. Sent. T-589/16 M.P. Luis Ernesto Vargas Silva *(LTM 9968088)*; C.Const. Sent. SU.298/15 M.P. Gloria Stella Ortiz Delgado *(LTM 9968593)*.

Artículo 235

Son atribuciones de la Corte Suprema de Justicia:

1. Actuar como tribunal de casación.

2. Conocer del derecho de impugnación y del recurso de apelación en materia penal, conforme lo determine la ley.

3. Juzgar al Presidente de la República, o a quien haga sus veces y a los altos funcionarios de que trata el artículo 174, previo el procedimiento establecido en los [numerales 2 y 3 del] artículo 175 de la Constitución Política, por cualquier conducta punible que se les impute. Para estos juicios la Sala Penal de la Corte Suprema de Justicia estará conformada además por Salas Especiales que garanticen el derecho de impugnación y la doble instancia.

4. Investigar y juzgar a los miembros del Congreso.

5. Juzgar, a través de la Sala Especial de Primera Instancia, de la Sala Penal de la Corte Suprema de Justicia, previa acusación del Fiscal General de la Nación, del Vicefiscal General de la Nación, o de sus delegados de la Unidad de Fiscalías ante la Corte Suprema de Justicia, al Vicepresidente de la República, a los Ministros del Despacho, al Procurador General, al Defensor del Pueblo, a los Agentes del Ministerio Público ante la Corte, ante el Consejo de Estado y ante los Tribunales, Directores de los Departamentos Administrativos, al Contralor General de la República, a los Embajadores y Jefe de Misión Diplomática o Consular, a los Gobernadores, a los Magistrados de Tribunales y a los Generales y Almirantes de la Fuerza Pública, por los hechos punibles que se les imputen.

6. Resolver, a través de la Sala de Casación Penal de la Corte Suprema de Justicia, los recursos de apelación que se interpongan contra las decisiones proferidas por la Sala Especial de Primera Instancia de la Sala Penal de la Corte Suprema de Justicia.

7. Resolver, a través de una Sala integrada por tres Magistrados de la Sala de Casación Penal de la Corte Suprema de Justicia y que no hayan participado en la decisión, conforme lo determine la ley, la solicitud de doble conformidad judicial de la primera condena de la sentencia proferida por los restantes Magistrados de dicha Sala en los asuntos a que se refieren los numerales 1, 3, 4, 5 y 6 del presente artículo, o de los fallos que en esas condiciones profieran los Tribunales Superiores o Militares.

8. Conocer de todos los negocios contenciosos de los agentes diplomáticos acreditados ante el Gobierno de la nación, en los casos previstos por el derecho internacional.

9. Darse su propio reglamento.

10. Las demás atribuciones que señale la ley.

Parágrafo. Cuando los funcionarios antes enunciados hubieren cesado en el ejercicio de su cargo, el fuero solo se mantendrá para las conductas punibles que tengan relación con las funciones desempeñadas.

*Artículo modificado por el artículo 3 del Acto Legislativo 1 de 2018.

Concord.: L. 5/1992 *(LTM 9335852)*; C.Const. Sent. C-586/1992, M.P. Fabio Morón Díaz *(LTM 10102709)*; C.Const. Sent. C-213 17, M.P. Alejandro Linares Cantillo *(LTM 9967462)*; C.S.J. Sala de Casación Penal Sent. 21/05/2013 M.P. José Leonidas Bustos Martínez *(LTM 11800054)*; C.S.J. Sala de Casación Civil, Sent. 16/12/2021, Rad. 52001-31-03-002-2014-00085-01, M.P. Aroldo Wilson Quiroz Monsalvo *(LTM 16399348)*.

CAPÍTULO 3
DE LA JURISDICCIÓN CONTENCIOSO ADMINISTRATIVA

Artículo 236

El Consejo de Estado tendrá el número impar de Magistrados que determine la ley.

El Consejo se dividirá en salas y secciones para separar las funciones jurisdiccionales de las demás que le asignen la Constitución y la ley.

La ley señalará las funciones de cada una de las salas y secciones, el número de magistrados que deban integrarlas y su organización interna.

Concord.: C.E. Sala Plena de lo Contencioso Administrativo Auto 02/12/2003 Rad. 11001-03-15-000-2002-00117-01 M.P. Ana Margarita Olaya Forero *(LTM 9866125)*; C.E. Secc. Primera Auto 30/08/2007 Rad. 54001-23-31-000-2006-01339-01 M.P. Martha Sofía Sanz Tobón *(LTM 9838865)*; C.Const. Sent. SU.240/15 M.P. Martha Victoria Sáchica Méndez *(LTM 9968699)*.

Artículo 237

Son atribuciones del Consejo de Estado:

1. Desempeñar las funciones de tribunal supremo de lo contencioso administrativo, conforme a las reglas que señale la ley.

2. Conocer de las acciones de nulidad por inconstitucionalidad de los decretos dictados por el Gobierno Nacional, cuya competencia no corresponda a la Corte Constitucional.

3. Actuar como cuerpo supremo consultivo del Gobierno en asuntos de administración, debiendo ser necesariamente oído en todos aquellos casos que la Constitución y las leyes determinen.

En los casos de tránsito de tropas extranjeras por el territorio nacional, de estación o tránsito de buques o aeronaves extranjeros de guerra, en aguas o en territorio o en espacio aéreo de la nación, el gobierno debe oír previamente al Consejo de Estado.

4. Preparar y presentar proyectos de actos reformatorios de la Constitución y proyectos de ley.

5. Conocer de los casos sobre pérdida de la investidura de los congresistas, de conformidad con esta Constitución y la ley.

6. Darse su propio reglamento y ejercer las demás funciones que determine la ley.

7. Conocer de la acción de nulidad electoral con sujeción a las reglas de competencia establecidas en la ley.

*Numeral adicionado por el artículo 8 del Acto Legislativo 1 de 2009.

Parágrafo. Para ejercer el Contencioso Electoral ante la Jurisdicción Administrativa contra el acto de elección de carácter popular cuando la demanda se fundamente en causales de nulidad por irregularidades en el proceso de votación y en el escrutinio, es requisito de procedibilidad someterlas, antes de la declaratoria de elección, a examen de la autoridad administrativa correspondiente, que encabeza el Consejo Nacional Electoral

Concord.: C.E. Sent. 29/04/2015 M.P. Hernán Andrade Rincón *(LTM 9662101)*; C.E. Secc. Primera Auto 08/02/2007 Rad. 11001-03-24-000-2006-00081-00 M.P. Gabriel Eduardo Mendoza Martelo *(LTM 9842327)*.

Artículo 238

La jurisdicción de lo contencioso administrativo podrá suspender provisionalmente, por los motivos y con los requisitos que establezca la ley, los efectos de los actos administrativos que sean susceptibles de impugnación por vía judicial.

Concord.: L. 4404/2009 *(LTM 9390520)*; L. 4820/2007 *(LTM 12164524)*; C.E. Secc. Tercera Sent. 14/04/2010, Rad. 11001-03-26-000-2009-00090-00, M.P. Myriam Guerrero de Escobar *(LTM 9769041)*; C.E. Secc. Tercera Auto 21/09/1982 Rad. 960-CE-SCA-SEC1-1982-09-21, M.P. Jacobo Pérez Escobar *(LTM 10247514)*.

CAPÍTULO 3A
DE LA JURISDICCIÓN AGRARIA Y RURAL

Artículo 238A

Créase la Jurisdicción Agraria Rural. La ley determinará su competencia y funcionamiento, así como el procedimiento especial agrario y rural, con base en los principios y criterios del derecho agrario señalados en la ley, y con la garantía del acceso efectivo a la justicia y la protección a los campesinos y a los Grupos étnicos: Comunidades negras o afrocolombianas, palenqueras, raizales, pueblos y comunidades indígenas, comunidad Rom y las víctimas del conflicto armado.

*Artículo adicionado por el artículo 2 del Acto Legislativo 3 de 2023.

CAPÍTULO 4
DE LA JURISDICCIÓN CONSTITUCIONAL

Artículo 239

La Corte Constitucional tendrá el número impar de miembros que determine la ley. En su integración se atenderá el criterio de designación de magistrados pertenecientes a diversas especialidades del Derecho.

Los Magistrados de la Corte Constitucional serán elegidos por el Senado de la República para períodos individuales de ocho años, de sendas ternas que le presenten el Presidente de la República, la Corte Suprema de Justicia y el Consejo de Estado.

Los Magistrados de la Corte Constitucional no podrán ser reelegidos.

Concord.: C.E. Secc. Quinta Sent. 30/09/1993 Rad. CE-SEC5-EXP1993-N0946 M.P. Amado Gutiérrez Velásquez *(LTM 10180393)*; C.E. Secc. Quinta Sent. 30/09/1993 Rad. CE-SEC5-EXP1993-N0946 M.P. Amado Gutiérrez Velásquez *(LTM 10180398)*.

Artículo 240

No podrán ser elegidos Magistrados de la Corte Constitucional quienes durante el año anterior a la elección se hayan desempeñado como Ministros del Despacho o Magistrados de la Corte Suprema de Justicia o del Consejo de Estado.

Concord.: L. 270/1996, Art. 43, 44. *(LTM 9380443)*.

Artículo 241

A la Corte Constitucional se le confía la guarda de la integridad y supremacía de la Constitución, en los estrictos y precisos términos de este artículo. Con tal fin, cumplirá las siguientes funciones:

1. Decidir sobre las demandas de inconstitucionalidad que promuevan los ciudadanos contra los actos reformatorios de la Constitución, cualquiera que sea su origen, sólo por vicios de procedimiento en su formación.

2. Decidir, con anterioridad al pronunciamiento popular, sobre la constitucionalidad de la convocatoria a un referendo o a una Asamblea Constituyente para reformar la Constitución, sólo por vicios de procedimiento en su formación.

3. Decidir sobre la constitucionalidad de los referendos sobre leyes y de las consultas populares y plebiscitos del orden nacional. Estos últimos sólo por vicios de procedimiento en su convocatoria y realización.

4. Decidir sobre las demandas de inconstitucionalidad que presenten los ciudadanos contra las leyes, tanto por su contenido material como por vicios de procedimiento en su formación.

5. Decidir sobre las demandas de inconstitucionalidad que presenten los ciudadanos contra los decretos con fuerza de ley dictados por el Gobierno con fundamento en los artículos 150 numeral 10 y 341 de la Constitución, por su contenido material o por vicios de procedimiento en su formación.

6. Decidir sobre las excusas de que trata el artículo 137 de la Constitución.

7. Decidir definitivamente sobre la constitucionalidad de los decretos legislativos que dicte el Gobierno con fundamento en los artículos 212, 213 y 215 de la Constitución.

8. Decidir definitivamente sobre la constitucionalidad de los proyectos de ley que hayan sido objetados por el Gobierno como inconstitucionales, y de los proyectos de leyes estatutarias, tanto por su contenido material como por vicios de procedimiento en su formación.

9. Revisar, en la forma que determine la ley, las decisiones judiciales relacionadas con la acción de tutela de los derechos constitucionales.

10. Decidir definitivamente sobre la exequibilidad de los tratados internacionales y de las leyes que los aprueben. Con tal fin, el Gobierno los remitirá a la Corte, dentro de los seis días siguientes a la sanción de la ley. Cualquier ciudadano podrá intervenir para defender o impugnar su constitucionalidad. Si la Corte los declara constitucionales, el Gobierno podrá efectuar el canje de notas; en caso contrario no serán ratificados. Cuando una o varias normas de un tratado multilateral sean

declaradas inexequibles por la Corte Constitucional, el Presidente de la República sólo podrá manifestar el consentimiento formulando la correspondiente reserva.

11. Dirimir los conflictos de competencia que ocurran entre las distintas jurisdicciones.

*Numeral adicionado por el artículo 14 del Acto Legislativo 2 de 2015.

12. Darse su propio reglamento.

Parágrafo. Cuando la Corte encuentre vicios de procedimiento subsanables en la formación del acto sujeto a su control, ordenará devolverlo a la autoridad que lo profirió para que, de ser posible, enmiende lo observado. Subsanado el vicio, procederá a decidir sobre la exequibilidad del acto.

Concord.: AL 2/15 *(LTM 12174678)*; L. 270/96 *(LTM 9380443)*; L. 134/94 *(LTM 9333135)*; L. 137/94 *(LTM 12153284)*; C.Const. Sent. C-004/92, M.P. Eduardo Cifuentes Muñoz *(LTM 10102670)*; C.Const. Sent. T-538/94, M.P. Eduardo Cifuentes Muñoz *(LTM 10101055)*; C.Const. Sent. SU-640/98, M.P. Vladimiro Naranjo Mesa *(LTM 10098390)*; C. Const. C-893/99, M.P. Alejandro Martínez Caballero *(LTM 10094231)*; C.Const. Sent. C-557/00, M.P. Vladimiro Naranjo Mesa *(LTM 10043887)*; C.Const. Sent. C-1007/02, M.P. Clara Inés Vargas Hernández *(LTM 10040144)*; C.Const. Sent. T-230/02, M.P. Manuel José Cepeda Espinosa *(LTM 10040925)*; C.Const. Sent. C-578/02, M.P. Manuel José Cepeda Espinosa *(LTM 10040592)*.; C.Const. Sent. C-1200/03, M.P. Manuel José Cepeda Espinosa *(LTM 1955144)*; C.Const. Sent. C-551/03, M.P. Eduardo Montealegre Lynett *(LTM 10030756)*; C.Const. Sent. C-970/04, M.P. Rodrigo Escobar Gil *(LTM 1954953)*; C.Const. Sent. C-972/04, M.P. Manuel José Cepeda Espinosa *(LTM 1956453)*; C.Const. Sent. C-1121/04, M.P. Clara Inés Vargas Hernández *(LTM 1956444)*; C.Const. Sent. C-1040/05, M.P. Manuel José Cepeda Espinosa *(LTM 1956356)*.

Artículo 242

Los procesos que se adelanten ante la Corte Constitucional en las materias a que se refiere este título, serán regulados por la ley conforme a las siguientes disposiciones:

1. Cualquier ciudadano podrá ejercer las acciones públicas previstas en el artículo precedente, e intervenir como impugnador o defensor de las normas sometidas a control en los procesos promovidos por otros, así como en aquéllos para los cuales no existe acción pública.

2. El Procurador General de la Nación deberá intervenir en todos los procesos.

3. Las acciones por vicios de forma caducan en el término de un año, contado desde la publicación del respectivo acto.

4. De ordinario, la Corte dispondrá del término de sesenta días para decidir, y el Procurador General de la Nación, de treinta para rendir concepto.

5. En los procesos a que se refiere el numeral 7 del artículo anterior, los términos ordinarios se reducirán a una tercera parte y su incumplimiento es causal de mala conducta, que será sancionada conforme a la ley.

Concord.: C.Const. Sent. C-447/1997, M.P. Alejandro Martínez Caballero *(LTM 10099270)*; C.Const. Sent. C-568/1997, M.P. Fabio Morón Díaz *(LTM 10099147)*; C.Const. Sent. C-536/1998, M.P. José Gregorio Hernández Galindo *(LTM 10098486)*; C.Const. Sent. C-743/1998, M.P. Fabio Morón Díaz *(LTM 10098285)*; C.Const. Sent. C-562/2000, M.P. Vladimiro Naranjo Mesa *(LTM 10043849)*; C.Const. Sent. C-591/2012, M.P. Jorge Iván Palacio Palacio *(LTM 9996805)*; C.Const. Sent. C-094/2017, M.P. Aquiles Arrieta Gómez *(LTM 9967597)*; C.Const. Sent. C-427/2020, M.P. Alejandro Linares Cantillo *(LTM 19934019)*.

Artículo 243

Los fallos que la Corte dicte en ejercicio del control jurisdiccional hacen tránsito a cosa juzgada constitucional.

Ninguna autoridad podrá reproducir el contenido material del acto jurídico declarado inexequible por razones de fondo, mientras subsistan en la Carta las disposiciones que sirvieron para hacer la confrontación entre la norma ordinaria y la Constitución.

Concord.: C.Const. Sent. C-131/93, M.P. Alejandro Martínez Caballero *(LTM 1953438)*; C.Const. Sent. C-037/00, M.P. Vladimiro Naranjo Mesa *(LTM 1954391)*; C. Const. C-700/99, M.P. José Gregorio Hernández Galindo *(LTM 10094409)*; C.Const. Sent. C-492/00, M.P. Alejandro Martínez Caballero *(LTM 1954236)*; C.Const. Sent. A 145/00, M.P. Antonio Barrera Carbonell *(LTM 12874705)*; C.Const. Sent. C-774/01, M.P. Rodrigo Escobar Gil *(LTM 1955916)*; C.Const. Sent. SU-1219/01, M.P. Manuel José Cepeda Espinosa *(LTM 10041342)*; C.Const. Sent. C-1194/01, M.P. Manuel José Cepeda Espinosa *(LTM 1955757)*; C.Const. Sent. C-228/02, M.P. *(LTM 1955671)*; C.Const. Sent. T-200/04, M.P. Clara Inés Vargas Hernández *(LTM 10029795)*; C.Const. Sent. C-355/06, M.P. Jaime Araújo Rentería *(LTM 1956172)*; C.Const. Sent. C-370/06, M.P. Manuel José Cepeda Espinosa *(LTM 10027073)*.

Artículo 244

La Corte Constitucional comunicará al Presidente de la República o al Presidente del Congreso, según el caso, la iniciación de cualquier proceso que tenga por objeto el examen de constitucionalidad de normas dictadas por ellos. Esta comunicación no dilatará los términos del proceso.

Concord.: L. 270/1996, Art. 43 *(LTM 9380443)*.

Artículo 245

El Gobierno no podrá conferir empleo a los Magistrados de la Corte Constitucional durante el período de ejercicio de sus funciones ni dentro del año siguiente a su retiro.

Concord.: L. 270/1996 *(LTM 9380443)*, Art. 43-49 *(LTM 9380443)*.

CAPÍTULO 5
DE LAS JURISDICCIONES ESPECIALES

Artículo 246

Las autoridades de los pueblos indígenas podrán ejercer funciones jurisdiccionales dentro de su ámbito territorial, de conformidad con sus propias normas y procedimientos, siempre que no sean contrarios a la Constitución y leyes de la República. La ley establecerá las formas de coordinación de esta jurisdicción especial con el sistema judicial nacional.

Concord.: OIT. Convenio Nro. 169 de 1989; L. 89/90 *(LTM 12113375)*; L. 21/91 *(LTM 9336751)*; L. 270/96 *(LTM 9380443)*; C.Const. Sent. C-037/96, M.P. Vladimiro Naranjo Mesa *(LTM 10100485)*; C.Const. Sent. C-139/96, M.P. Carlos Gaviria Díaz *(LTM 10100354)*; C.Const. Sent. T-728/02, M.P. Jaime Córdoba Triviño *(LTM 10040412)*; C.Const. Sent. T-1238/04, M.P. Rodrigo Escobar Gil *(LTM 10028763)*; C.Const. Sent. C-463/14, M.P. María Victoria Calle Correa *(LTM 9994157)*; C. Const. Sent. SU-091/23 M.P. Alejandro Linares Cantillo *(LTM 34259555)*.

Artículo 247

La ley podrá crear jueces de paz encargados de resolver en equidad conflictos individuales y comunitarios. También podrá ordenar que se elijan por votación popular.

Concord.: CADH. Art. 8; L. 497/99 *(LTM 12157901)*; C.Const. Sent. C-536/95, M.P. Vladimiro Naranjo Mesa *(LTM 10840636)*; C.Const. Sent. C-631/12, M.P. Humberto Antonio Sierra Porto *(LTM 12157901)*.

Artículo 248

Únicamente las condenas proferidas en sentencias judiciales en forma definitiva tienen la calidad de antecedentes penales y contravencionales en todos los órdenes legales.

Concord.: L. 1153/2007, Art. 12 *(LTM 12164327)*; C.Const. Sent.T-023/1993, M.P. Jaime Sanín Greiffenstein *(LTM 10102652)*; C.Const. Sent. C-114/1993, M.P. Fabio Morón Díaz *(LTM 10102566)*; C.Const. Sent. C-252/2001, M.P. Carlos Gaviria Díaz *(LTM 10042363)*; C.Const. Sent. SU-458/2012, M.P. Adriana María Guillén *(LTM 9996935)*.

CAPÍTULO 6
DE LA FISCALÍA GENERAL DE LA NACIÓN

Artículo 249

La Fiscalía General de la Nación estará integrada por el Fiscal General, los fiscales delegados y los demás funcionarios que determine la ley.

El Fiscal General de la Nación será elegido para un período de cuatro años por la Corte Suprema de Justicia, de terna enviada por el Presidente de la República y no podrá ser reelegido. Debe reunir las mismas calidades exigidas para ser Magistrado de la Corte Suprema de Justicia. La Fiscalía General de la Nación forma parte de la rama judicial y tendrá autonomía administrativa y presupuestal.

Concord.: Const. Pol Art. 125, 126. *(LTM 9331500)*; A.L. 2/2015 (*LTM 12174678)*; L. 80/1993, Art. 64. *(LTM 9341513)*; L. 270/1996 *(LTM 9380443)*; L. 282/1996 *(LTM 9335796)*; L. 938/2004 *(LTM 9380412)*; L. 1024/2006 *(LTM 9388244)*; L. 2111/2021 *(LTM 23005393)*; C.Const. Sent. C-035/1993, M.P. Fabio Morón Díaz (*LTM 10102643)*; C.Const. Sent. C-150/1993, M.P. Fabio Morón Díaz (*LTM 10102542)*; C.Const. Sent. C-037/1996, M.P. Vladimiro Naranjo Rojas (*LTM 10100485)*; C.Const. Sent. C-245/2001, M.P. José Gregorio Hernández Galindo (*LTM 1955931)*; C.Const. Sent. C-057/2001, M.P. Marta Victoria Sáchica Méndez (*LTM 10042554)*; C.Const. Sent. C-775/2001, M.P. Álvaro Tafur Galvis (*LTM 1955886)*; C.Const. Sent. C-431/2003, M.P. Alfredo Beltrán Sierra (*LTM 1955278)*; C.Const. Sent. C-166/2014, M.P. Luis Ernesto Vargas Silva (*LTM 9994484)*.

Artículo 250

La Fiscalía General de la Nación está obligada a adelantar el ejercicio de la acción penal y realizar la investigación de los hechos que revistan las características de un delito que lleguen a su conocimiento por medio de denuncia, petición especial, querella o de oficio, siempre y cuando medien suficientes motivos y circunstancias fácticas que indiquen la posible existencia del mismo. No podrá, en consecuencia, suspender, interrumpir, ni renunciar a la persecución penal, salvo en los casos que establezca la ley para la aplicación del principio de oportunidad regulado dentro del marco de la política criminal del Estado, el cual estará sometido al control de legalidad por parte del juez que ejerza las funciones de control de garantías. Se exceptúan los delitos cometidos por Miembros de la Fuerza Pública en servicio activo y en relación con el mismo servicio.

En ejercicio de sus funciones la Fiscalía General de la Nación, deberá:

1. Solicitar al juez que ejerza las funciones de control de garantías las medidas necesarias que aseguren la comparecencia de los imputados al proceso penal, la conservación de la prueba y la protección de la comunidad, en especial, de las víctimas.

El juez que ejerza las funciones de control de garantías, no podrá ser, en ningún caso, el juez de conocimiento, en aquellos asuntos en que haya ejercido esta función.

La ley podrá facultar a la Fiscalía General de la Nación para realizar excepcionalmente capturas; igualmente, la ley fijará los límites y eventos en que proceda la captura. En estos casos el juez que cumpla la función de control de garantías lo realizará a más tardar dentro de las treinta y seis (36) horas siguientes.

2. Adelantar registros, allanamientos, incautaciones e interceptaciones de comunicaciones. En estos eventos el juez que ejerza las funciones de control de garantías efectuará el control posterior respectivo, a más tardar dentro de las treinta y seis (36) horas siguientes.

3. Asegurar los elementos materiales probatorios, garantizando la cadena de custodia mientras se ejerce su contradicción. En caso de requerirse medidas adicionales que impliquen afectación de derechos fundamentales, deberá obtenerse la respectiva autorización por parte del juez que ejerza las funciones de control de garantías para poder proceder a ello.

4. Presentar escrito de acusación ante el juez de conocimiento, con el fin de dar inicio a un juicio público, oral, con inmediación de las pruebas, contradictorio, concentrado y con todas las garantías.

5. Solicitar ante el juez de conocimiento la preclusión de las investigaciones cuando según lo dispuesto en la ley no hubiere mérito para acusar.

6. Solicitar ante el juez de conocimiento las medidas judiciales necesarias para la asistencia a las víctimas, lo mismo que disponer el restablecimiento del derecho y la reparación integral a los afectados con el delito.

7. Velar por la protección de las víctimas, los jurados, los testigos y demás intervinientes en el proceso penal, la ley fijará los términos en que podrán intervenir las víctimas en el proceso penal y los mecanismos de justicia restaurativa.

8. Dirigir y coordinar las funciones de policía Judicial que en forma permanente cumple la Policía Nacional y los demás organismos que señale la ley.

9. Cumplir las demás funciones que establezca la ley.

El Fiscal General y sus delegados tienen competencia en todo el territorio nacional.

En el evento de presentarse escrito de acusación, el Fiscal General o sus delegados deberán suministrar, por conducto del juez de conocimiento, todos los elementos probatorios e informaciones de que tenga noticia incluidos los que le sean favorables al procesado.

Parágrafo. La Procuraduría General de la Nación continuará cumpliendo en el nuevo sistema de indagación, investigación y juzgamiento penal, las funciones contempladas en el artículo 277 de la Constitución Nacional.

Parágrafo 2o. Atendiendo la naturaleza del bien jurídico o la menor lesividad de la conducta punible, el legislador podrá asignarle el ejercicio de la acción penal a la víctima o a otras autoridades distintas a la Fiscalía General de la Nación. En todo caso, la Fiscalía General de la Nación podrá actuar en forma preferente.

---

*Artículo modificado por el artículo 2 del Acto Legislativo No. 3 de 2002.

Concord.: CADH. Art. 7; A.L. 3/02 *(LTM 12159682)*; L. 906/04 *(LTM 3776319)*; L. 1312/09 *(LTM 9388213)*; L. 1142/07 *(LTM 9386180)*; L. 1826/17 *(LTM 12176967)*; C.Const. Sent. C-673/05, M.P. Clara Inés Vargas Hernández *(LTM 1956323)*; C.Const. Sent. C-979/05, M.P. Jaime Córdoba Triviño *(LTM 1956276)*; C.Const. Sent. C-591/05, M.P. Clara Inés Vargas Hernández *(LTM 1956360)*; C.Const. Sent. C-592/05, M.P. Álvaro Tafur Galvis *(LTM 1956351)*; C.Const. Sent. C-988/06, M.P. Álvaro Tafur Galvis *(LTM 1957033)*; C.Const. Sent. C-095/07, M.P. Marco Gerardo Monroy Cabra *(LTM 1956991)*; C.Const. Sent. C-209/07, M.P. Manuel José Cepeda Espinosa *(LTM 1956968)*; C.Const. Sent. C-336/07, M.P. Jaime Córdoba Triviño *(LTM 1956926)*; C.Const. Sent. C-1092/03, M.P. Álvaro Tafur Galvis *(LTM 1955216)*; C.Const. Sent. C-326/16, M.P. Gabriel Eduardo Mendoza Mantero *(LTM 9968559)*; C.Const. Sent. C-372/16, M.P. Luis Guillermo Guerrero Pérez *(LTM 9968484)*; C.Const. Sent. C-042/18, M.P. Gloria Stella Ortiz Delgado *(LTM 13085875)*; C.Const. Sent. C-137/19, M.P. Alejandro Linares Cantillo *(LTM 16150389)*.

Artículo 251

Son funciones especiales del Fiscal General de la Nación:

1. Investigar y acusar, si hubiere lugar, directamente o por conducto del Vicefiscal General de la Nación o de sus delegados de la unidad de fiscalías ante la Corte Suprema de Justicia, a los altos servidores que gocen de fuero Constitucional, con las excepciones previstas en la Constitución.

*Numeral modificado por el Acto Legislativo 6 de 2011.

2. Nombrar y remover, de conformidad con la ley, a los servidores bajo su dependencia.

3. Asumir directamente las investigaciones y procesos, cualquiera que sea el estado en que se encuentren, lo mismo que asignar y desplazar libremente a sus servidores en las investigaciones y procesos. Igualmente, en virtud de los principios de unidad de gestión y de jerarquía, determinar el criterio y la posición que la Fiscalía deba asumir, sin perjuicio de la autonomía de los fiscales delegados en los términos y condiciones fijados por la ley.

4. Participar en el diseño de la política del Estado en materia criminal y presentar proyectos de ley al respecto.

5. Otorgar, atribuciones transitorias a entes públicos que puedan cumplir funciones de Policía Judicial, bajo la responsabilidad y dependencia funcional de la Fiscalía General de la Nación.

6. Suministrar al Gobierno información sobre las investigaciones que se estén adelantando, cuando sea necesaria para la preservación del orden público.

---

*Artículo modificado por el Acto legislativo 3 de 2002.

Concord.: A.L. 3/02 *(LTM 12159682)*; A.L. 06/11 *(LTM 12170453)*; C.Const. Sent. C-037/96, M.P. Vladimiro Naranjo Mesa *(LTM 10100485)*.

Artículo 252

Aun durante los Estados de Excepción de que trata la Constitución en sus artículos 212 y 213, el Gobierno no podrá suprimir, ni modificar los organismos ni las funciones básicas de acusación y juzgamiento.

Concord.: L. 137/94 *(LTM 12153284)*; C.Const. Sent. C-556/92, M.P. Eduardo Cifuentes Muñoz *(LTM 10102801)*; C.Const. Sent. C-300/94, M.P. Eduardo Cifuentes Muñoz *(LTM 10101270)*; C.Const. Sent. C-466/95, M.P. Carlos Gaviria Díaz *(LTM 10840707)*; C.Const. Sent. C-156/11, M.P. Mauricio González Cuervo *(LTM 9997698)*; C.Const. Sent. C-213/20, M.P. Alejandro Linares Cantillo *(LTM 18284519)*.

Artículo 253

La ley determinará lo relativo a la estructura y funcionamiento de la Fiscalía General de la Nación, al ingreso por carrera y al retiro del servicio, a las inhabilidades e incompatibilidades, denominación, calidades, remuneración, prestaciones sociales y régimen disciplinario de los funcionarios y empleados de su dependencia.

Concord.: L. 938/04 *(LTM 9380412)*; L. 1024/06 *(LTM 9388244)*; L. 1654/13 *(LTM 12171285)*; L. 1615/13 *(LTM 12171349)*; D. L. 16/14 *(LTM 9388243)*. D. L. 17/14 *(LTM 9336455)*; D. L. 18/14 *(LTM 9391064)*; L. 1849/17 *(LTM 12177852)*; D. L. 898/17 *(LTM 12177852)*; C.E. Concepto Sala de Consulta Nro. 1976/10; C.E. Secc. Segunda, Sent. 05/08/2010, Rad. 18001-23-31-000-2010-00239-01. M.P. Alfonso Vargas Rincón; C.Const. Sent. C-048/15, M.P. Mauricio González Cuervo *(LTM 9969032)*; C.Const. Sent. C-013/18, M.P. Alberto Rojas Ríos.

CAPÍTULO 7
GOBIERNO Y ADMINISTRACIÓN DE LA RAMA JUDICIAL

Artículo 254

El Consejo Superior de la Judicatura estará integrado por seis magistrados elegidos para un período de ocho años, así: dos por la Corte Suprema de Justicia, uno por la Corte Constitucional y tres por el Consejo de Estado.

Concord.: L. 5/1992 (*LTM 9335852)*; L. 270/1996 (*LTM 9380443)*; L. 1474/2011, Art. 41, 42. *(LTM 9335718)*; C.Const. Sent. C-025/1993, M.P. Eduardo Cifuentes Muñoz (*LTM 10102651)*; C.Const. Sent. C-061/1993, M.P. Eduardo Cifuentes Muñoz (*LTM 10102595)*; C.Const. Sent. C-619/2012, M.P. Jorge Iván Palacio Palacio (*LTM 9996763)*.

Artículo 255

Para ser miembro del Consejo Superior de la Judicatura se requiere ser colombiano por nacimiento, ciudadano en ejercicio y mayor de treinta y cinco años; tener título de abogado y haber ejercido la profesión durante diez años con buen crédito. Los miembros del Consejo no podrán ser escogidos entre los magistrados de las mismas corporaciones postulantes.

Concord.: L. 43/1993, Art. 28 *(LTM 9348034)*; L. 270/1996, Art. 77 *(LTM 9380443)*; C.E. Sección Quinta, Sent. 60/2008, Rad. 11001-03-28-000-2007-00060-00, M.P. Susana Buitrago Valencia *(LTM 9833707)*.

Artículo 256

Corresponden al Consejo Superior de la Judicatura y de acuerdo a la ley, las siguientes atribuciones:

1. Administrar la carrera judicial.
2. Elaborar las listas de candidatos para la designación de funcionarios judiciales y enviarlas a la entidad que deba hacerla. Se exceptúa la jurisdicción penal militar que se regirá por normas especiales.
3. Numeral declarado inexequible por la sentencia C-285 de 2016
4. Llevar el control de rendimiento de las corporaciones y despachos judiciales.
5. Elaborar el proyecto de presupuesto de la Rama Judicial que deberá ser remitido al Gobierno, y ejecutarlo de conformidad con la aprobación que haga el Congreso.
6. Numeral declarado inexequible por la sentencia C-285 de 2016.
7. Las demás que señale la ley.

*Modificado por el Acto Legislativo 2 de 2015.

Concord.: L. 270/1996 *(LTM 9380443)*; L. 1123/2007 *(LTM 3779347)*; L. 1395/2010, Arts. 53-56 *(LTM 12131932)*; L. 1407/2010 *(LTM 3771439)*; C.Const. Sent. SU-539/2012, M.P. Luis Ernesto Vargas Silva *(LTM 9996853)*; C.Const. Sent. SU-553/2015, M.P. Mauricio González Cuervo *(LTM 9968133)*; C.E. Sección Segunda, Subsección B, Sent. 3241/2015, Rad. 11001-03-25-000-2015-00871-00, M.P. César Palomino Cortés *(LTM 15128143)*.

Artículo 257

Con sujeción a la ley, el Consejo Superior de la Judicatura cumplirá las siguientes funciones:

1. Fijar la división del territorio para efectos judiciales y ubicar y redistribuir los despachos judiciales.
2. Crear, suprimir, fusionar y trasladar cargos en la administración de justicia. En ejercicio de esta atribución, el Consejo Superior de la Judicatura no podrá establecer a cargo del Tesoro obligaciones que excedan el monto global fijado para el respectivo servicio en la ley de apropiaciones iniciales.
3. Dictar los reglamentos necesarios para el eficaz funcionamiento de la administración de justicia, los relacionados con la organización y funciones internas asignadas a los distintos cargos y la regulación de los trámites judiciales y administrativos que se adelanten en los despachos judiciales, en los aspectos no previstos por el legislador.

4. Proponer proyectos de ley relativos a la administración de justicia y a los códigos sustantivos y procedimentales.

5. Las demás que señale la ley.

Concord.: L. 270/96 *(LTM 9380443)*; L. 1285/09 *(LTM 9381681)*; A.L. 2/15 *(LTM 12174678)*; C.Const. Sent. C-037/96, M.P. Vladimiro Naranjo Mesa *(LTM 10100485)*; C.Const. Sent. C-805/01, M.P. Rodrigo Escobar Gil *(LTM 10041762)*; C.Const. Sent. SU-539/12, M.P. Luis Ernesto Vargas Silva *(LTM 9996853)*; C.Const. Sent. C-285/16, M.P. Luis Guillermo Guerrero Pérez *(LTM 9968648)*; C.Const. Sent. C-373/16, M.P. Alejandro Linares Cantillo *(LTM 9968491)*.

Artículo 257A

La Comisión Nacional de Disciplina Judicial ejercerá la función jurisdiccional disciplinaria sobre los funcionarios y empleados de la Rama Judicial.

Estará conformada por siete Magistrados, cuatro de los cuales serán elegidos por el Congreso en Pleno de ternas enviadas por el Consejo Superior de la Judicatura previa convocatoria pública y tres de los cuales serán elegidos por el Congreso en Pleno de ternas enviadas por el Presidente de la República, previa convocatoria pública reglada. Tendrán periodos personales de ocho años, y deberán cumplir con los mismos requisitos exigidos para ser Magistrado de la Corte Suprema de Justicia.

Los Magistrados de la Comisión Nacional de Disciplina Judicial no podrán ser reelegidos.

Podrá haber Comisiones Seccionales de Disciplina Judicial integradas como lo señale la ley.

La Comisión Nacional de Disciplina Judicial será la encargada de examinar la conducta y sancionar las faltas de los abogados en ejercicio de su profesión, en la instancia que señale la ley, salvo que esta función se atribuya por la ley a un Colegio de Abogados.

Parágrafo. La Comisión Nacional de Disciplina Judicial y las Comisiones Seccionales de Disciplina Judicial no serán competentes para conocer de acciones de tutela.

Parágrafo Transitorio 1o. Los Magistrados de la Comisión Nacional de Disciplina Judicial deberán ser elegidos dentro del año siguiente a la vigencia del presente acto legislativo. Una vez posesionados, la Comisión Nacional de Disciplina Judicial asumirá los procesos disciplinarios de la Sala Jurisdiccional Disciplinaria del Consejo Superior de la Judicatura. Los actuales Magistrados de la Sala Jurisdiccional Disciplinaria del Consejo Superior de la Judicatura, ejercerán sus funciones hasta el día que se posesionen los miembros de la Comisión Nacional de Disciplina Judicial. Las Salas Disciplinarias de los Consejos Seccionales de la Judicatura serán transformadas en Comisiones Seccionales de Disciplina Judicial. Se garantizarán los derechos de carrera de los Magistrados y empleados de las salas disciplinarias de los Consejos Seccionales de la Judicatura quienes continuarán conociendo de los procesos a su cargo, sin solución de continuidad.

*Artículo adicionado por el Acto Legislativo 2 de 2015.

*Declarado exequible condicionalmente por la sentencia C-285 de 2016.

Concord.: Decreto Autónomo Constitucional 1323/2020 *(LTM 19510842)*; C.E. Sala de Consulta y Servicio Civil, Concepto, Núm. Rad.: 11001-03-06-000-2019-00209-00 (2440), M.P. Álvaro Namén Vargas *(LTM 22479915)*.

TÍTULO IX
DE LAS ELECCIONES Y DE LA ORGANIZACIÓN ELECTORAL

CAPÍTULO 1
DEL SUFRAGIO Y DE LAS ELECCIONES

Artículo 258

El voto es un derecho y un deber ciudadano. El Estado velará porque se ejerza sin ningún tipo de coacción y en forma secreta por los ciudadanos en cubículos individuales instalados en cada mesa de votación sin perjuicio del uso de medios electrónicos o informáticos. En las elecciones de candidatos podrán emplearse tarjetas electorales numeradas e impresas en papel que ofrezca seguridad, las cuales serán distribuidas oficialmente. La Organización Electoral suministrará igualitariamente a los votantes instrumentos en los cuales deben aparecer identificados con claridad y en iguales condiciones los movimientos y partidos políticos con personería jurídica y los candidatos. La ley podrá implantar mecanismos de votación que otorguen más y mejores garantías para el libre ejercicio de este derecho de los ciudadanos.

Parágrafo 1o. Deberá repetirse por una sola vez la votación para elegir miembros de una Corporación Pública, Gobernador, Alcalde o la primera vuelta en las elecciones presidenciales, cuando del total de votos válidos, los votos en blanco constituyan la mayoría. Tratándose de elecciones unipersonales no podrán presentarse los mismos candidatos, mientras en las de Corporaciones Públicas no se podrán presentar a las nuevas elecciones las listas que no hayan alcanzado el umbral.

*Parágrafo modificado por el Acto Legislativo 1 de 2009.

Parágrafo 2o. Se podrá implementar el voto electrónico para lograr agilidad y transparencia en todas las votaciones.

*Artículo modificado por el Acto Legislativo 1 de 2003.

Concord.: CADH Art. 23.; PIDCP Art. 25.; Corte IDH 23/06/2005. Serie C. N. 127.; AL 1/2003 *(LTM 12160260)*; AL 1/2009 *(LTM 12167504)*; L. 8/1959 *(LTM 12138078)*; L. 741/2002 *(LTM 938241)*; L. 1070/2006 *(LTM 12164208)*; L. 892/2004 *(LTM 12160336)*; C.Const. Sent. C-179/02 M.P. Marco Gerardo Monroy *(LTM 10040990)*; C.Const. Sent. C 307/04 M.P. Rodrigo Escobar Gil, M.P. Manuel Cepeda, M.P. Alfredo Beltrán Sierra. *(LTM 10029680)*; C.Const. Sent. C-307/04 M.P. Rodrigo Escobar gil, M.P. Manuel Cepeda, M.P. Alfredo Beltrán Sierra. *(LTM 10029680)*; C.Const. Sent. SU 221/15 M.P. Gloria Stella Ortiz Delgado *(LTM 9968724)*.

Artículo 259

Quienes elijan gobernadores y alcaldes, imponen por mandato al elegido el programa que presentó al inscribirse como candidato. La ley reglamentará el ejercicio del voto programático.

Concord.: L. 131/1994 *(LTM 12153299)*; L. 190/1995, Art. 48 *(LTM 12145209)*; L. 741/2002 *(LTM 938241)*; L. 892/2004 *(LTM 12160336)*; C.Const. Sent. C-179/02 M.P. Marco Gerardo Monroy Cabra *(LTM 10040990)*; C.Const. Sent. C 307/04 M.P. Rodrigo Escobar Gil, M.P. Manuel Cepeda, M.P. Alfredo Beltrán Sierra. *(LTM 10029680)*.

Artículo 260

Los ciudadanos eligen en forma directa Presidente y Vicepresidente de la República, Senadores, Representantes, Gobernadores, Diputados, Alcaldes, Concejales municipales y distritales, miembros de las juntas administradoras locales, y en su oportunidad, los miembros de la Asamblea Constituyente y las demás autoridades o funcionarios que la Constitución señale.

Concord.: C.E. Secc. Quinta. Sent. 05/11/2015, Rad 11001-03-28-000-2014-00087-00, M.P. Carlos Enrique Moreno *(LTM 9659368)*; C.Const. Sent. C-047/2001 M.P. Eduardo Montealegre Lynett *(LTM 10042563)*.

Artículo 261

La elección del Presidente y Vicepresidente no podrá coincidir con otra elección. La de Congreso se hará en fecha separada de la elección de autoridades departamentales y municipales.

*Artículo renumerado por el artículo 26 del Acto Legislativo 2 de 2015.

Concord.: L. 163/1994 *(LTM 12153209)*; C.Const. Sent. C-127/1993 M.P. Alejandro Martínez *(LTM 1953460)*; C.Const. Sent. C-454/1993 M.P. José Hernández *(LTM 1953395)*; C.Const. Sent. C-043/2003 M.P. Marco Monroy *(LTM 1955383)*.

Artículo 262

Los partidos, movimientos políticos y grupos significativos de ciudadanos que decidan participar en procesos de elección popular, inscribirán candidatos y listas únicas, cuyo número de integrantes no podrá exceder el de curules o cargos a proveer en la respectiva circunscripción, excepto en las que se eligen hasta dos miembros, las cuales podrán estar integradas hasta por tres (3) candidatos.

La selección de los candidatos de los partidos y movimientos políticos con personería jurídica se hará mediante mecanismos de democracia interna, de conformidad con la ley y los estatutos. En la conformación de las listas se observarán en forma progresiva, entre otros, los principios de paridad, alternancia y universalidad, según lo determine la ley.

Cada partido o movimiento político podrá optar por el mecanismo de voto preferente. En tal caso, el elector podrá señalar el candidato de su preferencia entre los nombres de la lista que aparezcan en la tarjeta electoral. La lista se reordenará de acuerdo con la cantidad de votos obtenidos por cada uno de los candidatos. La asignación de curules entre los miembros de la respectiva lista se hará en orden descendente empezando por el candidato que haya obtenido el mayor número de votos preferentes.

En el caso de los partidos y movimientos políticos que hayan optado por el mecanismo del voto preferente, los votos por el partido o movimiento que no hayan sido atribuidos por el elector a ningún candidato en particular, se contabilizarán a favor de la respectiva lista para efectos de la aplicación de las normas sobre el umbral y la cifra repartidora, pero no se computarán para la reordenación de la lista. Cuando el elector vote simultáneamente por el partido o movimiento político y por el candidato de su preferencia dentro de la respectiva lista, el voto será válido y se computará a favor del candidato.

La ley regulará la financiación preponderantemente estatal de las campañas, los mecanismos de democracia interna de los partidos, la inscripción de candidatos y listas propias o de coalición a cargos uninominales o a corporaciones públicas, la administración de recursos y la protección de los derechos de los aspirantes. Los partidos y movimientos políticos con personería jurídica que sumados hayan obtenido una votación de hasta el quince por ciento (15%) de los votos válidos de la respectiva circunscripción, podrán presentar lista de candidatos en coalición para corporaciones públicas.

*Artículo modificado por el artículo 20 del Acto Legislativo 2 de 2015.

Concord.: L. 58/1985 *(LTM 12147175)*; L. 130/1994 *(LTM 9331901)*; L. 1475/2011 *(LTM 12170481)*; C.E. Secc. Primera. Sent. 09/08/1993, Rad 464-CE-SEC1-EXP1993-N2287, M.P. Miguel González Rodríguez *(LTM 10180596)*; C.E. Sala plena. Auto. 14/02/1930, Rad 479-CE-SP-1930-02-14, M.P. Nicasio Anzola *(LTM 10281715)*; C.E. Secc. Primera. Auto. 01/01/1925, Rad 1-CE-SEC1-1925-01-31, M.P. Sixto Zerda *(LTM 10282867)*; C.E. Sala plena. Auto. 06/11/1923, Rad 114-CE-SP-1923-11-06, M.P. Miguel Abadía Méndez *(LTM 10283257)*; C.E. Secc. Tercera. Sent. 05/03/2015, Rad 25000-23-41-000-2013-00194-01, M.P. Stella Conto Díaz Del Castillo *(LTM 9663881)*; C.E. Secc. Primera. Sent. 28/10/2004, Rad 11001-03-24-000-2000-06556-01, M.P. Olga Inés Navarrete Barrero *(LTM 9859084)*; C.E. Secc. Primera. Sent. 07/06/1995, Rad 102-CE-SEC1-EXP1995-N3112, M.P. Ernesto Rafael Ariza Muñoz *(LTM 15446747)*; C.Const. Sent. C-027/2018 M.P. José Fernando Reyes, Gloria Ortiz, Alejandro Linares *(LTM 13122493)*.

Artículo 263

Para garantizar la equitativa representación de los Partidos y Movimientos Políticos y grupos significativos de ciudadanos, las curules de las Corporaciones Públicas se distribuirán mediante el sistema de cifra repartidora entre las listas de candidatos que superen un mínimo de votos que no podrá ser inferior al tres por ciento (3%) de los votos válidos para Senado de la República o al cincuenta por ciento (50%) del cuociente electoral en el caso de las demás Corporaciones, conforme lo establezcan la Constitución y la ley.

La cifra repartidora resulta de dividir sucesivamente por uno, dos, tres o más, el número de votos por cada lista ordenando los resultados en forma decreciente hasta que se obtenga un número total de resultados igual al número de curules a proveer. El resultado menor se llamará cifra repartidora. Cada lista obtendrá tantas curules como veces esté contenida la cifra repartidora en el total de sus votos.

En las circunscripciones en las que se eligen dos miembros se aplicará el sistema de cuociente electoral entre las listas que superen en votos el 30% de dicho cuociente. En las circunscripciones en las que se elige un miembro, la curul se adjudicará a la lista mayoritaria.

Cuando ninguna de las listas supere el umbral, las curules se distribuirán entre todas las inscritas, de acuerdo con la regla de asignación que corresponda.

*Artículo modificado por el artículo 21 del Acto Legislativo 2 de 2015.

Concord.: L. 1909/2018, Art. 28 *(LTM 14485963)*; L. 1475/2011 *(LTM 12170481)*; C.Const. Sent. C-572/04 M.P. Rodrigo Uprimny Yepes *(LTM 10029424)*; C.Const. Sent. C-027/18 M.P. José Fernando Reyes, Gloria Ortiz, Alejandro Linares *(LTM 13122493)*; C.Const. Sent. C-013/2014 M.P. Nilson Pinilla *(LTM 9988338)*.

CAPÍTULO 2
DE LAS AUTORIDADES ELECTORALES

Artículo 264

El Consejo Nacional Electoral se compondrá de nueve (9) miembros elegidos por el Congreso de la República en pleno, para un período institucional de cuatro (4) años, mediante el Sistema de Cifra Repartidora, previa postulación de los partidos o movimientos políticos con personería jurídica o por coaliciones entre ellos. Sus miembros serán servidores públicos de dedicación exclusiva, tendrán las mismas calidades, inhabilidades, incompatibilidades y derechos de los magistrados de la Corte Suprema de Justicia.

Parágrafo. La jurisdicción contencioso administrativa decidirá la acción de nulidad electoral en el término máximo de un (1) año.

En los casos de única instancia, según la ley, el término para decidir no podrá exceder de seis (6) meses.

*Artículo modificado por el artículo 14 del Acto Legislativo 1 de 2003.

Concord.: AL 2/15 *(LTM 14491152)*; C.Const. Sent. C-572/04 M.P. Rodrigo Uprimny Yepes *(LTM 10029424)*; C.Const. Sent. C-094/2017 M.P. Aquiles Arrieta Gómez, Alberto Rojas *(LTM 9967597)*; C.Const. Sent. C-112/2017 M.P. Antonio José Lizarazo Ocampo *(LTM 9303882)*; C.Const. Sent. SU 342/24 M.P. Juan Carlos Cortés González *(LTM 35916008)*.

Artículo 265

El Consejo Nacional Electoral regulará, inspeccionará, vigilará y controlará toda la actividad electoral de los partidos y movimientos políticos, de los grupos significativos de ciudadanos, de sus representantes legales, directivos y candidatos, garantizando el cumplimiento de los principios y deberes que a ellos corresponden, y gozará de autonomía presupuestal y administrativa. Tendrá las siguientes atribuciones especiales:

1. Ejercer la suprema inspección, vigilancia y control de la organización electoral.

2. Dar posesión de su cargo al Registrador Nacional del Estado Civil.

3. Conocer y decidir definitivamente los recursos que se interpongan contra las decisiones de sus delegados sobre escrutinios generales y en tales casos hacer la declaratoria de elección y expedir las credenciales correspondientes.

4. Además, de oficio, o por solicitud, revisar escrutinios y los documentos electorales concernientes a cualquiera de las etapas del proceso administrativo de elección con el objeto de que se garantice la verdad de los resultados.

5. Servir de cuerpo consultivo del Gobierno en materias de su competencia, presentar proyectos de acto legislativo y de ley, y recomendar proyectos de decreto.

6. Velar por el cumplimiento de las normas sobre Partidos y Movimientos Políticos y de las disposiciones sobre publicidad y encuestas de opinión política; por los derechos de la oposición y de las minorías, y por el desarrollo de los procesos electorales en condiciones de plenas garantías.

7. Distribuir los aportes que para el financiamiento de las campañas electorales y para asegurar el derecho de participación política de los ciudadanos, establezca la ley.

8. Efectuar el escrutinio general de toda votación nacional, hacer la declaratoria de elección y expedir las credenciales a que haya lugar.

9. Reconocer y revocar la Personería Jurídica de los partidos y movimientos políticos.

10. Reglamentar la participación de los Partidos y Movimientos Políticos en los medios de comunicación social del Estado.

11. Colaborar para la realización de consultas de los partidos y movimientos para la toma de decisiones y la escogencia de sus candidatos.

12. Decidir la revocatoria de la inscripción de candidatos a Corporaciones Públicas o cargos de elección popular, cuando exista plena prueba de que aquellos están incursos en causal de inhabilidad prevista en la Constitución y la ley. En ningún caso podrá declarar la elección de dichos candidatos.

13. Darse su propio reglamento.

14. Las demás que le confiera la ley.

---

*Artículo modificado por el artículo 12 del Acto Legislativo 1 de 2009.

Concord.: L. 1475/2011, Art. 3, 5, 6, 7, 13, 14, 18, 21, 25, 36, 37, 43 *(LTM 12170481)*; L. 1909/2018, Art. 28 *(LTM 14485963)*; L. 5/1992, Art. 140 *(LTM 9335852)*; L. 130/1994, Art. 3, 8, 10, 12, 13, 24, 25 *(LTM 9331901)*.

Artículo 266

El Registrador Nacional del Estado Civil será escogido por los Presidentes de la Corte Constitucional, la Corte Suprema de Justicia y el Consejo de Estado, mediante concurso de méritos organizado según la ley. Su período será de cuatro (4) años, deberá reunir las mismas calidades que exige la Constitución Política para ser Magistrado de la Corte Suprema de Justicia y no haber ejercido funciones en cargos directivos en partidos o movimientos políticos dentro del año inmediatamente anterior a su elección.

Ejercerá las funciones que establezca la ley, incluida la dirección y organización de las elecciones, el registro civil y la identificación de las personas, así como la de celebrar contratos en nombre de la Nación, en los casos que aquella disponga.

La Registraduría Nacional estará conformada por servidores públicos que pertenezcan a una carrera administrativa especial a la cual se ingresará exclusivamente por concurso de méritos y que preverá el retiro flexible de conformidad con las necesidades del servicio. En todo caso, los cargos de responsabilidad administrativa o electoral serán de libre remoción, de conformidad con la ley.

*Inciso modificado por el Acto Legislativo 2 de 2015.

Parágrafo Transitorio. El período de los actuales miembros del Consejo Nacional Electoral y Registrador Nacional del Estado Civil irá hasta el año 2006. La siguiente elección de unos y otro se hará de conformidad con lo dispuesto en el presente Acto Legislativo.

*Artículo modificado por el Actos Legislativos 1 de 2003.

Concord.: AL 2/15, Art. 26 *(LTM 14491152)*; AL 1/2003, Art. 15 *(LTM 12160260)*; L. 1134/2007 *(LTM 12164362)*; L. 962/2005, Art. 77 *(LTM 9336287)*; L. 134/1994 *(LTM 9333135)*; L. 1350/2009 *(LTM 12167544)*; C.Const. Sent. C-753/04 M.P. Alfredo Beltrán Sierra *(LTM 10029240)*; C.Const. Sent. C-572/04 M.P. Rodrigo Uprimny Yepes *(LTM 10029424)*.

TÍTULO X
DE LOS ORGANISMOS DE CONTROL

CAPÍTULO 1
DE LA CONTRALORÍA GENERAL DE LA REPÚBLICA

Artículo 267

La vigilancia y el control fiscal son una función pública que ejercerá la Contraloría General de la República, la cual vigila la gestión fiscal de la administración y de los particulares o entidades que manejen fondos o bienes públicos, en todos los niveles administrativos y respecto de todo tipo de recursos públicos. La ley reglamentará el ejercicio de las competencias entre contralorías, en observancia de los principios de coordinación, concurrencia y subsidiariedad. El control ejercido por la Contraloría General de la República será preferente en los términos que defina la ley.

El control fiscal se ejercerá en forma posterior y selectiva, y además podrá ser preventivo y concomitante, según sea necesario para garantizar la defensa y protección del patrimonio público. El control preventivo y concomitante no implicará coadministración y se realizará en tiempo real a través del seguimiento permanente de los ciclos, uso, ejecución, contratación e impacto de los recursos públicos, mediante el uso de tecnologías de la información, con la participación activa del control social y con la articulación del control interno. La ley regulará su ejercicio y los sistemas y principios aplicables para cada tipo de control.

El control concomitante y preventivo tiene carácter excepcional, no vinculante, no implica coadministración, no versa sobre la conveniencia de las decisiones de los administradores de recursos públicos, se realizará en forma de advertencia al gestor fiscal y deberá estar incluido en un sistema general de advertencia público. El ejercicio y la coordinación del control concomitante y preventivo corresponde exclusivamente al Contralor General de la República en materias específicas.

La vigilancia de la gestión fiscal del Estado incluye el seguimiento permanente al recurso público, sin oponibilidad de reserva legal para el acceso a la información por parte de los órganos de control fiscal, y el control financiero, de gestión y de resultados, fundado en la eficiencia, la economía, la equidad, el desarrollo sostenible y el cumplimiento del principio de valoración de costos ambientales. La Contraloría General de la República tendrá competencia prevalente para ejercer control sobre la gestión de cualquier entidad territorial, de conformidad con lo que reglamente la ley.

El control jurisdiccional de los fallos de responsabilidad fiscal gozará de etapas y términos procesales especiales con el objeto de garantizar la recuperación oportuna del recurso público. Su trámite no podrá ser superior a un año en la forma en que lo regule la ley.

La Contraloría es una entidad de carácter técnico con autonomía administrativa y presupuestal. No tendrá funciones administrativas distintas de las inherentes a su propia organización y al cumplimiento de su misión constitucional.

El Contralor será elegido por el Congreso en Pleno, por mayoría absoluta, en el primer mes de sus sesiones para un periodo igual al del Presidente de la República, de lista de elegibles conformada por convocatoria pública con base en lo dispuesto en el artículo 126 de la Constitución y no podrá ser reelegido ni continuar en ejercicio de sus funciones al vencimiento del mismo.

Solo el Congreso puede admitir la renuncia que presente el Contralor y proveer las faltas absolutas y temporales del cargo mayores de 45 días.

Para ser elegido Contralor General de la República se requiere ser colombiano de nacimiento y en ejercicio de la ciudadanía; tener más de treinta y cinco años de edad; tener título universitario en ciencias jurídicas, humanas, económicas, financieras, administrativas o contables y experiencia profesional no menor a 5 años o como docente universitario por el mismo tiempo y acreditar las demás condiciones que exija la ley.

No podrá ser elegido Contralor General quien sea o haya sido miembro del Congreso o se haya desempeñado como gestor fiscal del orden nacional, en el año inmediatamente anterior a la elección. Tampoco podrá ser elegido quien haya sido condenado a pena de prisión por delitos comunes.

En ningún caso podrán intervenir en la postulación o elección del Contralor personas que se hallen dentro del cuarto grado de consanguinidad, segundo de afinidad y primero civil o legal respecto de los candidatos.

---

*Artículo modificado por el artículo 1 del Acto Legislativo 4 de 2019.

Concord.: AL 2/2015 *(LTM 14491152)*; L. 42/93 *(LTM 9331957)*; D. 267/2000 *(LTM 12152418)*; L. 1474/2011, Art. 122 *(LTM 9335718)*; L. 300/1996. Art. 48 *(LTM 9332178)*; L. 610/2000 *(LTM 12152420)*; L. 1150/2007 *(LTM 9336868)*; L. 1416/2010 *(LTM 12167828)*; L. 1807/2016 *(LTM 9386215)*; C.Const. Sent. C-193/2011 M.P. Mauricio González Cuervo *(LTM 9997651)*.

Artículo 268

El Contralor General de la República tendrá las siguientes atribuciones:

1. Prescribir los métodos y la forma de rendir cuentas los responsables del manejo de fondos o bienes de la Nación e indicar los criterios de evaluación financiera, operativa y de resultados que deberán seguirse.

2. Revisar y fenecer las cuentas que deben llevar los responsables del erario y determinar el grado de eficiencia, eficacia y economía con que hayan obrado.

3. Llevar un registro de la deuda pública de la nación y de las entidades descentralizadas territorialmente o por servicios.

4. Exigir informes sobre su gestión fiscal a los empleados oficiales de cualquier orden y a toda persona o entidad pública o privada que administre fondos o bienes de la Nación.

5. Establecer la responsabilidad que se derive de la gestión fiscal, imponer las sanciones pecuniarias que sean del caso, recaudar su monto y ejercer la jurisdicción coactiva sobre los alcances deducidos de la misma.

6. Conceptuar sobre la calidad y eficiencia del control fiscal interno de las entidades y organismos del Estado.

7. Presentar al Congreso de la República un informe anual sobre el estado de los recursos naturales y del ambiente.

8. Promover ante las autoridades competentes, aportando las pruebas respectivas, investigaciones fiscales, penales o disciplinarias contra quienes presuntamente hayan causado perjuicio a los intereses patrimoniales del Estado. La Contraloría, bajo su responsabilidad, podrá exigir, verdad sabida y buena fe guardada, la suspensión inmediata de funcionarios mientras culminan las investigaciones o los respectivos procesos fiscales, penales o disciplinarios.

9. Presentar proyectos de ley relativos al régimen del control fiscal y a la organización y funcionamiento de la Contraloría General.

10. Proveer mediante concurso público los empleos de carrera de la entidad creados por ley. Esta determinará un régimen especial de carrera administrativa para la selección, promoción y retiro de los funcionarios de la Contraloría. Se prohíbe a quienes formen parte de las corporaciones que intervienen en la postulación y elección del Contralor, dar recomendaciones personales y políticas para empleos en ese ente de control.

11. Presentar informes al Congreso y al Presidente de la República sobre el cumplimiento de sus funciones y certificación sobre la situación de las finanzas del Estado, de acuerdo con la ley.

12. Dictar normas generales para armonizar los sistemas de control fiscal de todas las entidades públicas del orden nacional y territorial; y dirigir e implementar, con apoyo de la Auditoría General de la República, el Sistema Nacional de

Control Fiscal, para la unificación y estandarización de la vigilancia y control de la gestión fiscal.

13. Advertir a los servidores públicos y particulares que administren recursos públicos de la existencia de un riesgo inminente en operaciones o procesos en ejecución, con el fin de prevenir la ocurrencia de un daño, a fin de que el gestor fiscal adopte las medidas que considere procedentes para evitar que se materialice o se extienda, y ejercer control sobre los hechos así identificados.

14. Intervenir en los casos excepcionales previstos por la ley en las funciones de vigilancia y control de competencia de las Contralorías Territoriales. Dicha intervención podrá ser solicitada por el gobernante local, la corporación de elección popular del respectivo ente territorial, una comisión permanente del Congreso de la República, la ciudadanía mediante cualquiera de los mecanismos de participación ciudadana, la propia contraloría territorial o las demás que defina la ley.

15. Presentar a la Cámara de Representantes la Cuenta General del Presupuesto y del Tesoro y certificar el balance de la Hacienda presentado al Congreso por el Contador General de la Nación.

16. Ejercer, directamente o a través de los servidores públicos de la entidad, las funciones de policía judicial que se requieran en ejercicio de la vigilancia y control fiscal en todas sus modalidades. La ley reglamentará la materia.

17. Imponer sanciones desde multa hasta suspensión a quienes omitan la obligación de suministrar información o impidan u obstaculicen el ejercicio de la vigilancia y control fiscal, o incumplan las obligaciones fiscales previstas en la ley. Así mismo a los representantes de las entidades que, con dolo o culpa grave, no obtengan el fenecimiento de las cuentas o concepto o calificación favorable en los procedimientos equivalentes para aquellas entidades no obligadas a rendir cuenta, durante dos (2) períodos fiscales consecutivos.

18. Las demás que señale la ley.

Parágrafo Transitorio. La asignación básica mensual de los servidores de la Contraloría General de la República y su planta transitoria será equiparada a los de los empleos equivalentes de otros organismos de control de nivel nacional. Para la correcta implementación del presente acto legislativo, y el fortalecimiento del control fiscal, la ley determinará la creación del régimen de carrera especial de los servidores de las contralorías territoriales, la ampliación de la planta de personal, la incorporación de los servidores de la planta transitoria sin solución de continuidad y la modificación de la estructura orgánica y funcional de la Contraloría General de la República, garantizando la estabilidad laboral de los servidores inscritos en carrera pertenecientes a esa entidad y a contralorías territoriales intervenidas. Exclusivamente para los efectos del presente parágrafo y el desarrollo de este acto legislativo, otórguense precisas facultades extraordinarias por el término de seis meses al Presidente de la República para expedir decretos con fuerza de ley.

Así mismo, el Congreso de la República expedirá, con criterios unificados, las leyes que garanticen la autonomía presupuestal y la sostenibilidad financiera y administrativa de los organismos de control fiscal territoriales y unas apropiaciones progresivas que incrementarán el presupuesto de la Contraloría General de la República durante las siguientes tres vigencias en 250.000, 250.000 y 136.000 millones de pesos respectivamente, las cuales serán incorporadas en los proyectos de ley de presupuesto anual presentados por el Gobierno Nacional, incluso aquellos que ya cursen su trámite en el Congreso de la República. Dichas apropiaciones no serán tenidas en cuenta al momento de decretar aplazamientos del Presupuesto General de la Nación.

En los siguientes cuatrienios dichas apropiaciones estarán de acuerdo con el marco fiscal de mediano plazo.

---

*Artículo modificado por el artículo 2 del Acto Legislativo 4 de 2019.

Concord.: L. 5/1992, Art. 140 *(LTM 9335852)*; L. 42/93 *(LTM 9331957)*; C.Const. Sent. C-365/2001 M.P. Clara Inés Vargas *(LTM 10042227)*; C.Const. Sent. C-402/2001 M.P. Clara Inés Vargas *(LTM 10042217)*; C.Const. Sent. C-1105/2001 M.P. Eduardo Montealegre *(LTM 10041465)*; C.Const. Sent. C-557/2009 M.P. Luis Ernesto Vargas *(LTM 10000636)*; C.Const. Sent. C-478/1992 M.P. Eduardo Cifuentes *(LTM 10102818)*; C.Const. Sent. C-338/2014 M.P. Alberto Rojas *(LTM 9994288)*; C.Const. Sent.C-840/2001 M.P. Jaime Araújo *(LTM 10041737)*; C.Const. Sent. C-479/1992 M.P. Alejandro Martínez *(LTM 10102809)*; C.Const. Sent. C-207/2016 M.P. Alejandro Linares *(LTM 9968770)*.

Artículo 269

En las entidades públicas, las autoridades correspondientes están obligadas a diseñar y aplicar, según la naturaleza de sus funciones, métodos y procedimientos de control interno, de conformidad con lo que disponga la ley, la cual podrá establecer excepciones y autorizar la contratación de dichos servicios con empresas privadas colombianas.

Concord.: L. 30/1992, Art. 95 *(LTM 9336877)*; L. 42/93 *(LTM 9331957)*; L. 87/1993 *(LTM 12152506)*; L. 181/1995 *(LTM 9331538)*; L. 270/1996, Art. 105 *(LTM 9380443)*; L. 475/98 *(LTM 9381052)*; L. 716/2001, Art. 8 *(LTM 9340465)*; L. 734/2002, Art. 34 *(LTM 9338211)*; L. 872/2003 *(LTM 12160261)*; C.Const. Sent. C-068/93 M.P. Simón Rodríguez *(LTM 10102609)*; C.Const. Sent. C-996/01 M.P. Alfredo Beltrán *(LTM 10041572)*.

Artículo 270

La ley organizará las formas y los sistemas de participación ciudadana que permitan vigilar la gestión pública que se cumpla en los diversos niveles administrativos y sus resultados.

Concord.: L. 134/94 *(LTM 9333135)*; L. 489/1998 *(LTM 9332778)*; L. 720/2001 *(LTM 9340381)*; L. 850/2003 *(LTM 9336898)*; L.E. 1757/2015 *(LTM 12160276)*; L. 1909/2018, Art. 22 *(LTM 14485963)*; C.Const. Sent. C-507/2001 M.P. Álvaro Tafur *(LTM 10042078)*; C.Const. Sent. C-580/2001 M.P. Clara Inés Vargas *(LTM 10042004)*; C.Const. Sent. C-616/2008 M.P. Humberto Sierra *(LTM 10840201)*.

Artículo 271

Los resultados de los ejercicios de vigilancia y control fiscal, así como de las indagaciones preliminares o los procesos de responsabilidad fiscal, adelantados por las Contralorías tendrán valor probatorio ante la Fiscalía General de la Nación y el juez competente.

*Artículo modificado por el artículo 3 del Acto Legislativo 4 de 2019.

Concord.: L. 80/1993, Art. 65 *(LTM 9341513)*; C.Const. Sent. C-035/93 M.P. Fabio Morón *(LTM 10102643)*.

Artículo 272

La vigilancia de la gestión fiscal de los departamentos, distritos y municipios donde haya contralorías, corresponde a estas en forma concurrente con la Contraloría General de la República.

La vigilancia de los municipios incumbe a las contralorías departamentales, salvo lo que la ley determine respecto de contralorías municipales.

La ley regulará las competencias concurrentes entre contralorías y la prevalencia de la Contraloría General de la República.

Corresponde a las asambleas y a los concejos distritales y municipales organizar las respectivas contralorías como entidades técnicas dotadas de autonomía administrativa y presupuestal, y garantizar su sostenibilidad fiscal.

La Auditoría General de la República realizará la certificación anual de las contralorías territoriales a partir de indicadores de gestión, la cual será el insumo para que la Contraloría General de la República intervenga administrativamente las contralorías territoriales y asuma competencias cuando se evidencie falta de objetividad y eficiencia.

Los contralores departamentales, distritales y municipales ejercerán, en el ámbito de su jurisdicción, las funciones atribuidas al Contralor General de la República en el artículo 268 en lo que sea pertinente, según los principios de coordinación, concurrencia, y subsidiariedad. El control ejercido por la Contraloría General de la República será preferente en los términos que defina la ley.

Los Contralores departamentales, distritales y municipales serán elegidos por las Asambleas Departamentales, Concejos Municipales y Distritales, de terna conformada por quienes obtengan los mayores puntajes en convocatoria pública conforme a la ley, siguiendo los principios de transparencia, publicidad, objetividad, participación ciudadana y equidad de género, para un periodo de cuatro años que no podrá coincidir con el periodo del correspondiente gobernador y alcalde.

Ningún contralor podrá ser reelegido para el período inmediato.

Para ser elegido contralor departamental, distrital o municipal se requiere ser colombiano por nacimiento, ciudadano en ejercicio, tener más de veinticinco años, acreditar título universitario y las demás calidades que establezca la ley.

No podrá ser elegido quien sea o haya sido en el último año miembro de la Asamblea o Concejo que deba hacer la elección, ni quien haya ocupado cargo público en la rama ejecutiva del orden departamental, distrital o municipal.

Quien haya ocupado en propiedad el cargo de contralor departamental, distrital o municipal, no podrá desempeñar empleo oficial alguno en el respectivo departamento, distrito o municipio, ni ser inscrito como candidato a cargos de elección popular sino un año después de haber cesado en sus funciones.

Parágrafo Transitorio 1o. La siguiente elección de todos los contralores territoriales se hará para un período de dos años.

Parágrafo Transitorio 2o. En un término no superior a un año la ley reglamentará el fortalecimiento financiero de las contralorías departamentales, municipales y distritales con recursos provenientes principalmente de los ingresos corrientes de libre destinación más cuota de fiscalización que aportarán los sujetos de control del respectivo departamento, distrito o municipio. Esta ley será presentada por el Gobierno y la Contraloría General de la República.

---

*Artículo modificado por el artículo 4 del Acto Legislativo 4 de 2019.

Concord.: AL 2/2015 *(LTM 14491152)*; L. 42/1993, Art. 66, 67, 68, 69 y 71 *(LTM 9331957)*; L. 80/1993, Art. 41, 43 y 65 *(LTM 9341513)*; L. 136/1994, Art. 154, 155, 156, 157, 158, 159, 161, 162, 163 y 165 *(LTM 9332212)*; L. 1416/2010 *(LTM 12167828)*; L. 1474/2011, Art. 122 *(LTM 9335718)*; L. 617/2000, Art. 21 *(LTM 9336810)*; L. 330/1996 *(LTM 9371346)*; C.Const. Sent. C-898/2011 M.P. Luis Ernesto Vargas *(LTM 10838151)*; C.Const. Sent. C-541/2011 M.P. Nilson Pinilla *(LTM 10838600)*;

C.Const. Sent. C-1177/2001 M.P. Álvaro Tafur *(LTM 10041386)*; C.Const. Sent. C-837/2001 M.P. Jaime Araújo *(LTM 10041759)*; C.Const. Sent. C-534/1993 M.P. Fabio Morón *(LTM 10102160)*.

Artículo 273

A solicitud de cualquiera de los proponentes, el Contralor General de la República y demás autoridades de control fiscal competentes, ordenarán que el acto de adjudicación de una licitación tenga lugar en audiencia pública.

Los casos en que se aplique el mecanismo de audiencia pública, la manera como se efectuará la evaluación de las propuestas y las condiciones bajo las cuales se realizará aquella, serán señalados por la ley.

Concord.: L. 80/1993, Art. 24, 25, 30 y 65 *(LTM 9341513)*; L. 1150/2007, Art. 9 *(LTM 9336868)*; D. 267/2000 *(LTM 12152418)*; C.Const. Sent. C-949/2001 M.P. Clara Vargas *(LTM 1955913)*; C.Const. Sent. C-529/1993 M.P. Eduardo Cifuentes *(LTM 1953370)*.

Artículo 274

La vigilancia de la gestión fiscal de la Contraloría General de la República y de todas las contralorías territoriales se ejercerá por el Auditor General de la República, elegido por el Consejo de Estado de terna enviada por la Corte Suprema de Justicia, siguiendo los principios de transparencia, publicidad, objetividad, participación ciudadana y equidad de género, para un periodo de cuatro años.

Para ser elegido Auditor General se requiere ser colombiano de nacimiento y en ejercicio de la ciudadanía; tener más de 35 años de edad; tener título universitario en ciencias jurídicas, humanas, económicas, financieras, administrativas o contables; y experiencia profesional no menor a 5 años o como docente universitario por el mismo tiempo, y acreditar las calidades adicionales que exija la ley.

No podrá ser elegido Auditor General quien sea o haya sido miembro del Congreso u ocupado cargo público alguno del orden nacional, salvo la docencia, en el año inmediatamente anterior a la elección. Tampoco podrá ser elegido quien haya sido condenado a pena de prisión por delitos comunes.

La ley determinará la manera de ejercer dicha vigilancia a nivel departamental, distrital y municipal.

Parágrafo Transitorio. El período del Auditor dispuesto en el presente artículo, se aplicará quien sea elegido con posterioridad a la promulgación de este Acto Legislativo.

*Artículo modificado por el artículo 5 del Acto Legislativo 4 de 2019.

Concord.: L. 42/1993, Art. 66, 67, 68, 69 y 71 *(LTM 9331957)*; L. 610/200 *(LTM 12152420)*; C.Const. Sent. C-509/2011 M.P. Luis Ernesto Vargas *(LTM 10838533)*; C.Const. Sent. C-408/2001 M.P. Jaime Araújo *(LTM 10042181)*; C.Const. Sent. C-534/1993 M.P. Fabio Morón *(LTM 1953359)*.

CAPÍTULO 2
DEL MINISTERIO PÚBLICO

Artículo 275

El Procurador General de la Nación es el supremo director del Ministerio Público.

Concord.: C.Const. Sent. C-175/2009 M.P. Luis Ernesto Vargas *(LTM 1956599)*; C.Const. Sent. C-487/1993 M.P. José Hernández *(LTM 10102200)*; C.Const. Sent. C-429/2001 M.P. Jaime Araújo *(LTM 10042155)*; C.Const. Sent. C-996/2001 M.P. Alfredo Beltrán *(LTM 10041572)*.

Artículo 276

El Procurador General de la Nación será elegido por el Senado, para un período de cuatro años, de terna integrada por candidatos del Presidente de la República, la Corte Suprema de Justicia y el Consejo de Estado.

Concord.: L. 201/1995, Art. 3 *(LTM 9335881)*; D. L. 262/2000, Art. 3, 4, 5, 6 y 7 *(LTM 9335983)*.

Artículo 277

El Procurador General de la Nación, por si o por medio de sus delegados y agentes, tendrá las siguientes funciones:

1. Vigilar el cumplimiento de la Constitución, las leyes, las decisiones judiciales y los actos administrativos.
2. Proteger los derechos humanos y asegurar su efectividad, con el auxilio del Defensor del Pueblo.
3. Defender los intereses de la sociedad.
4. Defender los intereses colectivos, en especial el ambiente.
5. Velar por el ejercicio diligente y eficiente de las funciones administrativas.

6. Ejercer vigilancia superior de la conducta oficial de quienes desempeñen funciones públicas, inclusive las de elección popular; ejercer preferentemente el poder disciplinario; adelantar las investigaciones correspondientes, e imponer las respectivas sanciones conforme a la ley.

7. Intervenir en los procesos y ante las autoridades judiciales o administrativas, cuando sea necesario, en defensa del orden jurídico, del patrimonio público, o de los derechos y garantías fundamentales.

8. Rendir anualmente informe de su gestión al Congreso.

9. Exigir a los funcionarios públicos y a los particulares la información que considere necesaria.

10. Las demás que determine la ley.

Para el cumplimiento de sus funciones la Procuraduría tendrá atribuciones de policía judicial, y podrá interponer las acciones que considere necesarias.

Concord.: L. 80/1993, Art. 62, 63 *(LTM 9341513)*; D. 25/2014 *(LTM 9336112)*; L. 201/95 *(LTM 9335881)*; L. 5/1992, Art. 266 y 264 *(LTM 9335852)*; L. 1015/2006 *(LTM 9332764)*; L. 1828/2017 *(LTM 12177842)*; L. 975/2005 *(LTM 9389705)*; L. 1437/2011 *(LTM 9336017)*; L. 1448/2011 *(LTM 9336867)*; L. 1592/2012 *(LTM 9406021)*; L. 985/2005 *(LTM 12163474)*; C.Const. Sent. C-423/1994 M.P. Vladimiro Naranjo *(LTM 10101165)*.

Artículo 278

El Procurador General de la Nación ejercerá directamente las siguientes funciones:

1. Desvincular del cargo, previa audiencia y mediante decisión motivada, al funcionario público que incurra en alguna de las siguientes faltas: infringir de manera manifiesta la Constitución o la ley; derivar evidente e indebido provecho patrimonial en el ejercicio de su cargo o de sus funciones; obstaculizar, en forma grave, las investigaciones que realice la Procuraduría o una autoridad administrativa o jurisdiccional; obrar con manifiesta negligencia en la investigación y sanción de las faltas disciplinarias de los empleados de su dependencia, o en la denuncia de los hechos punibles de que tenga conocimiento en razón del ejercicio de su cargo.

2. Emitir conceptos en los procesos disciplinarios que se adelanten contra funcionarios sometidos a fuero especial.

3. Presentar proyectos de ley sobre materias relativas a su competencia.

4. Exhortar al Congreso para que expida las leyes que aseguren la promoción, el ejercicio y la protección de los derechos humanos, y exigir su cumplimiento a las autoridades competentes.

5. Rendir concepto en los procesos de control de constitucionalidad.

6. Nombrar y remover, de conformidad con la ley, los funcionarios y empleados de su dependencia.

Concord.: L. 200/1995 *(LTM 12153654)*; L. 472/1998 *(LTM 9345301)*; L. 734/2002 *(LTM 9338211)*; L. 1828/2017 *(LTM 12177842)*; L. 5/1992, Art. 216 *(LTM 9335852)*; C.Const. Sent. C-230/2004 M.P. Jaime Córdoba *(LTM 10029772)*; C.Const. Sent. C-473/1994 M.P. Alejandro Martínez Caballero *(LTM 10102204)*.

Artículo 279

La ley determinará lo relativo a la estructura y al funcionamiento de la Procuraduría General de la Nación, regulará lo atinente al ingreso y concurso de méritos y al retiro del servicio, a las inhabilidades, incompatibilidades, denominación, calidades, remuneración y al régimen disciplinario de todos los funcionarios y empleados de dicho organismo.

Concord.: L. 4/1992 *(LTM 12151920)*; L. 201/1995 *(LTM 9335881)*; C.Const. Sent. C-901/2008 M.P. Mauricio González *(LTM 10839946)*; C.Const. Sent. C-077/2004 M.P. Jaime Araújo *(LTM 10029916)*; C.Const. Sent. C-1262/2001 M.P. Alfredo Beltrán *(LTM 1955708)*.

Artículo 280

Los agentes del Ministerio Público tendrán las mismas calidades, categoría, remuneración, derechos y prestaciones de los magistrados y jueces de mayor jerarquía ante quienes ejerzan el cargo.

Concord.: L. 43/1993, Art. 28 *(LTM 9348034)*; C.Const. Sent. C-101/2013 M.P. Mauricio González *(LTM 9995654)*; C.Const. Sent. C-1067/2001 M.P. Eduardo Montealegre *(LTM 10041501)*; C.Const. Sent. C-487/1993 M.P. José Hernández *(LTM 10102200)*.

Artículo 281

El Defensor del Pueblo ejercerá sus funciones de manera autónoma. Será elegido por la Cámara de Representantes para un periodo institucional de cuatro años de terna elaborada por el Presidente de la República.

*Artículo modificado por el artículo 24 del Acto Legislativo 2 de 2015.

Concord.: L. 5/1992, Art. 306 y 307 *(LTM 9335852)*; L. 24/1992, Art. 2, 3, 4 y 5 *(LTM 12151900)*; C.Const. Sent. C-487/1993 M.P. José Hernández *(LTM 10102200)*.

Artículo 282

El Defensor del Pueblo velará por la promoción, el ejercicio y la divulgación de los derechos humanos, para lo cual ejercerá las siguientes funciones:

1. Orientar e instruir a los habitantes del territorio nacional y a los colombianos en el exterior en el ejercicio y defensa de sus derechos ante las autoridades competentes o entidades de carácter privado.
2. Divulgar los derechos humanos y recomendar las políticas para su enseñanza.
3. Invocar el derecho de Habeas Corpus e interponer las acciones de tutela, sin perjuicio del derecho que asiste a los interesados.
4. Organizar y dirigir la defensoría pública en los términos que señale la ley.
5. Interponer acciones populares en asuntos relacionados con su competencia.
6. Presentar proyectos de ley sobre materias relativas a su competencia.
7. Rendir informes al Congreso sobre el cumplimiento de sus funciones.
8. Las demás que determine la ley.

Concord.: L. 5/1992, Art. 96 y 140 *(LTM 9335852)*; L. 24/1992 *(LTM 12151900)*; L. 107/1994 *(LTM 12153347)*; L. 1095/2006 *(LTM 12164373)*; L. 1465/2011 *(LTM 12170499)*; L. 1448/2011 *(LTM 9336867)*; C.Const. Sent. C-646/2001 M.P. Manuel José Cepeda *(LTM 6462341)*; C.Const. Sent. C-745/2015 M.P. Gloria Ortiz *(LTM 5672566)*.

Artículo 283

La ley determinará lo relativo a la organización y funcionamiento de la Defensoría del Pueblo como ente autónomo administrativa y presupuestalmente.

*Artículo modificado por el artículo 25 del Acto Legislativo 2 de 2015.

Concord.: AL 2/2015 *(LTM 14491152)*; L. 24/1992 *(LTM 12151900)*; L. 971/2005 *(LTM 12163501)*; L. 1642/2013 *(LTM 12171302)*; C.Const. Sent. C-524/2003 M.P. Jaime Córdoba *(LTM 10030729)*.

Artículo 284

Salvo las excepciones previstas en la Constitución y la ley, el Procurador General de la Nación y el Defensor del Pueblo podrán requerir de las autoridades las informaciones necesarias para el ejercicio de sus funciones, sin que pueda oponérseles reserva alguna.

Concord.: L. 24/1992 *(LTM 12151900)*; L. 80/1993, Art. 62 *(LTM 9341513)*; L. 1437/2011, Art. 27 *(LTM 9336017)*.

TÍTULO XI
DE LA ORGANIZACIÓN TERRITORIAL

CAPÍTULO 1
DE LAS DISPOSICIONES GENERALES

Artículo 285

Fuera de la división general del territorio, habrá las que determine la ley para el cumplimiento de las funciones y servicios a cargo del Estado.

Concord.: L. 191/95 *(LTM 12153290)*; L. 677/2001 *(LTM 9335722)*; L. 1454/2011 *(LTM 12170501)*; L. 1551/2012 *(LTM 9382394)*; L. 1625/2013 *(LTM 9404375)*; L. 1813/2016 *(LTM 9336030)*; C.Const. Sent. C-517/1992 M.P. Ciro Angarita *(LTM 9742352)*; C.Const. Sent. C-1112/2001 M.P. Álvaro Tafur *(LTM 1955802)*.

Artículo 286

Son entidades territoriales los departamentos, los distritos, los municipios y los territorios indígenas.

La ley podrá darles el carácter de entidades territoriales a las regiones y provincias que se constituyan en los términos de la Constitución y de la ley.

Concord.: L. 47/1993 *(LTM 12152415)*; L. 80/1993 *(LTM 9341513)*; L. 99/1993 *(LTM 9335986)*; L. 1414/2010 *(LTM 12164377)*; L. 1447/2011 *(LTM 9359428)*; L. 1454/2011 *(LTM 12170501)*; L. 1469/2011 *(LTM 9380152)*; L. 1551/2012 *(LTM*

9382394); L. 1617/2013 *(LTM 9337389)*; L. 1622/2013; Art. 15 *(LTM 9384480)*; L. 1681/2013 *(LTM 9407363)*; L. 1766/2015 *(LTM 12174706)*; L. 1871/2017 *(LTM 12177826)*; L. 1883/2018 *(LTM 12180068)*; L. 1933/2018 *(LTM 14554324)*; C.Const. Sent. C-1051/2001 M.P. Jaime Araújo *(LTM 1955797)*; C.Const. Sent. C-1112/2001 M.P. Álvaro Tafur *(LTM 1955802)*.

Artículo 287

Las entidades territoriales gozan de autonomía para la gestión de sus intereses, y dentro de los límites de la Constitución y la ley. En tal virtud tendrán los siguientes derechos:

1. Gobernarse por autoridades propias.
2. Ejercer las competencias que les correspondan.
3. Administrar los recursos y establecer los tributos necesarios para el cumplimiento de sus funciones.
4. Participar en las rentas nacionales.

Concord.: C.Const. Sent. C-105/2013 M.P. Luis Guerrero *(LTM 9995649)*; C.Const. Sent. C-123/2014 M.P. Alberto Rojas *(LTM 9994535)*; C.Const. Sent. C-072/2014 M.P. Alberto Rojas *(LTM 1957753)*; C.Const. Sent. C-035/2016 M.P. Gloria Ortiz *(LTM 5745261)*; C.Const. Sent. C-155/2016 M.P. Alejandro Linares *(LTM 6068523)*.

Artículo 288

La ley orgánica de ordenamiento territorial establecerá la distribución de competencias entre la Nación y las entidades territoriales.

Las competencias atribuidas a los distintos niveles territoriales serán ejercidas conforme a los principios de coordinación, concurrencia y subsidiariedad en los términos que establezca la ley.

Concord.: L. 5/1992, Art. 119, 206 *(LTM 9335852)*; L. 136/1994 *(LTM 9332212)*; L. 152/1994, Arts. 3 y 32 *(LTM 12153247)*; L. 300/1996, Art. 14 *(LTM 9332178)*; L. 388/1997 *(LTM 9331912)*; L. 454/1998, Arts. 10 y 11 *(LTM 9378435)*; L. 489/1998, Art. 5 *(LTM 9332778)*; L. 507/1999 *(LTM 12157078)*; L. 614/2000; Art. 7 *(LTM 12157079)*; L. 715/2001 *(LTM 9336951)*; L. 1003/2005 *(LTM 12163457)*; L. 1083/2006 *(LTM 9337698)*; L. 1176/2007 *(LTM 12159131)*; L. 1292/2009, Art. 3 *(LTM 12167624)*; L. 1294/2009 *(LTM 9390298)*; L. 1358/2009, Art. 2 *(LTM 12167529)*; L. 1454/2011 *(LTM 12170501)*; L. 1469/2011 *(LTM 9380152)*; L. 1522/2012 *(LTM 12171274)*; L. 1575/2012, Art. 3 *(LTM 9383737)*; L. 1620/2013, Art. 5 *(LTM 12171337)*; L. 1686/2013 *(LTM 12171244)*; L. 1724/2014 *(LTM 12173634)*; L. 1772/2016, Art. 7 *(LTM 12174762)*; L. 1852/2017, Art. 3 *(LTM 12176962)*; L. 1899/2018, Art. 2 *(LTM*

13132554); L. 1914/2018, Art. 3 *(LTM 12173634)*; C.Const. Sent. C-478/1992 M.P. Eduardo Cifuentes *(LTM 10102818)*; C.Const. Sent. C-517/1992 M.P. Ciro Angarita *(LTM 9742352)*; C.Const. Sent. C-004/1993 M.P. Ciro Angarita *(LTM 12886023)*; C.Const. Sent. C-075/1993 M.P. Alejandro Martínez *(LTM 10102602)*; C.Const. Sent. C-098/1993 M.P. Eduardo Cifuentes *(LTM 10102580)*; C.Const. Sent. C-541/1993 M.P. Hernando Vergara *(LTM 10102150)*; C.Const. Sent. C-051/2001 M.P. José Hernández *(LTM 1956005)*; C.Const. Sent. C-1258/2001 M.P. Jaime Córdoba *(LTM 10041305)*; C.Const. Sent. C-123/2014 M.P. Alberto Rojas *(LTM 9994535)*; C.Const. Sent. C-145/2015 M.P. Martha Sáchica *(LTM 9968853)*; C.Const. Sent. C-273/2016 M.P. Gloria Ortiz *(LTM 6187167)*; C.Const. Sent. C-077/2017 M.P. Luis Vargas *(LTM 9967608)*.

Artículo 289

Por mandato de la ley, los departamentos y municipios ubicados en zonas fronterizas podrán adelantar directamente con la entidad territorial limítrofe del país vecino, de igual nivel, programas de cooperación e integración, dirigidos a fomentar el desarrollo comunitario, la prestación de servicios públicos y la preservación del ambiente.

Concord.: L. 105/1993 *(LTM 9332267)*; L. 191/1995 *(LTM 12153290)*; L. 336/1996 *(LTM 9332268)*; L. 430/1998 *(LTM 12157411)*; L. 681/2001 *(LTM 9336026)*; L. 1813/2016 *(LTM 9336030)*; C.Const. Sent. C-952/2001 M.P. Álvaro Tafur *(LTM 1955814)*; C.Const. Sent. C-379/1993 M.P. Antonio Barrera *(LTM 10102303)*.

Artículo 290

Con el cumplimiento de los requisitos y formalidades que señale la ley, y en los casos que ésta determine, se realizará el examen periódico de los límites de las entidades territoriales y se publicará el mapa oficial de la República.

Concord.: L. 962/2005 *(LTM 9336287)*; L. 1447/2011 *(LTM 9359428)*; L. 1617/2013 *(LTM 9337389)*.

Artículo 291

Los miembros de las corporaciones públicas de las entidades territoriales no podrán aceptar cargo alguno en la administración pública, y si lo hicieren perderán su investidura.

Los contralores y personeros sólo asistirán a las juntas directivas y consejos de administración que operen en las respectivas entidades territoriales, cuando sean expresamente invitados con fines específicos.

Concord.: L. 136/1994 *(LTM 9332212)*; L. 617/2000 *(LTM 9336810)*.

Artículo 292

Los diputados y concejales y sus parientes dentro del grado que señale la ley no podrán formar parte de las juntas directivas de las entidades descentralizadas del respectivo departamento, distrito o municipio.

No podrán ser designados funcionarios de la correspondiente entidad territorial los cónyuges o compañeros permanentes de los diputados y concejales, ni sus parientes en el segundo grado de consanguinidad, primero de afinidad o único civil.

Concord.: L. 190/1995, Art. 52 *(LTM 12145209)*; L. 136/1994; Art. 43 y 48 *(LTM 9332212)*; L. 177/1994, Art. 11 *(LTM 12153159)*; L. 617/2000, Art. 49 *(LTM 9336810)*; L. 821/2003, Art. 1 *(LTM 9386091)*; L. 1148/2007 *(LTM 9382395)*; L. 1296/2009 *(LTM 9390351)*; L. 1871/2017, Art. 8 *(LTM 12177826)*; C.Const. Sent. C-537/1993 M.P. Hernando Herrera *(LTM 1953371)*; C.Const. Sent. C-1105/2001 M.P. Eduardo Montealegre *(LTM 10041465)*; C.Const. Sent. C-311/2004 M.P. Álvaro Tafur *(LTM 1955035)*; C.Const. Sent. C-348/2004 M.P. Jaime Córdoba *(LTM 1955019)*; C.Const. Sent. C-462/2004 M.P. Marco Monroy *(LTM 1954976)*; C.Const. Sent. C-671/2004 M.P. Jaime Córdoba *(LTM 1954930)*; C.Const. Sent. C-1051/2004 M.P. Jaime Córdoba *(LTM 1956420)*; C.Const. Sent. C-903/2008 M.P. Jaime Araújo *(LTM 1956621)*; C.Const. Sent. C-899/2009 M.P. Luis Vargas *(LTM 10000284)*; C.Const. Sent. C-933/2009 M.P. Mauricio Cuervo *(LTM 10000249)*.

Artículo 293

Sin perjuicio de lo establecido en la Constitución, la ley determinará las calidades, inhabilidades, incompatibilidades, fecha de posesión, períodos de sesiones, faltas absolutas o temporales, causas de destitución y formas de llenar las vacantes de los ciudadanos que sean elegidos por voto popular para el desempeño de funciones públicas en las entidades territoriales. La ley dictará también las demás disposiciones necesarias para su elección y desempeño de funciones.

Concord.: L. 131/1994 *(LTM 12153299)*; L. 617/2000 *(LTM 9336810)*; L. 821/2003 *(LTM 9386091)*; C.Const. Sent. C-532/1993 M.P. Hernando Herrera *(LTM 1953399)*; C.Const. Sent. C-1258/2001 M.P. Jaime Córdoba *(LTM 10041305)*; C.Const. Sent.

C-179/2005 M.P. Marco Monroy *(LTM 1956377)*; C.Const. Sent. C-100/2013 M.P. Mauricio González Cuervo *(LTM 9995658)*.

Artículo 294

La ley no podrá conceder exenciones ni tratamientos preferenciales en relación con los tributos de propiedad de las entidades territoriales. Tampoco podrá imponer recargos sobre sus impuestos salvo lo dispuesto en el artículo 317.

Concord.: L. 299/1996, Art. 14 *(LTM 12155001)*; L. 488/1998, Art. 32, 33 y 112 *(LTM 9336102)*; L. 601/2000 *(LTM 12177539)*; L. 633/2000 *(LTM 9331969)*; L. 1099/2006 *(LTM 12164368)*; L. 1334/2009 *(LTM 9335814)*; C.Const. Sent. C-517/1992 M.P. Ciro Angarita *(LTM 9742352)*; C.Const. Sent. C-004/1993 M.P. Ciro Angarita *(LTM 12886023)*; C.Const. Sent. C-545/1993 M.P. Jorge Arango *(LTM 10102149)*; C.Const. Sent. C-521/1997 M.P. José Hernández *(LTM 1954870)*; C.Const. Sent. C-1097/2001 M.P. Jaime Araújo *(LTM 1955781)*; C.Const. Sent. C-992/2004 M.P. Humberto Sierra *(LTM 1956448)*; C.Const. Sent. C-448/2005 M.P. Álvaro Tafur *(LTM 1956327)*; C.Const. Sent. C-812/2009 M.P. Mauricio González Cuervo *(LTM 10000378)*; C.Const. Sent. C-333/2010 M.P. Nilson Pinilla *(LTM 10839401)*; C.Const. Sent. C-260/2015 M.P. Gloria Ortiz *(LTM 9968657)*.

Artículo 295

Las entidades territoriales podrán emitir títulos y bonos de deuda pública, con sujeción a las condiciones del mercado financiero e igualmente contratar crédito externo, todo de conformidad con la ley que regule la materia.

Concord.: L. 358/1997 *(LTM 12157099)*; L. 549/1999 *(LTM 9332167)*; C.Const. Sent. C-004/1993 M.P. Ciro Angarita *(LTM 12886023)*.

Artículo 296

Para la conservación del orden público o para su restablecimiento donde fuere turbado, los actos y órdenes del Presidente de la República se aplicarán de manera inmediata y de preferencia sobre los de los gobernadores; los actos y órdenes de los gobernadores se aplicarán de igual manera y con los mismos efectos en relación con los de los alcaldes.

Concord.: C.Const. Sent. C-126/1993 M.P. Antonio Barrera *(LTM 10102553)*; C.Const. Sent. C-075/1993 M.P. Alejandro Martínez *(LTM 10102602)*.

CAPÍTULO 2
DEL RÉGIMEN DEPARTAMENTAL

Artículo 297

El Congreso Nacional puede decretar la formación de nuevos Departamentos, siempre que se cumplan los requisitos exigidos en la Ley Orgánica del Ordenamiento Territorial y una vez verificados los procedimientos, estudios y consulta popular dispuestos por esta Constitución.

Concord.: L. 5/1992, Art. 119, 204, 205 y 206 *(LTM 9335852)*; C.Const. Sent. C-579/2001 M.P. Eduardo Montealegre *(LTM 10042013)*.

Artículo 298

Los departamentos tienen autonomía para la administración de los asuntos seccionales y la planificación y promoción del desarrollo económico y social dentro de su territorio en los términos establecidos por la Constitución.

Los departamentos ejercen funciones administrativas, de coordinación, de complementariedad de la acción municipal, de intermediación entre la Nación y los Municipios y de prestación de los servicios que determinen la Constitución y las leyes.

La ley reglamentará lo relacionado con el ejercicio de las atribuciones que la Constitución les otorga.

Concord.: L. 80/1993, Art. 2 *(LTM 9341513)*; L. 99/1993 *(LTM 9335986)*; L. 388/1997 *(LTM 9331912)*; L. 1454/2011 *(LTM 12170501)*; C.Const. Sent. C-1146/2001 M.P. Manuel Cepeda *(LTM 1955760)*; C.Const. Sent. C-579/2001 M.P. Eduardo Montealegre *(LTM 10042013)*; C.Const. Sent. C-004/1993 M.P. Ciro Angarita *(LTM 10102070)*.

Artículo 299

En cada departamento habrá una corporación político-administrativa de elección popular que se denominará asamblea departamental, la cual estará integrada por no menos de 11 miembros ni más de 31. Dicha corporación gozará de autonomía administrativa y presupuesto propio, y podrá ejercer control político sobre la administración departamental.

El régimen de inhabilidades e incompatibilidades de los diputados será fijado por la ley. No podrá ser menos estricto que el señalado para los congresistas en lo que corresponda. El periodo de los diputados será de cuatro años y tendrá la calidad de servidores públicos.

Para ser elegido diputado se requiere ser ciudadano en ejercicio, no haber sido condenado a pena privativa de la libertad, con excepción de los delitos políticos o culposos y haber residido en la respectiva circunscripción electoral durante el año inmediatamente anterior a la fecha de la elección.

Los miembros de la Asamblea Departamental tendrán derecho a una remuneración durante las sesiones correspondientes y estarán amparados por un régimen de prestaciones y seguridad social, en los términos que fijen la ley.

*Artículo modificado por el artículo 3 del Acto Legislativo 1 de 2007.

Concord.: AL 1/2007 *(LTM 12164276)*; L. 617/2000 *(LTM 12177720)*; L. 821/2003 *(LTM 9386091)*; L. 1093/2006 *(LTM 12160303)*; L. 1871/2017 *(LTM 12177826)*; D. 1222/1986 *(LTM 9332214)*; C.Const. Sent. C-757/2008 M.P. Rodrigo Escobar *(LTM 10840062)*; C.Const. Sent. C-342/2006 M.P. Humberto Sierra *(LTM 10027049)*; C.Const. Sent. C-112/23 M.P. Cristina Pardo Schlesinger *(LTM 33353867)*.

Artículo 300

Corresponde a las Asambleas Departamentales, por medio de ordenanzas:

1. Reglamentar el ejercicio de las funciones y la prestación de los servicios a cargo del Departamento.

2. Expedir las disposiciones relacionadas con la planeación, el desarrollo económico y social, el apoyo financiero y crediticio a los municipios, el turismo, el transporte, el ambiente, las obras públicas, las vías de comunicación y el desarrollo de sus zonas de frontera.

3. Adoptar de acuerdo con la Ley los planes y programas de desarrollo económico y social y los de obras públicas, con la determinación de las inversiones y medidas que se consideren necesarias para impulsar su ejecución y asegurar su cumplimiento.

4. Decretar, de conformidad con la Ley, los tributos y contribuciones necesarios para el cumplimiento de las funciones departamentales.

5. Expedir las normas orgánicas del presupuesto departamental y el presupuesto anual de rentas y gastos.

6. Con sujeción a los requisitos que señale la Ley, crear y suprimir municipios, segregar y agregar territorios municipales, y organizar provincias.

7. Determinar la estructura de la Administración Departamental, las funciones de sus dependencias, las escalas de remuneración correspondientes a sus distintas categorías de empleo; crear los establecimientos públicos y las empresas indus-

triales o comerciales del departamento y autorizar la formación de sociedades de economía mixta.

8. Dictar normas de policía en todo aquello que no sea materia de disposición legal.

9. Autorizar al gobernador del Departamento para celebrar contratos, negociar empréstitos, enajenar bienes y ejercer, pro tempore, precisas funciones de las que corresponden a las Asambleas Departamentales.

10. Regular, en concurrencia con el municipio, el deporte, la educación y la salud en los términos que determina la Ley.

11. Solicitar informes sobre el ejercicio de sus funciones al Contralor General del Departamento, Secretarios de Gabinete, jefes de Departamentos Administrativos y Directores de Institutos Descentralizados del orden Departamental.

12. Cumplir las demás funciones que le asignen la Constitución y la Ley.

Los planes y programas de desarrollo de obras públicas, serán coordinados e integrados con los planes y programas municipales, regionales y nacionales.

Las ordenanzas a que se refieren los numerales 3°, 5° y 7° de este artículo, las que decretan inversiones, participaciones o cesiones de rentas y bienes departamentales y las que creen servicios a cargo del Departamento o los traspasen a él, solo podrán ser dictadas o reformadas a iniciativa del Gobernador.

13. Citar y requerir a los Secretarios del Despacho del Gobernador para que concurran a las sesiones de la asamblea. Las citaciones deberán hacerse con una anticipación no menor de cinco días y formularse en cuestionario escrito. En caso de que los Secretarios del Despacho del Gobernador no concurran, sin excusa aceptada por la asamblea, esta podrá proponer moción de censura. Los Secretarios deberán ser oídos en la sesión para la cual fueron citados, sin perjuicio de que el debate continúe en las sesiones posteriores por decisión de la asamblea. El debate no podrá extenderse a asuntos ajenos al cuestionario y deberá encabezar el orden del día de la sesión.

*Numeral adicionado por el artículo 4 del Acto Legislativo 1 de 2007.

14. Proponer moción de censura respecto de los Secretarios de Despacho del Gobernador por asuntos relacionados con funciones propias del cargo, o por desatención a los requerimientos y citaciones de la asamblea. La moción de censura deberá ser propuesta por la tercera parte de los miembros que componen la asamblea. La votación se hará entre el tercero y el décimo día siguientes a la terminación del debate, con audiencia pública del funcionario respectivo. Su aprobación requerirá el voto afirmativo de las dos terceras partes de los miembros que integran la corporación. Una vez aprobada, el funcionario quedará separado de su cargo. Si fuere rechazada, no podrá presentarse otra sobre la misma materia

a menos que la motiven hechos nuevos. La renuncia del funcionario respecto del cual se haya promovido moción de censura no obsta para que la misma sea aprobada conforme a lo previsto en este artículo.

*Numeral adicionado por el artículo 4 del Acto Legislativo 1 de 2007.

*Artículo modificado por el artículo 2o. del Acto Legislativo No. 1 de 1996.

Concord.: AL 1/2007 *(LTM 12164276)*; L. 105/1993 *(LTM 1954122)*; L. 812/2003 *(LTM 1956207)*; D. 1222/1986 *(LTM 9332214)*; L. 1483/2011 *(LTM 12170475)*; L. 1059/2006 *(LTM 9377060)*; L. 1845/2017 *(LTM 12176964)*; L. 136/1994 *(LTM 9332212)*; L. 177/1994 *(LTM 12153159)*; L. 617/2000 *(LTM 9336810)*; L. 80/1993, Art. 11, 25 y 41 *(LTM 9341513)*; L. 1523/2012, Art. 67 *(LTM 9338485)*; L. 729/2001 *(LTM 12159120)*; L. 47/1993 *(LTM 12152415)*; L. 330/1996 *(LTM 9371346)*; L. 434/1998 *(LTM 12157399)*; C.Const. Sent. C-313/2009 M.P. Mauricio González Cuervo *(LTM 10004300)*; C.Const. Sent. C-757/2008 M.P. Rodrigo Escobar *(LTM 10840062)*; C.Const. Sent. C-910/2007 M.P. Marco Gerardo Monroy Cabra *(LTM 10005054)*; C.Const. Sent. C-305/2004 M.P. Marco Gerardo Monroy Cabra *(LTM 1955094)*.

Artículo 301

La ley señalará los casos en los cuales las asambleas podrán delegar en los concejos municipales las funciones que ella misma determine. En cualquier momento, las asambleas podrán reasumir el ejercicio de las funciones delegadas.

Concord.: L. 105/1993 *(LTM 1954122)*; C.Const. Sent. C-086/1994 M.P. Jorge Arango *(LTM 10101484)*.

Artículo 302

La ley podrá establecer para uno o varios Departamentos diversas capacidades y competencias de gestión administrativa y fiscal distintas a las señaladas para ellos en la Constitución, en atención a la necesidad de mejorar la administración o la prestación de los servicios públicos de acuerdo con su población, recursos económicos y naturales y circunstancias sociales, culturales y ecológicas.

En desarrollo de lo anterior, la ley podrá delegar, a uno o varios Departamentos, atribuciones propias de los organismos o entidades públicas nacionales.

Concord.: L. 80/1993, Art. 11 *(LTM 9341513)*; L. 617/2000 *(LTM 9336810)*; L. 1334/2009 *(LTM 9335814)*; L. 1454/2011 *(LTM 12170501)*; C.Const. Sent. C-837/2001 M.P. Jaime Araújo *(LTM 10041759)*; C.Const. Sent. C-579/2001 M.P. Eduardo Montealegre *(LTM 10042013)*.

Artículo 303

En cada uno de los departamentos habrá un Gobernador que será jefe de la administración seccional y representante legal del departamento; el gobernador será agente del Presidente de la República para el mantenimiento del orden público y para la ejecución de la política económica general, así como para aquellos asuntos que mediante convenios la Nación acuerde con el departamento. Los gobernadores serán elegidos popularmente para períodos institucionales de cuatro (4) años y no podrán ser reelegidos para el período siguiente.

La ley fijará las calidades, requisitos, inhabilidades e incompatibilidades de los gobernadores; reglamentará su elección; determinará sus faltas absolutas y temporales; y la forma de llenar estas últimas y dictará las demás disposiciones necesarias para el normal desempeño de sus cargos.

Siempre que se presente falta absoluta a más de dieciocho (18) meses de la terminación del período, se elegirá gobernador para el tiempo que reste. En caso de que faltare menos de dieciocho (18) meses, el Presidente de la República designará un Gobernador para lo que reste del período, respetando el partido, grupo político o coalición por el cual fue inscrito el gobernador elegido.

---

*Artículo modificado por el artículo 1 del Acto Legislativo No. 2 de 2002.

Concord.: AL 2/2002 *(LTM 12159681)*; L. 1148/2007 *(LTM 9382395)*; L. 1296/2009 *(LTM 9390351)*; L. 617/2000 *(LTM 9336810)*; L. 80/1993, Art. 11 *(LTM 9341513)*; L. 131/1994 *(LTM 12153299)*; L. 734/2012 *(LTM 9338211)*; L. 821/2003 *(LTM 9386091)*. C.Const. Sent. C-117/2006 M.P. Jaime Córdoba *(LTM 10027269)*; C.Const. Sent. C-524/2003 M.P. Jaime Córdoba *(LTM 10030729)*; C.Const. Sent. C-143/1993 M.P. José Hernández *(LTM 10102535)*.

Artículo 304

El Presidente de la República, en los casos taxativamente señalados por la ley, suspenderá o destituirá a los gobernadores.

Su régimen de inhabilidades e incompatibilidades no será menos estricto que el establecido para el Presidente de la República.

Concord.: C.Const. Sent. C-032/1993 M.P. José Hernández *(LTM 10102644)*.

Artículo 305

Son atribuciones del gobernador:

1. Cumplir y hacer cumplir la Constitución, las leyes, los decretos del Gobierno y las ordenanzas de las Asambleas Departamentales.

2. Dirigir y coordinar la acción administrativa del departamento y actuar en su nombre como gestor y promotor del desarrollo integral de su territorio, de conformidad con la Constitución y las leyes.

3. Dirigir y coordinar los servicios nacionales en las condiciones de la delegación que le confiera el Presidente de la República.

4. Presentar oportunamente a la asamblea departamental los proyectos de ordenanza sobre planes y programas de desarrollo económico y social, obras públicas y presupuesto anual de rentas y gastos.

5. Nombrar y remover libremente a los gerentes o directores de los establecimientos públicos y de las empresas industriales o comerciales del departamento. Los representantes del departamento en las juntas directivas de tales organismos y los directores o gerentes de los mismos son agentes del gobernador.

6. Fomentar de acuerdo con los planes y programas generales, las empresas, industrias y actividades convenientes al desarrollo cultural, social y económico del departamento que no correspondan a la Nación y a los municipios.

7. Crear, suprimir y fusionar los empleos de sus dependencias, señalar sus funciones especiales y fijar sus emolumentos con sujeción a la ley y a las ordenanzas respectivas. Con cargo al tesoro departamental no podrá crear obligaciones que excedan al monto global fijado para el respectivo servicio en el presupuesto inicialmente aprobado.

8. Suprimir o fusionar las entidades departamentales de conformidad con las ordenanzas.

9. Objetar por motivos de inconstitucionalidad, ilegalidad o inconveniencia, los proyectos de ordenanza, o sancionarlos y promulgarlos.

10. Revisar los actos de los concejos municipales y de los alcaldes y, por motivos de inconstitucionalidad o ilegalidad, remitirlos al Tribunal competente para que decida sobre su validez.

11. Velar por la exacta recaudación de las rentas departamentales, de las entidades descentralizadas y las que sean objeto de transferencias por la Nación.

12. Convocar a la asamblea departamental a sesiones extraordinarias en las que sólo se ocupará de los temas y materias para lo cual fue convocada.

13. Escoger de las ternas enviadas por el jefe nacional respectivo, los gerentes o jefes seccionales de los establecimientos públicos del orden nacional que operen en el departamento, de acuerdo con la ley.

14. Ejercer las funciones administrativas que le delegue el Presidente de la República.

15. Las demás que le señale la Constitución, las leyes y las ordenanzas.

Concord.: L. 62/1993, Art. 16 *(LTM 9336128)*; L. 47/1993, Art. 13 *(LTM 12152415)*; L. 136/1994 *(LTM 9332212)*; L. 505/1999 *(LTM 9338428)*; L. 617/2000 *(LTM 9336810)*; L. 819/2003 *(LTM 9387365)*; L. 1145/2007 *(LTM 9384504)*; L. 1190/2008 *(LTM 12166934)*; L. 388/1997, Art. 104 *(LTM 9331912)*; D. 1222/1986 *(LTM 9332214)*; C.Const. Sent. C-464/93 M.P. Antonio Barrera *(LTM 10102220)*; C.Const. Sent. C-1258/2001 M.P. Jaime Córdoba *(LTM 10041305)*; C.Const. Sent. C-1143/2001 M.P. Clara Inés Vargas *(LTM 10041426)*.

Artículo 306

Dos o más departamentos podrán constituirse en regiones administrativas y de planificación, con personería jurídica, autonomía y patrimonio propio. Su objeto principal será el desarrollo económico y social del respectivo territorio.

Concord.: L. 1454/2011, Art. 30 *(LTM 12170501)*; L. 152/1994, Art. 15, 51 *(LTM 12153247)*; L. 290/1996, Art. 1 *(LTM 9382338)*; C.Const. Sent. C-572/2004 M.P. Rodrigo Uprimny *(LTM 10029424)*; C.Const. Sent. C-313/2004 M.P. Jaime Córdoba *(LTM 10029673)*; C.Const. Sent. C-423/1994 M.P. Vladimiro Naranjo *(LTM 10101165)*.

Artículo 307

La respectiva ley orgánica, previo concepto de la Comisión de Ordenamiento Territorial, establecerá las condiciones para solicitar la conversión de la región en entidad territorial. La decisión tomada por el Congreso se someterá en cada caso a referendo de los ciudadanos de los departamentos interesados.

La misma ley establecerá las atribuciones, los órganos de administración, y los recursos de las regiones y su participación en el manejo de los ingresos provenientes del Fondo Nacional de Regalías. Igualmente definirá los principios para la adopción del estatuto especial de cada región.

Concord.: L. 5/1992, Art. 119, 206, 369 y 383 *(LTM 9335852)*; L. 1454/2011, Art. 36 *(LTM 12170501)*; L. 141/1994 *(LTM 9331863)*; L. 152/1994, Art. 9 y 48 *(LTM 12153247)*; L. 209/1995 *(LTM 12153274)*; L. 1283/2009 *(LTM 9404340)*; L. 1530/2012 *(LTM 9336873)*; C.Const. Sent. C-517/1992 M.P. Ciro Angarita *(LTM 10102778)*; C.Const. Sent. C-428/1993 M.P. José Hernández *(LTM 1953373)*; C.Const. Sent. C-579/2001 M.P. Eduardo Montealegre *(LTM 10042013)*; C.Const. Sent. C-489/2012 M.P. Adriana Guillén *(LTM 9996913)*.

Artículo 308

La ley podrá limitar las apropiaciones departamentales destinadas a honorarios de los diputados y a gastos de funcionamiento de las asambleas y de las contralorías departamentales.

Concord.: L. 330/1996 *(LTM 9371346)*; L. 136/1994 *(LTM 9332212)*.

Artículo 309

Erígense en departamento las Intendencias de Arauca, Casanare, Putumayo, el Archipiélago de San Andrés, Providencia y Santa Catalina, y las Comisarías del Amazonas, Guaviare, Guainía, Vaupés y Vichada. Los bienes y derechos que a cualquier título pertenecían a las intendencias y comisarías continuarán siendo de propiedad de los respectivos departamentos.

Concord.: L. 6/1992, Art. 45 *(LTM 9373696)*; C.Const. Sent. C-503/1993 M.P. Antonio Barrera *(LTM 1953367)*.

Artículo 310

El Departamento Archipiélago de San Andrés, Providencia y Santa Catalina se regirá, además de las normas previstas en la Constitución y las leyes para los otros departamentos, por las normas especiales que en materia administrativa, de inmigración, fiscal, de comercio exterior, de cambios, financiera y de fomento económico establezca el legislador.

Mediante ley aprobada por la mayoría de los miembros de cada cámara se podrá limitar el ejercicio de los derechos de circulación y residencia, establecer controles a la densidad de la población, regular el uso del suelo y someter a condiciones especiales la enajenación de bienes inmuebles con el fin de proteger la identidad cultural de las comunidades nativas y preservar el ambiente y los recursos naturales del Archipiélago.

Mediante la creación de los municipios a que hubiere lugar, la Asamblea Departamental garantizará la expresión institucional de las comunidades raizales de San Andrés. El municipio de Providencia tendrá en las rentas departamentales una participación no inferior del 20% del valor total de dichas rentas.

Concord.: L. 5/1992, Art. 140 *(LTM 9335852)*; L. 47/1993 *(LTM 12152415)*; L. 677/2001 *(LTM 9335722)*; L. 915/2004 *(LTM 12160298)*; L. 1454/2011, Art. 38

(LTM 12170501); L. 1528/2012 *(LTM 12171265)*; C.Const. Sent. C-1060/2008 M.P. Jaime Araújo *(LTM 10839786)*; C.Const. Sent. C-1118/2004 M.P. Álvaro Tafur *(LTM 1956471)*; C.Const. Sent. C-530/1993 M.P. Alejandro Martínez *(LTM 10102174)*.

CAPÍTULO 3
DEL RÉGIMEN MUNICIPAL

Artículo 311

Al municipio como entidad fundamental de la división político-administrativa del Estado le corresponde prestar los servicios públicos que determine la ley, construir las obras que demande el progreso local, ordenar el desarrollo de su territorio, promover la participación comunitaria, el mejoramiento social y cultural de sus habitantes y cumplir las demás funciones que le asignen la Constitución y las leyes.

Concord.: L. 80/1993, Art. 2 *(LTM 9341513)*; L. 99/1993, Art. 65 *(LTM 9335986)*; L. 136/1994 *(LTM 9332212)*; L. 136/1994, Art. 3, 4 y 5 *(LTM 9332212)*; L. 387/1997, Art. 7 y 8 *(LTM 9332562)*; L. 388/1997, Art. 1, 5, 7, 8, 9, 12, 13, 14, 15, 17, 19, 36 y 104 *(LTM 9331912)*; L. 580/2000 *(LTM 12160376)*; L. 670/2001, Art. 6 y 17 *(LTM 12159185)*; L. 720/2001 *(LTM 9340381)*; L. 902/2004 *(LTM 12157076)*; L. 1454/2011 *(LTM 12170501)*; L. 1469/2011 *(LTM 9380152)*; L. 1480/2011, Art. 62 *(LTM 9406184)*; L. 1551/2012 *(LTM 9382394)*; L. 1632/2013 *(LTM 12171320)*; L. 1681/2013 *(LTM 9407363)*; C.Const. Sent. C-517/1992 M.P. Ciro Angarita *(LTM 9742352)*; C.Const. Sent. C-003/1993 M.P. Alejandro Martínez *(LTM 1953473)*; C.Const. Sent. C-545/1993 M.P. Jorge Arango *(LTM 10102149)*; C.Const. Sent. C-1339/2001 M.P. Rodrigo Uprimny *(LTM 10041216)*.

Artículo 312

En cada municipio habrá una corporación político-administrativa elegida popularmente para períodos de cuatro (4) años que se denominará concejo municipal, integrado por no menos de 7, ni más de 21 miembros según lo determine la ley de acuerdo con la población respectiva. Esta corporación podrá ejercer control político sobre la administración municipal.

La ley determinará las calidades, inhabilidades, e incompatibilidades de los concejales y la época de sesiones ordinarias de los concejos. Los concejales no tendrán la calidad de empleados públicos.

La ley podrá determinar los casos en que tengan derecho a honorarios por su asistencia a sesiones.

Su aceptación de cualquier empleo público constituye falta absoluta.

*Artículo modificado por el artículo 5 del Acto Legislativo 1 de 2007.

Concord.: L. 136/1994, Art. 42, 42, 44, 45, 46, 47, 48, 51, 52, 55, 61 *(LTM 9332212)*; L. 177/1994 *(LTM 12153159)*; L. 617/2000 *(LTM 9336810)*; L. 821/2003 *(LTM 9386091)*; L. 1296/2009 *(LTM 9390351)*; L. 1881/2018, Art. 22 *(LTM 12180062)*; C.Const. Sent. C-015/2004 M.P. Manuel Cepeda *(LTM 10029981)*.

Artículo 313

Corresponde a los concejos:

1. Reglamentar las funciones y la eficiente prestación de los servicios a cargo del municipio.

2. Adoptar los correspondientes planes y programas de desarrollo económico y social y de obras públicas.

3. Autorizar al alcalde para celebrar contratos y ejercer pro tempore precisas funciones de las que corresponden al Concejo.

4. Votar de conformidad con la Constitución y la ley los tributos y los gastos locales.

5. Dictar las normas orgánicas del presupuesto y expedir anualmente el presupuesto de rentas y gastos.

6. Determinar la estructura de la administración municipal y las funciones de sus dependencias; las escalas de remuneración correspondientes a las distintas categorías de empleos; crear, a iniciativa del alcalde, establecimientos públicos y empresas industriales o comerciales y autorizar la constitución de sociedades de economía mixta.

7. Reglamentar los usos del suelo y, dentro de los límites que fije la ley, vigilar y controlar las actividades relacionadas con la construcción y enajenación de inmuebles destinados a vivienda.

8. Elegir Personero para el período que fije la ley y los demás funcionarios que ésta determine.

9. Dictar las normas necesarias para el control, la preservación y defensa del patrimonio ecológico y cultural del municipio.

10. Las demás que la Constitución y la ley le asignen.

11. En las capitales de los departamentos y los municipios con población mayor de veinticinco mil habitantes, citar y requerir a los secretarios del despacho del alcalde para que concurran a las sesiones. Las citaciones deberán hacerse con una anticipación no menor de cinco (5) días y formularse en cuestionario escrito. En caso de que los Secretarios no concurran, sin excusa aceptada por el Concejo

Distrital o Municipal, este podrá proponer moción de censura. Los Secretarios deberán ser oídos en la sesión para la cual fueron citados, sin perjuicio de que el debate continúe en las sesiones posteriores por decisión del concejo. El debate no podrá extenderse a asuntos ajenos al cuestionario y deberá encabezar el orden del día de la sesión.

Los concejos de los demás municipios, podrán citar y requerir a los Secretarios del despacho del Alcalde para que concurran a las sesiones. Las citaciones deberán hacerse con una anticipación no menor de cinco (5) días y formularse en cuestionario escrito. En caso de que los Secretarios no concurran, sin excusa aceptada por el Concejo Distrital o Municipal, cualquiera de sus miembros podrá proponer moción de observaciones que no conlleva al retiro del funcionario correspondiente. Su aprobación requerirá el voto afirmativo de las dos terceras partes de los miembros que integran la corporación.

*Numeral adicionado por el artículo 6 del Acto Legislativo 1 de 2007.

12. Proponer moción de censura respecto de los Secretarios del Despacho del Alcalde por asuntos relacionados con funciones propias del cargo o por desatención a los requerimientos y citaciones del Concejo Distrital o Municipal. La moción de censura deberá ser propuesta por la mitad más uno de los miembros que componen el Concejo Distrital o Municipal. La votación se hará entre el tercero y el décimo día siguientes a la terminación del debate, con audiencia pública del funcionario respectivo. Su aprobación requerirá el voto afirmativo de las dos terceras partes de los miembros que integran la Corporación. Una vez aprobada, el funcionario quedará separado de su cargo. Si fuere rechazada, no podrá presentarse otra sobre la misma materia a menos que la motiven hechos nuevos. La renuncia del funcionario respecto del cual se haya promovido moción de censura no obsta para que la misma sea aprobada conforme a lo previsto en este artículo.

*Numeral adicionado por el artículo 6 del Acto Legislativo 1 de 2007.

Concord.: L. 1469/2011 *(LTM 9380152)*; L. 136/1994 *(LTM 9332212)*; L. 1145/2007 *(LTM 9384504)*; L. 300/1996 *(LTM 9332178)*; L. 1059/2006 *(LTM 9377060)*; L. 1068/2006 *(LTM 12164240)*; L. 1483/2011 *(LTM 12170475)*; L. 1031/2006 *(LTM 9382398)*; L. 1466/2011 *(LTM 9390945)*; C.Const. Sent. C-517/1992 M.P. Ciro Angarita *(LTM 9742352)*; C.Const. Sent. C-579/2001 M.P. Eduardo Montealegre *(LTM 10042013)*; C.Const. Sent. C-738/2001 M.P. Eduardo Montealegre *(LTM 1955924)*; C.Const. Sent. C-837/2001 M.P. Jaime Araújo *(LTM 10041759)*; C.Const. Sent. C-1105/2001 M.P. Eduardo Montealegre *(LTM 10041465)*; C.Const. Sent. C-1143/2001 M.P. Clara Vargas *(LTM 10041426)*; C.Const. Sent. C-1339/2001 M.P. Rodrigo Uprimny *(LTM 10041216)*; C.Const. Sent. C-385/2003 M.P. Alfredo Beltrán *(LTM 1955314)*; C.Const. Sent. C-107/2013 M.P. María Victoria Calle *(LTM 9995650)*.

Artículo 314

En cada municipio habrá un alcalde, jefe de la administración local y representante legal del municipio, que será elegido popularmente para períodos institucionales de cuatro (4) años, y no podrá ser reelegido para el período siguiente.

Siempre que se presente falta absoluta a más de dieciocho (18) meses de la terminación del período, se elegirá alcalde para el tiempo que reste. En caso de que faltare menos de dieciocho (18) meses, el gobernador designará un alcalde para lo que reste del período, respetando el partido, grupo político o coalición por el cual fue inscrito el alcalde elegido.

El presidente y los gobernadores, en los casos taxativamente señalados por la ley, suspenderán o destituirán a los alcaldes.

La ley establecerá las sanciones a que hubiere lugar por el ejercicio indebido de esta atribución.

---

*Artículo modificado por el artículo 3 del Acto Legislativo No. 2 de 2002.

Concord.: AL 2/2002, Art. 6 *(LTM 12159681)*; L. 136/1994 *(LTM 9332212)*; L. 1617/2013 *(LTM 9337389)*; L. 131/1994 *(LTM 12153299)*; L. 617/2000 *(LTM 9336810)*; L. 1148/2007 *(LTM 9382395)*; L. 1296/2009 *(LTM 9390351)*; C.Const. Sent. C-365/2001 M.P. Clara Inés Vargas *(LTM 10042227)*.

Artículo 315

Son atribuciones del alcalde:

1. Cumplir y hacer cumplir la Constitución, la ley, los decretos del gobierno, las ordenanzas, y los acuerdos del concejo.

2. Conservar el orden público en el municipio, de conformidad con la ley y las instrucciones y órdenes que reciba del Presidente de la República y del respectivo gobernador. El alcalde es la primera autoridad de policía del municipio. La Policía Nacional cumplirá con prontitud y diligencia las órdenes que le imparta el alcalde por conducto del respectivo comandante.

3. Dirigir la acción administrativa del municipio; asegurar el cumplimiento de las funciones y la prestación de los servicios a su cargo; representarlo judicial y extrajudicialmente; y nombrar y remover a los funcionarios bajo su dependencia y a los gerentes o directores de los establecimientos públicos y las empresas industriales o comerciales de carácter local, de acuerdo con las disposiciones pertinentes.

4. Suprimir o fusionar entidades y dependencias municipales, de conformidad con los acuerdos respectivos.

5. Presentar oportunamente al Concejo los proyectos de acuerdo sobre planes y programas de desarrollo económico y social, obras públicas, presupuesto anual de rentas y gastos y los demás que estime convenientes para la buena marcha del municipio.

6. Sancionar y promulgar los acuerdos que hubiere aprobado el Concejo y objetar los que considere inconvenientes o contrarios al ordenamiento jurídico.

7. Crear, suprimir o fusionar los empleos de sus dependencias, señalarles funciones especiales y fijar sus emolumentos con arreglo a los acuerdos correspondientes. No podrá crear obligaciones que excedan el monto global fijado para gastos de personal en el presupuesto inicialmente aprobado.

8. Colaborar con el Concejo para el buen desempeño de sus funciones, presentarle informes generales sobre su administración y convocarlo a sesiones extraordinarias, en las que sólo se ocupará de los temas y materias para los cuales fue citado.

9. Ordenar los gastos municipales de acuerdo con el plan de inversión y el presupuesto.

10. Las demás que la Constitución y la ley le señalen.

Concord.: L. 62/1993, Art. 16 *(LTM 9336128)*; L. 136/1994, Art. 91 y 96 *(LTM 9332212)*; L. 177/1994, Art. 5 *(LTM 12153159)*; L. 1762/2015, Art. 15 *(LTM 12174703)*; L. 819/2003, Art. 7 *(LTM 9382271)*; L. 1145/2007, Art. 17 *(LTM 9384504)*; L. 617/2000, Art. 74 *(LTM 9336810)*; L. 134/1994, Art. 29 *(LTM 9333135)*; L. 140/1994, Art. 7 *(LTM 12153277)*; L. 142/1994 *(LTM 9331717)*; L. 388/1997 *(LTM 9331912)*; L. 505/1999, Art. 11 y 13 *(LTM 9338428)*; L. 580/2000 *(LTM 12160376)*; L. 643/2001, Art. 32 *(LTM 9336685)*; L. 688/2001, Art. 13 *(LTM 12154987)*; L. 1190/2008 *(LTM 12166934)*; C.Const. Sent. C-478/1992 M.P. Eduardo Cifuentes *(LTM 1953499)*; C.Const. Sent. C-003/1993 M.P. Alejandro Martínez *(LTM 1953473)*; C.Const. Sent. C-503/1993 M.P. Antonio Barrera *(LTM 1953367)*; C.Const. Sent. C-520/1994 M.P. Hernando Herrera *(LTM 1954165)*; C.Const. Sent. C-365/2001 M.P. Clara Inés Vargas *(LTM 10042227)*; C.Const. Sent. C-173/2006 M.P. Humberto Sierra *(LTM 1956102)*.

Artículo 316

En las votaciones que se realicen para la elección de autoridades locales y para la decisión de asuntos del mismo carácter, sólo podrán participar los ciudadanos residentes en el respectivo municipio.

Concord.: L. 136/1994 *(LTM 9332212)*; L. 84/1993 *(LTM 12152350)*; C.Const. Sent. C-307/1995 M.P. Alejandro Martínez *(LTM 10100666)*.

Artículo 317

Sólo los municipios podrán gravar la propiedad inmueble. Lo anterior no obsta para que otras entidades impongan contribución de valorización.

La ley destinará un porcentaje de estos tributos, que no podrá exceder del promedio de las sobretasas existentes, a las entidades encargadas del manejo y conservación del ambiente y de los recursos naturales renovables, de acuerdo con los planes de desarrollo de los municipios del área de su jurisdicción.

Concord.: L. 99/1993, Art. 44 *(LTM 9335986)*; L. 161/1994, Art. 18 *(LTM 9341846)*; L. 383/1997, Art. 45 *(LTM 9334564)*; L. 418/1997, Art. 120, 121 y 122 *(LTM 9336796)*; L. 981/2005 *(LTM 12163498)*; L. 1106/2006 *(LTM 9336794)*; L. 1334/2009 *(LTM 9335814)*; L. 1625/2013, Art. 28 *(LTM 9404375)*; L. 1718/2014 *(LTM 9335803)*; C.Const. Sent. C-545/1993 M.P. Jorge Arango *(LTM 10102149)*; C.Const. Sent. C-579/2001 M.P. Eduardo Montealegre *(LTM 10042013)*; C.Const. Sent. C-1175/2001 M.P. Manuel Cepeda *(LTM 1955753)*; C.Const. Sent. C-944/2003 M.P. Alfredo Beltrán *(LTM 1955152)*; C.Const. Sent. C-990/2004 M.P. Álvaro Tafur *(LTM 1956457)*; C.Const. Sent. C-517/2007 M.P. Rodrigo Escobar *(LTM 1956884)*; C.Const. Sent. C-822/2011 M.P. Mauricio González *(LTM 10838308)*; C.Const. Sent. C-304/2012 M.P. María Victoria Calle *(LTM 1957106)*.

Artículo 318

Con el fin de mejorar la prestación de los servicios y asegurar la participación de la ciudadanía en el manejo de los asuntos públicos de carácter local, los concejos podrán dividir sus municipios en comunas cuando se trate de áreas urbanas, y en corregimientos en el caso de las zonas rurales.

En cada una de las comunas o corregimientos habrá una junta administradora local de elección popular, integrada por el número de miembros que determine la ley, que tendrá las siguientes funciones:

1. Participar en la elaboración de los planes y programas municipales de desarrollo económico y social y de obras públicas.

2. Vigilar y controlar la prestación de los servicios municipales en su comuna o corregimiento y las inversiones que se realicen con recursos públicos.

3. Formular propuestas de inversión ante las autoridades nacionales, departamentales y municipales encargadas de la elaboración de los respectivos planes de inversión.

4. Distribuir las partidas globales que les asigne el presupuesto municipal.

5. Ejercer las funciones que les deleguen el concejo y otras autoridades locales. Las asambleas departamentales podrán organizar juntas administradoras para

el cumplimiento de las funciones que les señale el acto de su creación en el territorio que este mismo determine.

Concord.: L. 136/1994, Art. 117, 118, 119, 120, 121, 130 y 131 *(LTM 9332212)*; L. 617/2000, Art. 46 *(LTM 9336810)*; L. 1551/2012, Art. 41 *(LTM 9382394)*; L. 1617/2013, Art. 77 *(LTM 9337389)*; L. 1681/2013, Art. 1 *(LTM 9407363)*; L. 1757/2015, Art. 58 y 59 *(LTM 12160276)*; L. 1909/2018, Art. 23 *(LTM 14485963)*; C.Const. Sent. C-517/1992 M.P. Ciro Angarita *(LTM 9742352)*; C.Const. Sent. C-503/1993 M.P. Antonio Barrera *(LTM 1953367)*.

Artículo 319

Cuando dos o más municipios tengan relaciones económicas, sociales y físicas, que den al conjunto características de un área metropolitana, podrán organizarse como entidad administrativa encargada de programar y coordinar el desarrollo armónico e integrado del territorio colocado bajo su autoridad; racionalizar la prestación de los servicios públicos a cargo de quienes la integran y, si es el caso, prestar en común algunos de ellos; y ejecutar obras de interés metropolitano.

La ley de ordenamiento territorial adoptará para las áreas metropolitanas un régimen administrativo y fiscal de carácter especial; garantizará que en sus órganos de administración tengan adecuada participación las respectivas autoridades municipales; y señalará la forma de convocar y realizar las consultas populares que decidan la vinculación de los municipios.

Cumplida la consulta popular, los respectivos alcaldes y los concejos municipales protocolizarán la conformación del área y definirán sus atribuciones, financiación y autoridades, de acuerdo con la ley.

Las áreas metropolitanas podrán convertirse en Distritos conforme a la ley.

Concord.: L. 80/1993 *(LTM 9341513)*; L. 388/1997 *(LTM 9331912)*; L. 614/2000 *(LTM 12157079)*; L. 1454/2011 *(LTM 12170501)*; C.Const. Sent. C-072/2014 M.P. Alberto Rojas *(LTM 1957753)*; C.Const. Sent. C-1096/2001 M.P. Jaime Córdoba *(LTM 10041474)*.

Artículo 320

La ley podrá establecer categorías de municipios de acuerdo con su población, recursos fiscales, importancia económica y situación geográfica, y señalar distinto régimen para su organización, gobierno y administración.

Concord.: L. 1454/2011, Art. 24 *(LTM 12170501)*; L. 136/1994 *(LTM 9332212)*; L. 142/1994, Art. 7 *(LTM 9331717)*; L. 617/2000 *(LTM 9336810)*; C.Const. C-579/2001 M.P. Eduardo Montealegre *(LTM 10042013)*.

Artículo 321

Las provincias se constituyen con municipios o territorios indígenas circunvecinos, pertenecientes a un mismo departamento.

La ley dictará el estatuto básico y fijará el régimen administrativo de las provincias que podrán organizarse para el cumplimiento de las funciones que les deleguen entidades nacionales o departamentales y que les asignen la ley y los municipios que las integran.

Las provincias serán creadas por ordenanza, a iniciativa del gobernador, de los alcaldes de los respectivos municipios o del número de ciudadanos que determine la ley.

Para el ingreso a una provincia ya constituida deberá realizarse una consulta popular en los municipios interesados.

El departamento y los municipios aportarán a las provincias el porcentaje de sus ingresos corrientes que determinen la asamblea y los concejos respectivos.

Concord.: L. 99/1993 *(LTM 9335986)*; L. 80/1993, Art. 2 *(LTM 9341513)*; L. 1263/2008 *(LTM 12166955)*; C.Const. Sent. C-517/1992 M.P. Ciro Angarita *(LTM 9742352)*.

CAPÍTULO 4
DEL RÉGIMEN ESPECIAL

Artículo 322

Bogotá, Capital de la República y del departamento de Cundinamarca, se organiza como Distrito Capital.

Su régimen político, fiscal y administrativo será el que determinen la Constitución, las leyes especiales que para el mismo se dicten y las disposiciones vigentes para los municipios.

Con base en las normas generales que establezca la ley, el concejo a iniciativa del alcalde, dividirá el territorio distrital en localidades, de acuerdo con las características sociales de sus habitantes, y hará el correspondiente reparto de competencias y funciones administrativas.

A las autoridades distritales corresponderá garantizar el desarrollo armónico e integrado de la ciudad y la eficiente prestación de los servicios a cargo del Distrito; a las locales, la gestión de los asuntos propios de su territorio.

*Artículo modificado por el artículo 1 del Acto Legislativo No. 1 de 2000.

Concord.: L. 134/1994 *(LTM 9333135)*; L. 99/1993 *(LTM 9335986)*; L. 617/2000 *(LTM 9336810)*; L. 1031/2006 *(LTM 9382398)*.

Artículo 323

El Concejo Distrital se compondrá de cuarenta y cinco (45) concejales. En cada una de las localidades habrá una junta administradora elegida popularmente para períodos de cuatro (4) años que estará integrada por no menos de siete ediles, según lo determine el concejo distrital, atendida la población respectiva.

El Alcalde Mayor será elegido para un período de cuatro años, por el 40 por ciento de los votos que, de manera secreta y directa, depositen los ciudadanos con las formalidades que determine la ley, siempre que sobrepase al segundo candidato más votado por 10 puntos porcentuales.

Si ningún candidato obtiene dicha mayoría, se celebrará una nueva votación que tendrá lugar tres semanas más tarde, en la que solo participarán los dos candidatos que hubieren obtenido las más altas votaciones. Será declarado Alcalde Mayor quien obtenga el mayor número de votos, en la segunda vuelta.

La elección de Alcalde Mayor, de concejales distritales y de ediles se hará en un mismo día por períodos de cuatro (4) años y el alcalde no podrá ser reelegido para el período siguiente.

Siempre que se presente falta absoluta a más de dieciocho (18) meses de la terminación del período, se elegirá alcalde mayor para el tiempo que reste. En caso de que faltare menos de dieciocho (18) meses, el Presidente de la República designará alcalde mayor para lo que reste del período, respetando el partido, grupo político o coalición por el cual fue inscrito el alcalde elegido. Los alcaldes locales serán designados por el Alcalde Mayor de terna enviada por la correspondiente junta administradora.

En los casos taxativamente señalados por la ley, el Presidente de la República suspenderá o destituirá al alcalde mayor. Los concejales y los ediles no podrán hacer parte de las juntas directivas de las entidades descentralizadas.

Parágrafo. Los dos candidatos que participen en la segunda vuelta podrán ajustar, conforme los acuerdos programáticos que adelanten, su programa de Gobierno, el cual deberá publicarse en medio de amplia circulación ocho (8) días hábiles antes de la segunda vuelta.

*Artículo modificado por el artículo 1 del Acto Legislativo 3 de 2019.

Concord.: D. 1421/1993 *(LTM 9381084)*; L. 136/1994 *(LTM 9332212)*; L. 80/1993, Art. 2 *(LTM 9341513)*; L. 617/2000 *(LTM 9336810)*; C.Const. Sent. C-896/2001 M.P. Marco Gerardo Monroy *(LTM 10041680)*; C.Const. Sent. C-778/2001 M.P. Jaime Araújo *(LTM 10041792)*.

Artículo 324

Las juntas administradoras locales distribuirán y apropiarán las partidas globales que en el presupuesto anual del Distrito se asignen a las localidades teniendo en cuenta las necesidades básicas insatisfechas de su población.

Sobre las rentas departamentales que se causen en Santa Fe de Bogotá, la ley determinará la participación que le corresponda a la capital de la República. Tal participación no podrá ser superior a la establecida en la fecha de vigencia de esta Constitución.

Concord.: D. 1421/1993, Art. 69 *(LTM 9381084)*; C.Const. Sent. C-896/2001 M.P. Marco Gerardo Monroy *(LTM 10041680)*; C.Const. Sent. C-778/2001 M.P. Jaime Araújo *(LTM 10041792)*.

Artículo 325

Créase la Región Metropolitana Bogotá, Cundinamarca como entidad administrativa de asociatividad regional de régimen especial, con el objeto de garantizar la ejecución de planes y programas de desarrollo sostenible y la prestación oportuna y eficiente de los servicios a su cargo. El Distrito Capital, la Gobernación de Cundinamarca y los municipios de Cundinamarca podrán asociarse a esta región cuando compartan dinámicas territoriales, ambientales, sociales o económicas.

En su jurisdicción las decisiones de la región Metropolitana tendrán superior jerarquía sobre las del Distrito, las de los municipios que se asocien y las del departamento de Cundinamarca, en lo relacionado con los temas objeto de su competencia. Las entidades territoriales que la conformen mantendrán su autonomía territorial y no quedarán incorporadas al Distrito Capital.

El Distrito Capital también podrá conformar una región administrativa con otras entidades territoriales de carácter departamental.

Parágrafo Transitorio 1o. Tras la promulgación de este Acto Legislativo, la Alcaldía Mayor de Bogotá y la Gobernación de Cundinamarca someterán a votación del Concejo Distrital y la Asamblea Departamental su ingreso a la región Metropolitana Bogotá - Cundinamarca, con lo cual entrará en funcionamiento.

Parágrafo Transitorio 2o. Una Ley Orgánica definirá el funcionamiento de la Región Metropolitana y en todo caso deberá atender las siguientes reglas y asuntos:

1. Para su trámite, el Congreso de la República promoverá la participación ciudadana y de los entes territoriales interesados.
2. El procedimiento y las condiciones para la asociación de los municipios a la región Metropolitana.
3. El grado de autonomía de la región Metropolitana.
4. El Consejo Regional será su máximo órgano de gobierno y estará conformado por el Alcalde Mayor de Bogotá, los Alcaldes de los municipios de Cundinamarca que se asocien y el Gobernador de Cundinamarca.
5. Habrá un sistema de toma de decisiones que promueva el consenso. No se contemplará la figura de municipio núcleo como estructura organizacional ni habrá lugar al derecho al veto. Ninguna decisión sobre los temas que defina la región Metropolitana podrá ser tomada por una sola de las entidades territoriales asociadas. Para las decisiones referentes al nombramiento y retiro del Director, y los gastos y las inversiones de la región Metropolitana, se requerirá la aceptación de la Alcaldía Mayor de Bogotá y la Gobernación de Cundinamarca.
6. Se establecerán los parámetros de identificación de hechos metropolitanos, los mecanismos de financiación, la estructura administrativa del Consejo Regional, sus funciones, la secretaría técnica, los mecanismos de participación ciudadana y la transferencia de competencias de la nación.
7. La región Metropolitana no modifica el régimen de financiación de la Corporación Autónoma Regional de Cundinamarca (CAR), ni los municipios que componen su jurisdicción.
8. En todo caso el control político de las decisiones de la región Metropolitana lo ejercerán el Concejo Distrital, los Concejos Municipales y la Asamblea Departamental.

*Artículo modificado por el artículo 1 del Acto Legislativo 2 de 2020.

Concord.: A.L. 2/2020 *(LTM 18693286)*; L. 1625/13 *(LTM 9404375)*; C-Const. Sent. C-015/23, M.P. Alejandro Linares Cantillo *(LTM 31574995)*.

Artículo 326

Los municipios circunvecinos podrán incorporarse al Distrito Capital si así lo determinan los ciudadanos que residan en ellos mediante votación que tendrá lugar cuando el concejo distrital haya manifestado su acuerdo con esta vinculación. Si esta ocurre, al antiguo municipio se le aplicarán las normas constitucionales y legales vigentes para las demás localidades que conformen el Distrito Capital.

Concord.: L. 1454/2011 *(LTM 12170501)*; L. 136/1994 *(LTM 9332212)*; L. 617/2000 *(LTM 9336810)*; C.Const. Sent. C-541/1993 M.P. Hernando Vergara *(LTM 10102150)*.

Artículo 327

En las elecciones de Gobernador y de diputados a la Asamblea Departamental de Cundinamarca no participarán los ciudadanos inscritos en el censo electoral del Distrito Capital.

Concord.: L. 163/1994 *(LTM 12153209)*; C.Const. Sent. C-541/1993 M.P. Hernando Vergara *(LTM 10102150)*.

Artículo 328

El Distrito Turístico y Cultural de Cartagena de Indias, el Distrito Turístico, Cultural e histórico de Santa Marta y Barranquilla conservarán su régimen y carácter, y se organiza a Buenaventura y Tumaco como Distrito Especial, Industrial, Portuario, Biodiverso y Ecoturístico.

La ciudad de Barrancabermeja se organiza como Distrito Especial Portuario, Biodiverso, Industrial y Turístico.

*Inciso adicionado por el artículo 2 del Acto Legislativo 1 de 2019.

La ciudad de Medellín se organiza como Distrito Especial de Ciencia, Tecnología e Innovación.

*Inciso adicionado por el artículo 2 del Acto Legislativo 1 de 2021.

Parágrafo. Los municipios del Área Metropolitana del Valle de Aburrá que así lo consideren, podrán acceder a los beneficios del Distrito Especial de Ciencia, Tecnología e Innovación de Medellín, de conformidad con la ley que lo reglamente. No obstante, se garantizará la continuidad de las funciones y competencias que residen en el Área Metropolitana del Valle de Aburrá.

*Inciso adicionado por el artículo 2 del Acto Legislativo 1 de 2021.

*Artículo modificado por el artículo 2 del Acto Legislativo 2 de 2018.

Concord.: AL 2/2007 *(LTM 12164280)*; AL 2/2018 *(LTM 13185295)*; A.L. 1/19 *(LTM 16189884)*; A.L. 1/21 *(LTM 22653503)*; L. 99/1993 *(LTM 9335986)*; L. 1625/2013 *(LTM 9404375)*; L. 1617/2013, Art. 105, 106, 107, 108, 109, 110, 111, 112, 113, 114, 115, 116, 117, 118 y 127 *(LTM 9404375)*.

Artículo 329

La conformación de las entidades territoriales indígenas se hará con sujeción a lo dispuesto en la Ley Orgánica de Ordenamiento Territorial, y su delimitación se hará por el Gobierno Nacional, con participación de los representantes de las comunidades indígenas, previo concepto de la Comisión de Ordenamiento Territorial.

Los resguardos son de propiedad colectiva y no enajenable.

La ley definirá las relaciones y la coordinación de estas entidades con aquellas de las cuales formen parte.

Parágrafo. En el caso de un territorio indígena que comprenda el territorio de dos o más departamentos, su administración se hará por los consejos indígenas en coordinación con los gobernadores de los respectivos departamentos. En caso de que este territorio decida constituirse como entidad territorial, se hará con el cumplimiento de los requisitos establecidos en el inciso primero de este artículo.

Concord.: L. 145/1994 *(LTM 12153259)*; L. 607/2000 *(LTM 12149550)*; L. 1151/2007, Art. 144 *(LTM 9332045)*; L. 1454/2011, Art. 37 *(LTM 12170501)*; L. 1450/2011, Art. 13 y 70 *(LTM 9332047)*; C.Const. Sent. C-395/2012 M.P. Gabriel Mendoza *(LTM 9997000)*; C.Const. Sent. C-180/2005 M.P. Humberto Sierra *(LTM 10028536)*; C.Const. Sent. C-027/1993 M.P. Simón Rodríguez *(LTM 1953564)*; C-054/23 M.P. José Fernando Reyes Cuartas *(LTM 32247629)*.

Artículo 330

De conformidad con la Constitución y las leyes, los territorios indígenas estarán gobernados por consejos conformados y reglamentados según los usos y costumbres de sus comunidades y ejercerán las siguientes funciones:

1. Velar por la aplicación de las normas legales sobre usos del suelo y poblamiento de sus territorios.
2. Diseñar las políticas y los planes y programas de desarrollo económico y social dentro de su territorio, en armonía con el Plan Nacional de Desarrollo.

3. Promover las inversiones públicas en sus territorios y velar por su debida ejecución.

4. Percibir y distribuir sus recursos.

5. Velar por la preservación de los recursos naturales.

6. Coordinar los programas y proyectos promovidos por las diferentes comunidades en su territorio.

7. Colaborar con el mantenimiento del orden público dentro de su territorio de acuerdo con las instrucciones y disposiciones del Gobierno Nacional.

8. Representar a los territorios ante el Gobierno Nacional y las demás entidades a las cuales se integren; y

9. Las que les señalen la Constitución y la ley.

Parágrafo. La explotación de los recursos naturales en los territorios indígenas se hará sin desmedro de la integridad cultural, social y económica de las comunidades indígenas. En las decisiones que se adopten respecto de dicha explotación, el Gobierno propiciará la participación de los representantes de las respectivas comunidades.

Concord.: L. 140/1994 *(LTM 12153277)*; L. 99/1993 *(LTM 9335986)*; L. 141/1994 *(LTM 9331863)*; L. 142/1994, Art. 2 y 30 *(LTM 9331717)*; L. 685/2001 *(LTM 3753608)*; L. 926/2004 *(LTM 9386647)*; C.Const. Sent. C-389/2016 M.P. María Victoria Calle *(LTM 6232009)*; C.Const. Sent. C-461/2008 M.P. Manuel Cepeda *(LTM 10840344)*; C.Const. Sent. C-004/1993 M.P. Ciro Angarita *(LTM 10102070)*.

Artículo 331

Créase la Corporación Autónoma Regional del Río Grande de la Magdalena encargada de la recuperación de la navegación, de la actividad portuaria, la adecuación y la conservación de tierras, la generación y distribución de energía y el aprovechamiento y preservación del ambiente, los recursos ictiológicos y demás recursos naturales renovables.

La ley determinará su organización y fuentes de financiación, y definirá en favor de los municipios ribereños un tratamiento especial en la asignación de regalías y en la participación que les corresponda en los ingresos corrientes de la Nación.

Concord.: L. 99/1993 *(LTM 9335986)*; L. 139/1994 *(LTM 9336756)*; L. 141/1994 *(LTM 9331863)*; L. 142/1994, Art. 2 *(LTM 9331717)*; L. 161/1994 *(LTM 9341846)*; L. 209/1995 *(LTM 12153274)*; L. 1150/2007 *(LTM 9336868)*; L. 1263/2008 *(LTM 9381858)*; L. 1283/2009 *(LTM 9404340)*; L. 1450/2011, Art. 93 *(LTM 9332047)*;

C.Const. Sent. C-689/2011 M.P. Luís Vargas *(LTM 10838430)*; C.Const. Sent. C-509/2008 M.P. Mauricio González *(LTM 10840305)*.

TÍTULO XII
DEL RÉGIMEN ECONÓMICO Y DE LA HACIENDA PÚBLICA

CAPÍTULO 1
DE LAS DISPOSICIONES GENERALES

Artículo 332

El Estado es propietario del subsuelo y de los recursos naturales no renovables, sin perjuicio de los derechos adquiridos y perfeccionados con arreglo a las leyes preexistentes.

Concord.: L. 97/1993 *(LTM 12152495)*; L. 99/1993 *(LTM 9335986)*; L. 141/1994 *(LTM 9331863)*; L. 142/1994, Art. 2 y 8 *(LTM 9331717)*; L. 209/1995 *(LTM 12153274)*; L. 685/2001 *(LTM 3753608)*; L. 926/2004 *(LTM 9386647)*; L. 1283/2009 *(LTM 9404340)*; C.Const. Sent. C-035/2016 M.P. Gloria Ortiz *(LTM 5745261)*; C.Const. Sent. C-123/2014 M.P. Alberto Rojas *(LTM 9994535)*.

Artículo 333

La actividad económica y la iniciativa privada son libres, dentro de los límites del bien común. Para su ejercicio, nadie podrá exigir permisos previos ni requisitos, sin autorización de la ley.

La libre competencia económica es un derecho de todos que supone responsabilidades.

La empresa, como base del desarrollo, tiene una función social que implica obligaciones. El Estado fortalecerá las organizaciones solidarias y estimulará el desarrollo empresarial.

El Estado, por mandato de la ley, impedirá que se obstruya o se restrinja la libertad económica y evitará o controlará cualquier abuso que personas o empresas hagan de su posición dominante en el mercado nacional.

La ley delimitará el alcance de la libertad económica cuando así lo exijan el interés social, el ambiente y el patrimonio cultural de la Nación.

Concord.: L. 99/1993 *(LTM 9335986)*; L. 142/1994, Art. 11 y 30 *(LTM 9331717)*; L. 143/1994 *(LTM 9331714)*; L. 218/1995 *(LTM 12153614)*; L. 222/1995, Art. 80 *(LTM 9332012)*; L. 300/1996 *(LTM 9332178)*; L. 336/1996 *(LTM 9332268)*; L. 256/1996

(LTM 9371983); L. 430/1998 *(LTM 12157411)*; L. 454/1998 *(LTM 9378435)*; L. 491/1999 *(LTM 12145210)*; L. 550/1999 *(LTM 9332052)*; L. 688/2001 *(LTM 12154987)*; L. 689/2001 *(LTM 12153349)*; L. 693/2001 *(LTM 12159170)*; L. 820/2003 *(LTM 9338133)*; L. 834/2003 *(LTM 12160315)*; L. 814/2003 *(LTM 12109746)*; L. 816/2003 *(LTM 12160323)*; L. 905/2004 *(LTM 9332046)*; L. 962/2005 *(LTM 9336287)*; L. 1116/2006 *(LTM 9335786)*; L. 1150/2007 *(LTM 9336868)*; L. 1173/2007 *(LTM 12164291)*; L. 1151/2007 *(LTM 9332045)*; L. 1215/2008 *(LTM 12153351)*; L. 1258/2008 *(LTM 12166964)*; L. 1263/2008 *(LTM 9381858)*; L. 1231/2008; *(LTM 12140864)*; L. 1233/2008 *(LTM 9390961)*; L. 1314/2009 *(LTM 9338624)*; L. 1313/2009 *(LTM 12167588)*; L. 1340/2009 *(LTM 9339670)*; L. 1445/2011 *(LTM 9337003)*; L. 1450/2011 *(LTM 9332047)*; L. 1480/2011 *(LTM 9406184)*; L. 1508/2012 *(LTM 9336858)*; L. 1558/2012 *(LTM 9389536)*; L. 1851/2017 *(LTM 12177851)*; D. L. 899/2017 *(LTM 12177021)*; C.Const. Sent. C-138/2018 M.P. Carlos Bernal *(LTM 15143913)*; C.Const. Sent. C-569/2017 M.P. Luis Guerrero *(LTM 11794355)*; C.Const. Sent. C-389/2016 M.P. María Victoria Calle *(LTM 6232009)*; C.Const. Sent. C-090/2014 M.P. Mauricio González *(LTM 9994581)*; C.Const. Sent. C-852/2013 M.P. Mauricio González *(LTM 9994821)*; C.Const. Sent. C-486/2009 M.P. María Victoria Calle *(LTM 10000714)*; C.Const. Sent. C-675/2008 M.P. Jaime Córdoba *(LTM 10840146)*; C.Const. Sent. C-823/2006 M.P. Jaime Córdoba *(LTM 1957011)*; C.Const. Sent. C-540/2005 M.P. Humberto Sierra *(LTM 1956324)*; C.Const. Sent. C-1107/2001 M.P. Jaime Araújo *(LTM 1955770)*; C.Const. Sent. C-673/2001 M.P. Manuel Cepeda *(LTM 1955901)*; C.Const. Sent. C-537/23 M.P. Cristina Pardo Schlesinger *(LTM 34922519)*.

Artículo 334

La dirección general de la economía estará a cargo del Estado. Este intervendrá, por mandato de la ley, en la explotación de los recursos naturales, en el uso del suelo, en la producción, distribución, utilización y consumo de los bienes, y en los servicios públicos y privados, para racionalizar la economía con el fin de conseguir en el plano nacional y territorial, en un marco de sostenibilidad fiscal, el mejoramiento de la calidad de vida de los habitantes, la distribución equitativa de las oportunidades y los beneficios del desarrollo y la preservación de un ambiente sano. Dicho marco de sostenibilidad fiscal deberá fungir como instrumento para alcanzar de manera progresiva los objetivos del Estado Social de Derecho. En cualquier caso el gasto público social será prioritario.

El Estado, de manera especial, intervendrá para dar pleno empleo a los recursos humanos y asegurar, de manera progresiva, que todas las personas, en particular las de menores ingresos, tengan acceso efectivo al conjunto de los bienes y servicios básicos. También para promover la productividad y competitividad y el desarrollo armónico de las regiones.

La sostenibilidad fiscal debe orientar a las Ramas y Órganos del Poder Público, dentro de sus competencias, en un marco de colaboración armónica.

El Procurador General de la Nación o uno de los Ministros del Gobierno, una vez proferida la sentencia por cualquiera de las máximas corporaciones judiciales, podrán solicitar la apertura de un Incidente de Impacto Fiscal, cuyo trámite será obligatorio. Se oirán las explicaciones de los proponentes sobre las consecuencias de la sentencia en las finanzas públicas, así como el plan concreto para su cumplimiento y se decidirá si procede modular, modificar o diferir los efectos de la misma, con el objeto de evitar alteraciones serias de la sostenibilidad fiscal. En ningún caso se afectará el núcleo esencial de los derechos fundamentales.

Parágrafo. Al interpretar el presente artículo, bajo ninguna circunstancia, autoridad alguna de naturaleza administrativa, legislativa o judicial, podrá invocar la sostenibilidad fiscal para menoscabar Los derechos fundamentales, restringir su alcance o negar su protección efectiva.

Concord.: A.L. 3/11 *(LTM 12170455)*; L. 1473/11 *(LTM 9382270)*; L. 1454/11 *(LTM 12170501)*; L. 1695/13 *(LTM 12171241)*; C.Const. Sent. C-408/94, M.P. Fabio Morón Díaz *(LTM 1954193)*; C.Const. Sent. C-033/99, M.P. Carlos Gaviria Díaz *(LTM 10095033)*; C.Const. Sent. C-242/09, M.P. Mauricio González Cuervo *(LTM 10004368)*; C.Const. Sent. C-228/11, M.P. Juan Carlos Henao Pérez *(LTM 9997606)*; C.Const. Sent. C-288/12, M.P. Luis Ernesto Vargas Silva *(LTM 9997120)*; C.Const. Sent. C-132/12, M.P. Humberto Antonio Sierra Porto *(LTM 9997272)*; C.Const. Sent. C-584/14, M.P. Luis Ernesto Vargas Silva *(LTM 9994010)*; C.Const. Sent. 870/14, M.P. Luis Guillermo Guerrero Pérez *(LTM 9993690)*; C.Const. Sent. C-492/15, M.P. María Victoria Calle Correa *(LTM 1957978)*; C.E. Secc. Tercera. Sent. 01/11/2012. Rad. 1999-0002, M.P. Enrique de Jesús Gil Botero *(LTM 9686156)*.

Artículo 335

Las actividades financiera, bursátil, aseguradora y cualquier otra relacionada con el manejo, aprovechamiento e inversión de los recursos de captación a las que se refiere el literal d) del numeral 19 del artículo 150 son de interés público y sólo pueden ser ejercidas previa autorización del Estado, conforme a la ley, la cual regulará la forma de intervención del Gobierno en estas materias y promoverá la democratización del crédito.

Concord.: Const. Pol. Art. 150; D. L. 663/93 *(LTM 9335700)*; L. 45/90 *(LTM 9332191)*; L. 35/93 *(LTM 12152429)*; L. 510/99 *(LTM 9335687)*; L. 795/03 *(LTM 9384508)*; L. 964/05 *(LTM 9334826)*; L. 1328/09 *(LTM 9338085)*; L. 1870/17 *(LTM 12177498)*; C.Const. Sent. SU-157/99, M.P. Alejandro Martínez Caballero *(LTM 10094920)*; C.Const. Sent. SU-166/99, M.P. Alejandro Martínez Caballero *(LTM 10094903)*;

C.Const. Sent. T-1179/00, M.P. Álvaro Tafur Galvis *(LTM 10043205)*; C.Const. Sent. C-1107/01, M.P. Jaime Araújo Rentería *(LTM 1955770)*; C.Const. Sent. C-940/03, M.P. Marco Gerardo Monroy Cabra *(LTM 1955198)*; C.Const. Sent. T-520/03, M.P. Rodrigo Escobar Gil *(LTM 10030730)*; C.Const. Sent. C-1062/03, M.P. Marco Gerardo Monroy Cabra *(LTM 1955124)*; C.Const. Sent. T-763/05, M.P. Marco Gerardo Monroy Cabra *(LTM 10027962)*; C.Const. Sent. C-692/07, M.P. Rodrigo Escobar Gil *(LTM 1956888)*; C.Const. Sent. C-793/14, M.P. Gabriel Eduardo Mendoza Martelo *(LTM 9993772)*.

Artículo 336

Ningún monopolio podrá establecerse sino como arbitrio rentístico, con una finalidad de interés público o social y en virtud de la ley.

La ley que establezca un monopolio no podrá aplicarse antes de que hayan sido plenamente indemnizados los individuos que en virtud de ella deban quedar privados del ejercicio de una actividad económica lícita.

La organización, administración, control y explotación de los monopolios rentísticos estarán sometidos a un régimen propio, fijado por la ley de iniciativa gubernamental.

Las rentas obtenidas en el ejercicio de los monopolios de suerte y azar estarán destinadas exclusivamente a los servicios de salud.

Las rentas obtenidas en el ejercicio del monopolio de licores, estarán destinadas preferentemente a los servicios de salud y educación.

La evasión fiscal en materia de rentas provenientes de monopolios rentísticos será sancionada penalmente en los términos que establezca la ley.

El Gobierno enajenará o liquidará las empresas monopolísticas del Estado y otorgará a terceros el desarrollo de su actividad cuando no cumplan los requisitos de eficiencia, en los términos que determine la ley.

En cualquier caso se respetarán los derechos adquiridos por los trabajadores.

Concord.: C.P. Art. 313 *(LTM 9335791)*; L. 80/93 *(LTM 9341513)*; L. 643/01 *(LTM 15875989)*; L. 1816/16 *(LTM 9375508)*; C.Const. Sent. C-587/95, M.P. José Gregorio Hernández Galindo *(LTM 10840580)*; C.Const. Sent. C-154/96, M.P. Antonio Barrera Carbonell *(LTM 10100337)*; C.Const. Sent. C-256/98, M.P. Fabio Morón Díaz *(LTM 1954728)*; C.Const. Sent. C-897/99, M.P. Eduardo Cifuentes Muñoz *(LTM 1954424)*; C.Const. Sent. C-1108/01, M.P. Rodrigo Escobar Gil *(LTM 1955765)*; C.Const. Sent. C-1191/01, M.P. Rodrigo Uprimny Yepes *(LTM 1955813)*; C.Const. Sent. C-1114/01, M.P. Álvaro Tafur Galvis *(LTM 1955758)*; C.Const. Sent. C-540/01, M.P. Jaime Córdoba Triviño *(LTM 10042058)*; C.Const. Sent. C-579/01, M.P. Eduardo Montealegre Lynett *(LTM 1955938)*; C.Const. Sent. C-316/03, M.P. Jaime Córdoba Triviño *(LTM 1955310)*; C.E. Secc. Tercera. Sent. 13/08/2008. Rad. 2000-0010, M.P. Myriam Guerrero De Escobar *(LTM 9833567)*; C.E. Secc. Segunda. Sent. 25/07/2013. Rad. 00030-00, M.P. Gerardo Arenas Monsalve *(LTM 9674111)*.

Artículo 337

La ley podrá establecer para las zonas de frontera, terrestres y marítimas, normas especiales en materias económicas y sociales tendientes a promover su desarrollo.

Concord.: L. 191/995 *(LTM 12153290)*; L. 843/2003 *(LTM 9336025)*; L. 1450/2011 *(LTM 9332047)*; L. 1813/2016 *(LTM 9336030)*; C.Const. Sent. C-379/1993 M.P. Antonio Barrera *(LTM 10102303)*; C.Const. Sent. C-504/1992 M.P. Alejandro Martínez *(LTM 10102789)*.

Artículo 338

En tiempo de paz, solamente el Congreso, las asambleas departamentales y los concejos distritales y municipales podrán imponer contribuciones fiscales o parafiscales. La ley, las ordenanzas y los acuerdos deben fijar, directamente, los sujetos activos y pasivos, los hechos y las bases gravables, y las tarifas de los impuestos.

La ley, las ordenanzas y los acuerdos pueden permitir que las autoridades fijen la tarifa de las tasas y contribuciones que cobren a los contribuyentes, como recuperación de los costos de los servicios que les presten o participación en los beneficios que les proporcionen; pero el sistema y el método para definir tales costos y beneficios, y la forma de hacer su reparto, deben ser fijados por la ley, las ordenanzas o los acuerdos.

Las leyes, ordenanzas o acuerdos que regulen contribuciones en las que la base sea el resultado de hechos ocurridos durante un período determinado, no pueden aplicarse sino a partir del período que comience después de iniciar la vigencia de la respectiva ley, ordenanza o acuerdo.

Concord.: L. 99/1993 *(LTM 9335986)*; L. 105/1993 *(LTM 1954122)*; L. 190/1995 *(LTM 12145209)*; L. 344/1996 *(LTM 9381714)*; L. 383/1997 *(LTM 9334564)*; L. 399/1997 *(LTM 12157065)*; L. 454/1998 *(LTM 9378435)*; L. 488/1998 *(LTM 9336102)*; L. 633/2000 *(LTM 9331969)*; L. 677/2001 *(LTM 9335722)*; L. 681/2001 *(LTM 9336026)*; L. 716/2001 *(LTM 9340465)*; L. 734/2002 *(LTM 9338211)*; L. 787/2002 *(LTM 9381803)*; L. 814/2003 *(LTM 12109746)*; L. 818/2003 *(LTM 9379842)*; L. 863/2003 *(LTM 9376277)*; L. 939/2004 *(LTM 9340198)*; L. 961/2005 *(LTM 12163564)*; L. 962/2005 *(LTM 9336287)*; L. 1004/2005 *(LTM 12138062)*; L. 1082/2006 *(LTM 12164230)*; L. 1087/2006 *(LTM 9386680)*; L. 1101/2006 *(LTM 9336875)*; L. 1111/2006 *(LTM 9336797)*; L. 1163/2007 *(LTM 12164310)*; L. 1175/2007 *(LTM 9335795)*; L. 1212/2008 *(LTM 9386895)*; L. 1233/2008 *(LTM 9390961)*; L. 1238/2008 *(LTM 9335991)*; L. 1344/2009 *(LTM 12167559)*; L. 1370/2009 *(LTM 12167510)*; L. 1386/2010 *(LTM 12167789)*; L. 1459/2011 *(LTM 12170491)*; L. 1493/2011 *(LTM 9397912)*; L. 1527/2012 *(LTM 9334848)*; L. 1558/2012 *(LTM 9389536)*; L. 1429/2010

(LTM 9335785); L. 1489/2011 *(LTM 12170469)*; L. 1492/2011 *(LTM 12170467)*; L. 1233/2008 *(LTM 9390961)*; L. 1314/2009 *(LTM 9338624)*; L. 1313/2009 *(LTM 12167588)*; L. 1480/2011 *(LTM 9406184)*; L. 1558/2012 *(LTM 9389536)*; L. 1816/2016 *(LTM 9375508)*; C.Const. Sent. C-388/2016 M.P. Alfredo Linares *(LTM 6262205)*; C.Const. Sent. C-585/2015 M.P. María Victoria Calle *(LTM 9967756)*; C.Const. Sent. C-621/2013 M.P. Alberto Rojas *(LTM 9995065)*; C.Const. Sent. C-1018/2012 M.P. Mauricio González *(LTM 1957927)*; C.Const. Sent. C-878/2011 M.P. Juan Carlos Henao *(LTM 10838266)*; C.Const. Sent. C-594/2010 M.P. Luis Vargas *(LTM 10839184)*; C.Const. Sent. C-1171/2005 M.P. Álvaro Tafur *(LTM 10027576)*; C.Const. Sent. C-461/2004 M.P. Clara Vargas *(LTM 10029535)*; C.Const. Sent. C-041/2003 M.P. Jaime Córdoba *(LTM 10039929)*; C.Const. Sent. C-711/2001 M.P. Jaime Araújo *(LTM 10041873)*.

CAPÍTULO 2
DE LOS PLANES DE DESARROLLO

Artículo 339

Habrá un Plan Nacional de Desarrollo conformado por una parte general y un plan de inversiones de las entidades públicas del orden nacional. En la parte general se señalarán los propósitos y objetivos nacionales de largo plazo, las metas y prioridades de la acción estatal a mediano plazo y las estrategias y orientaciones generales de la política económica, social y ambiental que serán adoptadas por el Gobierno. El plan de inversiones públicas contendrá los presupuestos plurianuales de los principales programas y proyectos de inversión pública nacional y la especificación de los recursos financieros requeridos para su ejecución, dentro de un marco que garantice la sostenibilidad fiscal.

*Inciso 1o. modificado por el artículo 2o. del Acto Legislativo 3 de 2011.

Las entidades territoriales elaborarán y adoptarán de manera concertada entre ellas y el gobierno nacional, planes de desarrollo, con el objeto de asegurar el uso eficiente de sus recursos y el desempeño adecuado de las funciones que les hayan sido asignadas por la Constitución y la ley. Los planes de las entidades territoriales estarán conformados por una parte estratégica y un plan de inversiones de mediano y corto plazo.

Concord.: AL 3/2011 *(LTM 12170455)*; C.Const. Sent. C-288/2012 M.P. Luis Vargas *(LTM 9997120)*; C.Const. Sent. C-535/2008 M.P. Rodrigo Escobar *(LTM 10840272)*; C.Const. Sent. C-376/2008 M.P. Marco Gerardo Monroy *(LTM 10840432)*; C.Const. Sent. C-373/2004 M.P. Álvaro Tafur *(LTM 10029616)*.

Artículo 340

Habrá un Consejo Nacional de Planeación integrado por representantes de las entidades territoriales y de los sectores económicos, sociales, ecológicos, comunitarios y culturales. El Consejo tendrá carácter consultivo y servirá de foro para la discusión del Plan Nacional de Desarrollo.

Los miembros del Consejo Nacional serán designados por el Presidente de la República de listas que le presenten las autoridades y las organizaciones de las entidades y sectores a que se refiere el inciso anterior, quienes deberán estar o haber estado vinculados a dichas actividades. Su período será de ocho años y cada cuatro se renovará parcialmente en la forma que establezca la ley.

En las entidades territoriales habrá también consejos de planeación, según lo determine la ley.

El Consejo Nacional y los consejos territoriales de planeación constituyen el Sistema Nacional de Planeación.

Concord.: L. 70/1993, Art. 48 *(LTM 12152380)*; L. 152/1994, Art. 9, 10, 11 y 12 *(LTM 12153247)*; C.Const. Sent. C-461/2008 M.P. Manuel Cepeda *(LTM 10840344)*; C.Const. Sent. C-524/2003 M.P. Jaime Córdoba *(LTM 10030729)*; C.Const. Sent. C-580/2001 M.P. Clara Vargas *(LTM 10042004)*; C.Const. Sent. C-548/1993 M.P. Fabio Morón *(LTM 10102145)*.

Artículo 341

El gobierno elaborará el Plan Nacional de Desarrollo con participación activa de las autoridades de planeación, de las entidades territoriales y del Consejo Superior de la Judicatura y someterá el proyecto correspondiente al concepto del Consejo Nacional de Planeación; oída la opinión del Consejo procederá a efectuar las enmiendas que considere pertinentes y presentará el proyecto a consideración del Congreso, dentro de los seis meses siguientes a la iniciación del período presidencial respectivo.

Con fundamento en el informe que elaboren las comisiones conjuntas de asuntos económicos, cada corporación discutirá y evaluará el plan en sesión plenaria. Los desacuerdos con el contenido de la parte general, si los hubiere, no serán obstáculo para que el gobierno ejecute las políticas propuestas en lo que sea de su competencia. No obstante, cuando el gobierno decida modificar la parte general del plan deberá seguir el procedimiento indicado en el artículo siguiente.

El Plan Nacional de Inversiones se expedirá mediante una ley que tendrá prelación sobre las demás leyes; en consecuencia, sus mandatos constituirán mecanismos idóneos para su ejecución y suplirán los existentes sin necesidad de la expedición de leyes posteriores, con todo, en las leyes anuales de presupuesto se podrán aumentar o disminuir las partidas y recursos aprobados en la ley del plan. Si el Congreso no aprueba el Plan Nacional de Inversiones Públicas en un término de tres meses después de presentado, el gobierno podrá ponerlo en vigencia mediante decreto con fuerza de ley.

El Congreso podrá modificar el Plan de Inversiones Públicas siempre y cuando se mantenga el equilibrio financiero. Cualquier incremento en las autorizaciones de endeudamiento solicitadas en el proyecto gubernamental o inclusión de proyectos de inversión no contemplados en él, requerirá el visto bueno del Gobierno Nacional.

Concord.: L. 152/1994, Art. 25 *(LTM 12153247)*; L. 5/1992, Art. 119, 169 y 211 *(LTM 9335852)*; L. 50/1993 *(LTM 12152411)*; L. 88/1993 *(LTM 12152502)*; L. 99/1993 *(LTM 9335986)*; L. 135/1994, Art. 2 *(LTM 12153291)*; L. 185/1995 *(LTM 9332295)*; L. 231/1995 *(LTM 12153550)*; L. 334/1996 *(LTM 12154977)*; L. 483/1998 *(LTM 12157294)*; L. 812/2003 *(LTM 9336887)*; L. 1022/2006 *(LTM 12164305)*; L. 1151/2007 *(LTM 9332045)*; L. 1263/2008 *(LTM 9381858)*; L. 1339/2009 *(LTM 12167568)*; L. 1450/2011 Art. 13 y 70 *(LTM 9332047)*; C.Const. Sent. C-285/2016 M.P. Luis Guerrero *(LTM 6238646)*; C.Const. Sent. C-1403/2000 M.P. José Hernández *(LTM 1956032)*; C.Const. Sent. C-292/2015 M.P. Luís Vargas *(LTM 9968601)*; C.Const. Sent. C-714/2008 M.P. Nilson Pinilla *(LTM 10840113)*; C.Const. Sent. C-380/2004 M.P. Manuel Cepeda *(LTM 10029612)*; C.Const. Sent. C-1051/2001 M.P. Jaime Araújo *(LTM 1955797)*.

Artículo 342

La correspondiente ley orgánica reglamentará todo lo relacionado con los procedimientos de elaboración, aprobación y ejecución de los planes de desarrollo y dispondrá los mecanismos apropiados para su armonización y para la sujeción a ellos de los presupuestos oficiales.

Determinará, igualmente, la organización y funciones del Consejo Nacional de Planeación y de los consejos territoriales, así como los procedimientos conforme a los cuales se hará efectiva la participación ciudadana en la discusión de los planes de desarrollo, y las modificaciones correspondientes, conforme a lo establecido en la Constitución.

Concord.: L. 3/1992, Art. 4 *(LTM 12151921)*; L. 5/1992, Art. 119, 204, 205 y 206 *(LTM 9335852)*; L. 136/1994 *(LTM 9332212)*; L. 152/1994 *(LTM 12153247)*; L. 1909/2018, Art. 22 *(LTM 14485963)*; C.Const. Sent. C-018/2018 M.P. Alejandro Linares *(LTM 13111888)*; C.Const. Sent. C-377/2008 M.P. Clara Vargas *(LTM 1956728)*; C.Const.

Sent. C-380/2004 M.P. Manuel Cepeda *(LTM 1955039)*; C.Const. Sent. C-1065/2001 M.P. Alfredo Beltrán *(LTM 1955831)*.

Artículo 343

La entidad nacional de planeación que señale la ley, tendrá a su cargo el diseño y la organización de los sistemas de evaluación de gestión y resultados de la administración pública, tanto en lo relacionado con políticas como con proyectos de inversión, en las condiciones que ella determine.

Concord.: L. 87/1993, Art. 8 *(LTM 12152506)*; L. 489/1998 *(LTM 9332778)*; C.Const. Sent. C-373/2004 M.P. Álvaro Tafur *(LTM 1955025)*; C.Const. Sent. C-391/1993 M.P. José Hernández *(LTM 10102286)*; C.Const. Sent. C-478/1992 M.P. Eduardo Cifuentes *(LTM 1953499)*.

Artículo 344

Los organismos departamentales de planeación harán la evaluación de gestión y resultados sobre los planes y programas de desarrollo e inversión de los departamentos y municipios, y participarán en la preparación de los presupuestos de estos últimos en los términos que señale la ley.

En todo caso el organismo nacional de planeación, de manera selectiva, podrá ejercer dicha evaluación sobre cualquier entidad territorial.

Concord.: L. 141/1994 *(LTM 9331863)*; L. 819/2003 *(LTM 9382271)*; C.Const. Sent. C-373/2004 M.P. Álvaro Tafur *(LTM 19550251)*; C.Const. Sent. C-1051/2001 M.P. Jaime Araújo *(LTM 1955797)*; C.Const. Sent. C-517/1992 M.P. Ciro Angarita *(LTM 10102778)*.

CAPÍTULO 3
DEL PRESUPUESTO

Artículo 345

En tiempo de paz no se podrá percibir contribución o impuesto que no figure en el presupuesto de rentas, ni hacer erogación con cargo al Tesoro que no se halle incluida en el de gastos.

Tampoco podrá hacerse ningún gasto público que no haya sido decretado por el Congreso, por las asambleas departamentales, o por los concejos distritales o municipales, ni transferir crédito alguno a objeto no previsto en el respectivo presupuesto.

Concord.: L. 38/1989 *(LTM 9336227)*; D. 111/1996 *(LTM 9339535)*; L. 1096/2006 *(LTM 12164374)*; L. 1097/2006 *(LTM 12164375)*; L. 1686/2013 *(LTM 12171244)*; L. 1736/2014 *(LTM 12173876)*; L. 1873/2017 *(LTM 12178056)*; L. 1906/2018 *(LTM 13123955)*; C.Const. Sent. C-149/1993 M.P. José Hernández *(LTM 10102531)*; C.Const. Sent. C-197/01 M.P. Rodrigo Escobar *(LTM 10042401)*; C.Const. Sent. C-1250/2001 M.P. Manuel Cepeda *(LTM 10041311)*; C.Const. Sent. C-373/04 M.P. Álvaro Tafur *(LTM 1955025)*; C.Const. Sent. C-423/05 M.P. Manuel Cepeda *(LTM 1956362)*; C.Const. Sent. C-434/17 M.P. Diana Fajardo *(LTM 10838122)*; C.Const. Sent. C-036 /23 M.P. Natalia Ángel Cabo *(LTM 33328106)*.

Artículo 346

El Gobierno formulará anualmente el presupuesto de rentas y ley de apropiaciones, que será presentado al Congreso dentro de los primeros diez días de cada legislatura. El presupuesto de rentas y ley de apropiaciones deberá elaborarse, presentarse y aprobarse dentro de un marco de sostenibilidad fiscal y corresponder al Plan Nacional de Desarrollo.

En la Ley de Apropiaciones no podrá incluirse partida alguna que no corresponda a un crédito judicialmente reconocido, o a un gasto decretado conforme a la ley anterior, o a uno propuesto por el Gobierno para atender debidamente el funcionamiento de las ramas del poder público, o al servicio de la deuda, o destinado a dar cumplimiento al Plan Nacional de Desarrollo.

Las comisiones de asuntos económicos de las dos cámaras deliberarán en forma conjunta para dar primer debate al proyecto de Presupuesto de Rentas y Ley de Apropiaciones.

*Artículo modificado por el artículo 3º del Acto Legislativo 3 de 2011.

Concord.: A.L. 3/2011 *(LTM 12170455)*; L. 5/92 *(LTM 9335852)*; D. 111/96 *(LTM 9339535)*; C.Const. Sent. C-206/93, M.P. Antonio Barrera Carbonell *(LTM 10102481)*; C.Const. Sent. C-685/96, M.P. Alejandro Martínez Caballero *(LTM 1953688)*; C.Const. Sent. C-192/97, M.P. Alejandro Martínez Caballero *(LTM 10102481)*; C.Const. Sent. C-562/98, M.P. Alfredo Beltrán Sierra *(LTM 1954661)*; C.Const. Sent. C-442/01, M.P. Marco Gerardo Monroy Cabra *(LTM 1955953)*; C.Const. Sent. 1064/01, M.P. Manuel José Cepeda Espinosa *(LTM 1955810)*; C.Const. Sent. C-177/02, M.P. Marco Gerardo Monroy Cabra *(LTM 1955662)*; C.Const. Sent. C-821/04, M.P. Jaime Araújo Rentería *(LTM 1956045)*; C.Const. Sent. C-514/04, M.P. Manuel José Cepeda Espinosa *(LTM 1954975)*; C.Const. Sent. C-438/19, M.P. Cristina Pardo Schlesinger *(LTM 16270874)*.

Artículo 347

El proyecto de ley de apropiaciones deberá contener la totalidad de los gastos que el Estado pretenda realizar durante la vigencia fiscal respectiva. Si los ingresos legalmente autorizados no fueren suficientes para atender los gastos proyectados, el Gobierno propondrá, por separado, ante las mismas comisiones que estudian el proyecto de ley del presupuesto, la creación de nuevas rentas o la modificación de las existentes para financiar el monto de gastos contemplados.

El presupuesto podrá aprobarse sin que se hubiere perfeccionado el proyecto de ley referente a los recursos adicionales, cuyo trámite podrá continuar su curso en el período legislativo siguiente.

Parágrafo Transitorio. El nuevo texto es el siguiente: Durante los años 2002, 2003, 2004, 2005, 2006, 2007 y 2008 el monto total de las apropiaciones autorizadas por la ley anual de presupuesto para gastos generales, diferentes de los destinados al pago de pensiones, salud, gastos de defensa, servicios personales, al Sistema General de Participaciones y a otras transferencias que señale la ley, no podrá incrementarse de un año a otro, en un porcentaje superior al de la tasa de inflación causada para cada uno de ellos, más el uno punto cinco por ciento (1.5%).

*Parágrafo adicionado por el artículo 1 del Acto Legislativo No. 1 de 2001.

La restricción al monto de las apropiaciones, no se aplicará a las necesarias para atender gastos decretados con las facultades de los Estados de Excepción.

Concord.: L. 5/1992, Art. 210, 211 y 212 *(LTM 9335852)*; L. 819/2003, Art. 7 *(LTM 9387365)*; L. 1739/2014, Art. 75 *(LTM 9336883)*; C.Const. Sent. C-261/93 M.P. Hernando Herrera *(LTM 10102424)*; C.Const. Sent. C-1190/2001 M.P. Jaime Araújo *(LTM 1955804)*; C.Const. Sent. C-097/03 M.P. Manuel Cepeda *(LTM 1955380)*.

Artículo 348

Si el Congreso no expidiere el presupuesto, regirá el presentado por el Gobierno dentro de los términos del artículo precedente; si el presupuesto no hubiere sido presentado dentro de dicho plazo, regirá el del año anterior, pero el Gobierno podrá reducir gastos, y, en consecuencia, suprimir o refundir empleos, cuando así lo aconsejen los cálculos de rentas del nuevo ejercicio.

Concord.: L. 5/1992, Art. 215 *(LTM 9335852)*; L. 179/1994, Art. 55 *(LTM 9339541)*; C.Const. Sent. C-546/1992 M.P. Ciro Angarita y Alejandro Martínez *(LTM 9742359)*;

C.Const. Sent. C-337/93 M.P. Jorge García *(LTM 1953372)*; C.Const. Sent. C-821/04 M.P. Jaime Araújo *(LTM 1956045)*.

Artículo 349

Durante los tres primeros meses de cada legislatura, y estrictamente de acuerdo con las reglas de la Ley Orgánica, el Congreso discutirá y expedirá el Presupuesto General de Rentas y Ley de Apropiaciones.

Los cómputos de las rentas, de los recursos del crédito y los provenientes del balance del Tesoro, no podrán aumentarse por el Congreso sino con el concepto previo y favorable suscrito por el ministro del ramo.

Concord.: L. 5/1992, Art. 119, 211, 212 y 215 *(LTM 9335852)*; C.Const. Sent. C-546/92 M.P. Ciro Angarita *(LTM 9742359)*; C.Const. Sent. C-416/1993 M.P. Eduardo Cifuentes *(LTM 10102296)*; C.Const. Sent. C-1249/2001 M.P. Marco Gerardo Monroy *(LTM 10041316)*.

Artículo 350

La ley de apropiaciones deberá tener un componente denominado gasto público social que agrupará las partidas de tal naturaleza, según definición hecha por la ley orgánica respectiva. Excepto en los casos de guerra exterior o por razones de seguridad nacional, el gasto público social tendrá prioridad sobre cualquier otra asignación.

En la distribución territorial del gasto público social se tendrá en cuenta el número de personas con necesidades básicas insatisfechas, la población, y la eficiencia fiscal y administrativa, según reglamentación que hará la ley.

El presupuesto de inversión no se podrá disminuir porcentualmente con relación al año anterior respecto del gasto total de la correspondiente ley de apropiaciones.

Concord.: L. 5/1992, Art. 119 *(LTM 9335852)*; L. 30/1992, Art. 84 *(LTM 9336877)*; L. 101/1993, Art. 70 *(LTM 9331976)*; C.Const. Sent. C-337/93 M.P. Jorge García *(LTM 1953372)*; C.Const. Sent. C-590/1992 M.P. Simón Rodríguez *(LTM 1953224)*; C.Const. Sent. C-1065/2001 M.P. Alfredo Beltrán Sierra *(LTM 1955831)*; C.Const. Sent. C-040/2004 M.P. Jaime Córdoba Triviño *(LTM 1955084)*.

Artículo 351

El Congreso no podrá aumentar ninguna de las partidas del presupuesto de gastos propuestas por el Gobierno, ni incluir una nueva, sino con la aceptación escrita del ministro del ramo.

El Congreso podrá eliminar o reducir partidas de gastos propuestas por el Gobierno, con excepción de las que se necesitan para el servicio de la deuda pública, las demás obligaciones contractuales del Estado, la atención completa de los servicios ordinarios de la administración y las inversiones autorizadas en los planes y programas a que se refiere el artículo 341.

Si se elevare el cálculo de las rentas, o si se eliminaren o disminuyeren algunas de las partidas del proyecto respectivo, las sumas así disponibles, sin exceder su cuantía, podrán aplicarse a otras inversiones o gastos autorizados conforme a lo prescrito en el inciso final del artículo 349 de la Constitución.

Concord.: L. 5/1992, Art. 212 *(LTM 9335852)*; L. 80/1993, Art. 42 *(LTM 9341513)*; L. 441/1998 *(LTM 12106508)*; L. 1451/2011 *(LTM 12170504)*; C.Const. Sent. C-337/1993 M.P. Jorge García *(LTM 1953372)*; C.Const. Sent. C-546/92 M.P. Ciro Angarita *(LTM 9742359)*; C.Const. Sent. C-1168/2001 M.P. Eduardo Montealegre *(LTM 1955816)*.

Artículo 352

Además de lo señalado en esta Constitución, la ley Orgánica del Presupuesto regulará lo correspondiente a la programación, aprobación, modificación, ejecución de los presupuestos de la Nación, de las entidades territoriales y de los entes descentralizados de cualquier nivel administrativo, y su coordinación con el Plan Nacional de Desarrollo, así como también la capacidad de los organismos y entidades estatales para contratar.

Concord.: L. 38/89 *(LTM 9336227)*; L. 5/92 *(LTM 9335852)*; L. 179/94 *(LTM 9339541)*; L. 225/95 *(LTM 9373720)*; C.Const. Sent. C-337/93, M.P. Vladimiro Naranjo Mesa *(LTM 9373720)*; C.Const. Sent. C-023/96, M.P. Jorge Arango Mejía *(LTM 1953974)*.

Artículo 353

Los principios y las disposiciones establecidos en este título se aplicarán, en lo que fuere pertinente, a las entidades territoriales, para la elaboración, aprobación y ejecución de su presupuesto.

Concord.: C.Const. Sent. C-546/92 M.P. Carlos Patiño y Jairo Cabezas *(LTM 9742359)*; C.Const. Sent. C-555/1993 M.P. Eduardo Cifuentes *(LTM 1953354)*; C.Const. Sent. C-837/2001 M.P. Jaime Araújo *(LTM 1955910)*; C.Const. Sent. C-262/2015 M.P. María Victoria Calle *(LTM 9968651)*.

Artículo 354

Habrá un Contador General, funcionario de la rama ejecutiva, quien llevará la contabilidad general de la Nación y consolidará ésta con la de sus entidades descentralizadas territorialmente o por servicios, cualquiera que sea el orden al que pertenezcan, excepto la referente a la ejecución del Presupuesto, cuya competencia se atribuye a la Contraloría.

Corresponden al Contador General las funciones de uniformar, centralizar y consolidar la contabilidad pública, elaborar el balance general y determinar las normas contables que deben regir en el país, conforme a la ley.

Parágrafo. Seis meses después de concluido el año fiscal, el Gobierno Nacional enviará al Congreso el balance de la Hacienda, auditado por la Contraloría General de la República, para su conocimiento y análisis.

Concord.: L. 42/1993, Art. 36 *(LTM 9331957)*; L. 298/1996 *(LTM 12155012)*; D. L. 267/2000, Art. 62 *(LTM 12152418)*; L. 716/2001 *(LTM 9340465)*; L. 901/2004 *(LTM 9335734)*; L. 1066/2006, Art. 2 *(LTM 9379824)*; L. 1314/2009, Art. 1 y 12 *(LTM 9338624)*; L. 1450/2011, Art. 240 *(LTM 9332047)*; C.Const. Sent. C-502/1993 M.P. Jorge Arango *(LTM 1953376)*; C.Const. Sent. C-805/2001 M.P. Rodrigo Escobar *(LTM 10041762)*; C.Const. Sent. C-452/2003 M.P. Jaime Córdoba *(LTM 1955283)*; C.Const. Sent. C-557/2009 M.P. Luis Vargas *(LTM 1956504)*.

Artículo 355

Ninguna de las ramas u órganos del Poder Público podrá decretar auxilios o donaciones en favor de personas naturales o jurídicas de derecho privado.

El Gobierno, en los niveles nacional, departamental, distrital y municipal podrá, con recursos de los respectivos presupuestos, celebrar contratos con entidades privadas sin ánimo de lucro y de reconocida idoneidad con el fin de impulsar programas y actividades de interés público acordes con el Plan Nacional y los planes seccionales de Desarrollo. El Gobierno Nacional reglamentará la materia.

Concord.: L. 5/1992, Art. 273 *(LTM 9335852)*; L. 42/1993, Art. 25 *(LTM 9331957)*; L. 77/1993, Art. 2 *(LTM 12152370)*; L. 115/1994, Art. 46 y 191 *(LTM 3763902)*; L. 136/1994, Art. 41, 55 y 141 *(LTM 9332212)*; L. 182/1995, Art. 37 *(LTM 9383715)*; L. 433/1998 *(LTM 12107784)*; L. 489/1998 Art. 96 *(LTM 9332778)*; L. 550/1999, Art. 79 *(LTM 9332052)*; L. 617/2000, Art. 48 *(LTM 9336810)*; L. 812/2003, Art. 8 *(LTM 9336887)*; L. 1480/2011, Art. 75 *(LTM 9406184)*; L. 1508/2012 *(LTM 9336858)*; D. 777/1992 *(LTM 9381191)*; D. 842/1992 *(LTM 12152546)*; D. 1403/1992 *(LTM 12152305)*; D. 1421/1993, Art. 152 *(LTM 9381084)*; D. 92/2017 *(LTM 12177827)*; C.Const. Sent. C-372/1994 M.P. Vladimiro Naranjo *(LTM 1953520)*; C.Const. Sent. C-152/1999 M.P. Eduardo Cifuentes *(LTM 1954587)*; C.Const. Sent. C-712/2012 M.P. Álvaro Tafur *(LTM 9996678)*; C.Const. Sent. C-351/2004 M.P. Marco Gerardo Monroy *(LTM 1955012)*; C.Const. Sent. C-507/2008 M.P. Jaime Córdoba *(LTM 1956734)*; C.Const. Sent. C-027/2016 M.P. María Victoria Calle *(LTM 5740031)*.

CAPÍTULO 4
DE LA DISTRIBUCIÓN DE RECURSOS Y DE LAS COMPETENCIAS

Artículo 356

Salvo lo dispuesto por la Constitución, la ley, a iniciativa del Gobierno, fijará los servicios a cargo de la Nación y de los Departamentos, Distritos, y Municipios. Para efecto de atender los servicios a cargo de éstos y a proveer los recursos para financiar adecuadamente su prestación, se crea el Sistema General de Participaciones de los Departamentos, Distritos y Municipios.

Los Distritos tendrán las mismas competencias que los municipios y departamentos para efectos de la distribución del Sistema General de Participaciones que establezca la ley.

Para estos efectos, serán beneficiarias las entidades territoriales indígenas, una vez constituidas. Así mismo, la ley establecerá como beneficiarios a los resguardos indígenas, siempre y cuando estos no se hayan constituido en entidad territorial indígena.

Los recursos del Sistema General de Participaciones de los departamentos, distritos y municipios se destinarán a la financiación de los servicios a su cargo, dándoles prioridad al servicio de salud, los servicios de educación, preescolar, primaria, secundaria y media, y servicios públicos domiciliarios de agua potable y saneamiento básico, garantizando la prestación y la ampliación de coberturas con énfasis en la población pobre.

*Inciso modificado por el artículo 1 del Acto Legislativo 4 de 2007.

Teniendo en cuenta los principios de solidaridad, complementariedad y subsidiariedad, la ley señalará los casos en los cuales la Nación podrá concurrir a la financiación de los gastos en los servicios que sean señalados por la ley como de competencia de los departamentos, distritos y municipios.

La ley reglamentará los criterios de distribución del Sistema General de Participaciones de los Departamentos, Distritos, y Municipios, de acuerdo con las competencias que le asigne a cada una de estas entidades; y contendrá las disposiciones necesarias para poner en operación el Sistema General de Participaciones de éstas, incorporando principios sobre distribución que tengan en cuenta los siguientes criterios:

a) Para educación, salud y agua potable y saneamiento básico: población atendida y por atender, reparto entre población urbana y rural, eficiencia administrativa y fiscal, y equidad. En la distribución por entidad territorial de cada uno de los componentes del Sistema General de Participaciones, se dará prioridad a factores que favorezcan a la población pobre, en los términos que establezca la ley.

*Literal modificado por el artículo 2 del Acto Legislativo 4 de 2007.

b) Para otros sectores: población, reparto entre población y urbana y rural, eficiencia administrativa y fiscal, y pobreza relativa.

No se podrá descentralizar competencias sin la previa asignación de los recursos fiscales suficientes para atenderlas.

Los recursos del Sistema General de Participaciones de los Departamentos, Distritos, y Municipios se distribuirán por sectores que defina la ley.

El monto de recursos que se asigne para los sectores de salud y educación, no podrá ser inferior al que se transfería a la expedición del presente acto legislativo a cada uno de estos sectores.

Las ciudades de Buenaventura y Tumaco se organizan como Distritos Especiales, Industriales, Portuarios, Biodiversos y Ecoturísticos. Su régimen político, fiscal y administrativo será el que determine la Constitución y las leyes especiales, que para el efecto se dicten, y en lo no dispuesto en ellas, las normas vigentes para los municipios.

*Inciso modificado por el artículo 1 del Acto Legislativo 2 de 2018.

El Gobierno Nacional definirá una estrategia de monitoreo, seguimiento y control integral al gasto ejecutado por las entidades territoriales con recursos del Sistema General de Participaciones, para asegurar el cumplimiento del <sic> metas de cobertura y calidad. Esta estrategia deberá fortalecer los espacios para la participación ciudadana en el control social y en los procesos de rendición de cuentas

*Inciso adicionado por el artículo 3 del Acto Legislativo 4 de 2007.

Para dar aplicación y cumplimiento a lo dispuesto en el inciso anterior, el Gobierno Nacional, en un término no mayor a seis (6) meses contados a partir de la expedición del presente acto legislativo, regulará, entre otros aspectos, lo pertinente para definir los eventos en los cuales está en riesgo la prestación adecuada de los servicios a cargo de las entidades territoriales, las medidas que puede adoptar para evitar tal situación y la determinación efectiva de los correctivos necesarios a que haya lugar.

*Inciso adicionado por el artículo 3 del Acto Legislativo 4 de 2007.

La ciudad de Barrancabermeja se organiza como Distrito Especial Portuario, Biodiverso, Industrial y Turístico. Su régimen político, fiscal y administrativo será el que determine la Constitución y las leyes especiales que para el efecto se dicten, y en lo no dispuesto en ellas las normas vigentes para los municipios.

*Inciso adicionado por el artículo 1 del Acto Legislativo 1 de 2019.

La ciudad de Medellín se organiza como Distrito Especial de Ciencia, Tecnología e Innovación. Su régimen político y fiscal será el previsto en la Constitución y las leyes especiales que para el efecto se dicten.

*Inciso adicionado por el artículo 1 del Acto Legislativo 1 de 2021.

Parágrafo Transitorio. El Gobierno deberá presentar el proyecto de ley que regule la organización y funcionamiento del Sistema General de Participaciones de los Departamentos, Distritos, y Municipios, a más tardar el primer mes de sesiones del próximo período legislativo.

Parágrafo. La ciudad de Medellín como Distrito Especial de Ciencia, Tecnología e Innovación y las demás ciudades que se organicen como distritos especiales no estarán obligados a efectuar ajustes administrativos que aumenten sus costos. La ley podrá crear mecanismos adicionales a los existentes que fomenten y promocionen desarrollos en ciencia, tecnología e innovación.

*Parágrafo adicionado por el artículo 1 del Acto Legislativo 1 de 2021.

*Artículo modificado por el artículo 2o. del Acto Legislativo No. 1 de 2001.

Concord.: L. 136/1994, Art. 2 *(LTM 9332212)*; L. 177/1994 *(LTM 12153159)*; L. 179/1994, Art. 6 *(LTM 9339541)*; L. 181/1995, Art. 56 *(LTM 9331538)*; L. 225/1995, Art. 7 *(LTM 9373720)*; L. 223/1995, Art. 14 *(LTM 9331715)*; L. 607/2000, Art. 17 *(LTM 12149550)*; L. 617/2000, Art. 2 *(LTM 9336810)*; L. 715/2001 *(LTM 9336951)*; L. 812/2003, Art. 81 y 83 *(LTM 9336887)*; L. 1003/2005 *(LTM 12163457)*;

L. 1176/2007 *(LTM 12159131)*; L. 1294/2009 *(LTM 9390298)*; L. 1446/2011 *(LTM 9390946)*; L. 1607/2012, Art. 28 *(LTM 9336028)*; C.Const. Sent. C-503/1993 M.P. Antonio Barrera *(LTM 1953367)*; C.Const. Sent. C-811/2001 M.P. Álvaro Tafur *(LTM 1955862)*; C.Const. Sent. C-1118/2004 M.P. Álvaro Tafur *(LTM 1956471)*; C.Const. Sent. C-985/2006 M.P. Marco Gerardo Monroy *(LTM 10021380)*; C.Const. Sent. C-427/08 M.P. Manuel Cepeda *(LTM 1956774)*.

Artículo 357

El Sistema General de Participaciones de los Departamentos, Distritos y Municipios se incrementará anualmente en un porcentaje igual al promedio de la variación porcentual que hayan tenido los ingresos corrientes de la Nación durante los cuatro (4) años anteriores, incluido el correspondiente al aforo del presupuesto en ejecución.

Para efectos del cálculo de la variación de los ingresos corrientes de la Nación a que se refiere el inciso anterior, estarán excluidos los tributos que se arbitren por medidas de estado de excepción salvo que el Congreso, durante el año siguiente, les otorgue el carácter permanente.

El diecisiete por ciento (17%) de los recursos de Propósito General del Sistema General de Participaciones, será distribuido entre los municipios con población inferior a 25.000 habitantes. Estos recursos se destinarán exclusivamente para inversión, conforme a las competencias asignadas por la ley. Estos recursos se distribuirán con base en los mismos criterios de población y pobreza definidos por la ley para la Participación de Propósito General.

Los municipios clasificados en las categorías cuarta, quinta y sexta, de conformidad con las normas vigentes, podrán destinar libremente, para inversión y otros gastos inherentes al funcionamiento de la administración municipal, hasta un cuarenta y dos (42%) de los recursos que perciban por concepto del Sistema General de Participaciones de Propósito General, exceptuando los recursos que se distribuyan de acuerdo con el inciso anterior.

Cuando una entidad territorial alcance coberturas universales y cumpla con los estándares de calidad establecidos por las autoridades competentes, en los sectores de educación, salud y/o servicios públicos domiciliarios de agua potable y saneamiento básico, previa certificación de la entidad nacional competente, podrá destinar los recursos excedentes a inversión en otros sectores de su competencia. El Gobierno Nacional reglamentará la materia.

Parágrafo Transitorio 1o. El monto del Sistema General de Participaciones, SGP, de los Departamentos, Distritos y Municipios se incrementará tomando como base el monto liquidado en la vigencia anterior. Durante los años 2008 y 2009 el SGP se incrementará en un porcentaje igual al de la tasa de inflación causada, más una tasa de crecimiento real de 4%. Durante el año 2010 el incremento será igual a la tasa de inflación causada, más una tasa de crecimiento real de 3.5%. Entre el año 2011 y el año 2016 el incremento será igual a la tasa de inflación causada, más una tasa de crecimiento real de 3%.

Parágrafo Transitorio 2o. Si la tasa de crecimiento real de la economía (Producto Interno Bruto, PIB) certificada por el DANE para el año respectivo es superior al 4%, el incremento del SGP será igual a la tasa de inflación causada, más la tasa de crecimiento real señalada en el parágrafo transitorio 1o del presente artículo, más los puntos porcentuales de diferencia resultantes de comparar la tasa de crecimiento real de la economía certificada por el DANE y el 4%. Estos recursos adicionales se destinarán a la atención integral de la primera infancia. El aumento del SGP por mayor crecimiento económico, de que trata el presente parágrafo, no generará base para la liquidación del SGP en años posteriores.

Parágrafo Transitorio 3o. El Sistema General de Participaciones, SGP, tendrá un crecimiento adicional a lo establecido en los parágrafos transitorios anteriores para el sector educación. La evolución de dicho crecimiento adicional será así: en los años 2008 y 2009 de uno punto tres por ciento (1.3%), en el año 2010 de uno punto seis por ciento (1.6%), y durante los años 2011 a 2016 de uno punto ocho por ciento (1.8%). En cada uno de estos años, este aumento adicional del Sistema no generará base para la liquidación del monto del SGP de la siguiente vigencia. Estos recursos se destinarán para cobertura y calidad.

Parágrafo Transitorio 4o. El Gobierno Nacional definirá unos criterios y transiciones en la aplicación de los resultados del último censo realizado, con el propósito de evitar los efectos negativos derivados de las variaciones de los datos censales en la distribución del Sistema General de Participaciones. El Sistema orientará los recursos necesarios para que de ninguna manera, se disminuyan, por razón de la población, los recursos que reciben las entidades territoriales actualmente.

---

*Artículo modificado por el artículo 4 del Acto Legislativo 4 de 2007.

Concord.: A.L. 04/07 *(LTM 12164278)*; L. 715/01 *(LTM 1954115)*; L. 1176/07 *(LTM 12159131)*; C.Const. Sent. C-151/95, M.P. Fabio Morón Díaz *(LTM 1954115)*; C.Const. Sent. C-614/02, M.P. Rodrigo Escobar Gil *(LTM 1955555)*; C.Const. Sent. C-692/02, M.P. Eduardo Montealegre Lynett *(LTM 1955584)*; C.Const. Sent. C-793/02, M.P. Jaime Córdoba Triviño *(LTM 1955495)*; C.Const. Sent. C-566/03, M.P. Álvaro Tafur Galvis *(LTM 1955269)*; C.Const. Sent. C-921/07, M.P. Clara Inés Vargas Hernández *(LTM 1956809)*; C.Const. Sent. C-937/10, M.P. Jorge Iván Palacio Palacio *(LTM 10838850)*; C.Const. Sent. C-262/15, M.P. María Victoria Calle Correo *(LTM 9968651)*.

Artículo 358

Para los efectos contemplados en los dos artículos anteriores, entiéndese por ingresos corrientes los constituidos por los ingresos tributarios y no tributarios con excepción de los recursos de capital.

Concord.: C.Const. Sent. C-478/99 M.P. Martha Victoria Sáchica *(LTM 1954481)*; C.Const. Sent. C-066/2003 M.P. Rodrigo Escobar *(LTM 1955445)*; C.Const. Sent. C-208/2003 M.P. Eduardo Montealegre *(LTM 1955330)*.

Artículo 359

No habrá rentas nacionales de destinación específica.

Se exceptúan:

1. Las participaciones previstas en la Constitución en favor de los departamentos, distritos y municipios.
2. Las destinadas para inversión social.
3. Las que, con base en leyes anteriores, la Nación asigna a entidades de previsión social y a las antiguas intendencias y comisarías.

Concord.: L. 1114/06 *(LTM 9335865)*; L. 1393/10 *(LTM 12151057)*; C.Const. Sent. C-590/92, M.P. Simón Rodríguez Rodríguez *(LTM 1953224)*; C.Const. Sent. C-317/98, M.P. Eduardo Cifuentes Muñoz *(LTM 10098701)*; C.Const. Sent. C-1515/00, M.P. Martha Victoria Sáchica Méndez *(LTM 10042899)*; C.Const. Sent. C-009/02, M.P. Jaime Córdoba Triviño *(LTM 1955714)*; C.Const. Sent. C-375/10, M.P. Mauricio González Cuervo *(LTM 10839391)*; C.Const. Sent. C-155/16, M.P. Alejandro Linares Cantillo *(LTM 6068523)*.

Artículo 360

La explotación de un recurso natural no renovable causará, a favor del Estado, una contraprestación económica a título de regalía, sin perjuicio de cualquier otro derecho o compensación que se pacte. La ley determinará las condiciones para la explotación de los recursos naturales no renovables.

Mediante otra ley, a iniciativa del Gobierno, la ley determinará la distribución, objetivos, fines, administración, ejecución, control, el uso eficiente y la destinación de los ingresos provenientes de la explotación de los recursos naturales no renovables precisando las condiciones de participación de sus beneficiarios. Este conjunto de ingresos, asignaciones, órganos, procedimientos y regulaciones constituye el Sistema General de Regalías.

*Artículo modificado por el artículo 1 del Acto Legislativo 5 de 2011.

Concord.: A.L. 5/11 *(LTM 12170457)*; L. 2045/20 *(LTM 18128868)*; L. 2056/20 *(LTM 18799639)*; C.Const. Sent. C-221/97, M.P. Alejandro Martínez Caballero *(LTM 1953586)*; C.Const. Sent. C-1548/00, M.P. Alejandro Martínez Caballero (10042835); C.Const. Sent. C-800/08, M.P. Manuel José Cepeda Espinosa *(LTM 1956647)*.

Artículo 361

Los ingresos corrientes del Sistema General de Regalías se destinarán a la financiación de proyectos de inversión que contribuyan al desarrollo social, económico, y ambiental de las entidades territoriales.

Los ingresos a los que se refieren el inciso anterior, se distribuirán de la siguiente manera:

20% para los departamentos y municipios en cuyo territorio se adelante la explotación de recursos naturales no renovables, así como para los municipios con puertos marítimos y fluviales por donde se transporten dichos recursos o productos derivados de los mismos. Los municipios donde se exploten recursos naturales no renovables tendrán además una participación adicional del 5% que podrán ser anticipados en los términos que defina la ley que desarrolle el Sistema.

15% para los municipios más pobres de país, con criterios de necesidades básicas insatisfechas y población, de los cuales, mínimo dos (2) puntos porcentuales se destinarán a proyectos relacionados o con incidencia sobre el ambiente y el desarrollo sostenible, que serán invertidos de acuerdo con una estrategia nacional de protección de áreas ambientales estratégicas por los municipios.

34% para los proyectos de inversión regional de los departamentos, municipios y distritos, con criterios de necesidades básicas insatisfechas, población y desempleo, priorizando proyectos de alto impacto regional.

1% para la conservación de las áreas ambientales estratégicas y la lucha nacional contra la deforestación.

10% para la inversión en ciencia, tecnología e innovación, a través de convocatorias públicas, abiertas, y competitivas, en los términos que defina la ley que desarrolle el Sistema, de los cuales, mínimo dos (2) puntos porcentuales se destinarán a investigación o inversión de proyectos de ciencia, tecnología e innovación en asuntos relacionados o con incidencia sobre el ambiente y el desarrollo sostenible.

2% para el funcionamiento, la operatividad y administración del sistema, para la fiscalización de la exploración y explotación de los yacimientos y conocimiento y cartografía geológica del subsuelo, la evaluación y el monitoreo del licenciamiento ambiental a los proyectos de exploración y explotación de recursos naturales no renovables, para el incentivo a la exploración y a la producción.

1% para la operatividad del Sistema de Seguimiento, Evaluación y Control que velará por el uso eficiente y eficaz de los recursos, fortaleciendo la transparencia, la participación ciudadana y el Buen Gobierno; de este, la mitad se destinará a la Contraloría General de la República.

El remanente se destinará al ahorro para el pasivo pensional y al ahorro para la estabilización de la inversión.

El mayor recaudo generado, con respecto al presupuesto bienal de regalías, se destinará en un 20% para mejorar los ingresos de las entidades territoriales donde se exploren y exploten recursos naturales no renovables, así como para los municipios con puertos marítimos o fluviales por donde se transporten dichos recursos o productos derivados de los mismos, un 10% para los municipios más pobres de país, con criterios de necesidades básicas insatisfechas y población, un 20% para la conservación de las áreas ambientales estratégicas, y la lucha nacional contra la deforestación, un 5% para proyectos de emprendimiento y generación de empleo que permita de manera progresiva la ocupación de la mano de obra local en actividades económicas diferentes a la explotación de recursos naturales no renovables, y el 45% restante se destinará para el ahorro de los departamentos, municipios y distritos.

La ley a la que se refiere el inciso segundo del artículo 360 de la Constitución Política reglamentará todo lo contenido en este artículo, de manera que los proyectos de inversión guarden concordancia con el Plan Nacional de Desarrollo y los planes de desarrollo de las entidades territoriales. De igual manera, esta ley determinará las condiciones para la priorización de las Inversiones en agua potable y saneamiento básico, infraestructura educativa, generación de empleo formal y demás sectores de inversión, así como en las zonas costeras, fronterizas y de periferia. Así mismo, regulará los procesos e instancias de decisión que participarán en la definición de los proyectos de inversión, la cual deberá atender el principio de planeación con enfoque participativo, democrático y de concertación. En dichas instancias podrá participar el Gobierno nacional, propendiendo por el acceso de las entidades territoriales a los recursos de Sistema General de Regalías.

El Sistema General de Regalías tendrá un sistema presupuestal propio de iniciativa del Gobierno nacional, que se regirá por normas orgánicas en los términos del artículo 151 de la Constitución Política, el presupuesto será bienal y no hará parte del Presupuesto General de la Nación.

Parágrafo. En ningún caso los porcentajes que actualmente reciben los departamentos, municipios y distritos por los fondos de Desarrollo Regional y Compensación Regional se disminuirán, como lo dispone el porcentaje de inversión regional establecido en este artículo.

Parágrafo 4o. Cuando una entidad territorial que recibe recursos del Sistema General de Regalías para el ahorro pensional territorial cubra sus pasivos pensionales, destinará los recursos provenientes de esta fuente a la financiación de proyectos de inversión. Durante los veinte (20) años siguientes a la entrada en vigencia del presente acto legislativo, estos proyectos deberán tener como objeto la implementación del Acuerdo Final para la Terminación del Conflicto y la Construcción de una Paz Estable y Duradera, incluyendo la financiación de proyectos destinados a la reparación integral de víctimas. Estos proyectos deberán ser definidos, por el Órgano Colegiado de Administración y Decisión de que trata el parágrafo 7 transitorio del artículo 2o del presente acto legislativo; con posterioridad a los veinte (20) años, dichos proyectos deberán ser definidos por los Órganos Colegiados de Administración y Decisión Municipales y Departamentales que trata el parágrafo 2 del presente artículo.

Las entidades territoriales que a la fecha de entrada en vigencia del presente Acto Legislativo cuenten con recursos de ahorro pensional provenientes del Sistema General de Regalías, que sobrepasen el cubrimiento requerido de sus pasivos pensionales, los destinarán igualmente a la financiación de proyectos de inversión en los términos señalados en el inciso anterior.

El Gobierno nacional, mediante decreto con fuerza de ley, que expedirá dentro de los seis (6) meses siguientes a la entrada en vigencia del presente acto legislativo, reglamentará la materia.

Para las entidades territoriales con una baja o nula incidencia del conflicto armado, los proyectos deberán ser aprobados por los Órganos Colegiados de Administración y decisión municipales y departamentales que trata el parágrafo 2 del presente artículo, y serán destinados prioritariamente para la reparación integral a las víctimas o para el cierre de brechas.

*Parágrafo adicionado por el artículo 1 del Acto Legislativo 4 de 2017.

Parágrafo 1o. Transitorio. El parágrafo 4o. del artículo 1o y los parágrafos transitorios 7o., 9o. y 10 del artículo 2o adicionados al presente artículo mediante el Acto legislativo número 04 de 2017 mantienen su vigencia, salvo lo relacionado con el inciso 3o. del parágrafo 7o. transitorio del artículo 361 de la Constitución Política, modificado por dicho Acto Legislativo. En todo caso y en desarrollo del Acto Legislativo número 02 de 2017, el Gobierno nacional debe garantizar la intangibilidad de los recursos de que trata este parágrafo transitorio, para cumplir con los mandatos relacionados con el Acuerdo Final para la terminación del Conflicto y la Construcción de una Paz Estable y Duradera.

*Adicionado por el artículo 1 del Acto Legislativo 5 de 2019.

Parágrafo 2o. Transitorio. El Gobierno nacional radicará a más tardar el 30 de marzo de 2020 el proyecto de ley que ajuste el Sistema General de Regalías. Hasta tanto se promulgue la ley, seguirá vigente el régimen de regalías contemplado en los Actos Legislativos 05 de 2011 y 04 de 2017 y las normas que lo desarrollen.

Si al 30 de agosto de 2020 el Congreso de la República no ha expedido la ley a que se refiere el inciso anterior, se faculta por un (1) mes al Presidente de la República para expedir decretos con fuerza de Ley que garanticen la operación del Sistema según el nuevo marco constitucional, incluido el presupuesto para el 2021.

*Adicionado por el artículo 1 del Acto Legislativo 5 de 2019.

Parágrafo 3o. Transitorio. El Gobierno nacional deberá, por medio del Sistema General de Regalías, adelantar los recursos que sean necesarios para la Paz, definidos en el Acto Legislativo 04 de 2017 a los que hace referencia el parágrafo transitorio 7o. de este artículo, correspondientes al 7% de las regalías para el OCAD Paz, previstos para la vigencia del Acuerdo. Dichos recursos serán invertidos exclusivamente en la implementación de los Planes de Desarrollo con Enfoque Territorial (PDET) o, en su momento, la Hoja de Ruta que los incorpore, durante los años 2020, 2021 y 2022.

En el caso en que los recursos de la asignación Paz sean efectivamente menores a los proyectados en el momento de adelantar los recursos, el Sistema General de Regalías, garantizará el pago de las obligaciones con cargo a los recursos de ahorro para la estabilización de la inversión.

Para el efecto y con cargo a los mimos recursos, las entidades que ejerzan administración del OCAD Paz correspondiente coordinarán la estrategia de estructuración de los proyectos.

*Adicionado por el artículo 1 del Acto Legislativo 5 de 2019.

Parágrafo 7o. Transitorio. Durante los veinte (20) años siguientes a la entrada en vigencia del presente acto legislativo, un 7% de los ingresos del Sistema General de Regalías se destinarán a una asignación para la Paz que tendrá como objeto financiar proyectos de inversión para la implementación del Acuerdo Final para la Terminación del Conflicto y la Construcción de una Paz Estable y Duradera, incluyendo la financiación de proyectos destinados a la reparación de víctimas.

*Parágrafo adicionado por el artículo 2 del Acto Legislativo 4 de 2017.

Igual destinación tendrá el 70% de los ingresos que por rendimientos financieros genere el Sistema General de Regalías en estos años, con excepción de los generados por las asignaciones directas de que trata el inciso segundo del presente artículo. El 30% restante se destinará para incentivar la producción de municipios, en cuyos territorios se exploten los recursos naturales no renovables y a los municipios y distritos con puertos marítimos y fluviales por donde se transporten dichos recursos o derivados de los mismos.

Los recursos a los que se refieren los incisos 1 y 2 de este parágrafo, se distribuirán priorizando las entidades territoriales más afectadas por la pobreza rural, las economías ilegales, la debilidad institucional, el conflicto armado y los municipios en cuyo territorio se adelanten explotaciones de recursos naturales no renovables y se orientarán a cerrar las brechas sociales, económicas e institucionales en dichas entidades territoriales.

Los proyectos de inversión a ser financiados con los recursos a los que se refieren los incisos 1 y 2 de este parágrafo, serán definidos por un Órgano Colegiado de Administración y Decisión, en el cual tendrán asiento el Gobierno nacional, representado por el Ministro de Hacienda y Crédito Público o su delegado, un (1) representante del organismo nacional de planeación, y un (1) representante del Presidente de la República; el Gobierno departamental representado por dos (2) Gobernadores y el Gobierno municipal, representado por dos (2) alcaldes.

Asistirán a este Órgano Colegiado de Administración y Decisión, en calidad de invitados permanentes con voz y sin voto, dos Senadores y dos Representantes a la Cámara.

Para cumplir con lo dispuesto en el presente parágrafo transitorio, el Gobierno nacional, dentro de los seis (6) meses siguientes a la entrada en vigencia del presente acto legislativo, expedirá los decretos con fuerza de ley necesarios para ajustar el presupuesto del bienio 2017-2018 y para adoptar las medidas requeridas para el funcionamiento de este Órgano Colegiado de Administración y Decisión, y de la Asignación para la Paz.

Parágrafo 9o. Transitorio. Los proyectos de inversión a financiarse con los recursos del Sistema General de Regalías destinados a la implementación del Acuerdo Final para la Terminación del Conflicto y la Construcción de una Paz Estable y Duradera, deberán guardar concordancia con el régimen de planeación vigente, el componente específico para la Paz y la implementación del Plan Plurianual de Inversiones del Plan Nacional de Desarrollo y de los planes de desarrollo de las entidades territoriales.

*Parágrafo adicionado por el artículo 2 del Acto Legislativo 4 de 2017.

Parágrafo 10. Transitorio. Durante los veinte (20) años siguientes a la entrada en vigencia del presente acto legislativo, las entidades beneficiarias cuya apropiación bienal de inversión sea menor a 4.000 salarios mínimos mensuales legales vigentes y que tengan un adecuado desempeño en la gestión de estos recursos, definirán directamente los proyectos de inversión cuando estos tengan como objeto la implementación del Acuerdo Final para la Terminación del Conflicto y la Construcción de una Paz Estable y Duradera, en concordancia con el decreto con fuerza de ley que para el efecto expida el Gobierno nacional en los seis (6) meses siguientes a la entrada en vigencia del presente acto legislativo. Los demás proyectos serán definidos por el Órgano Colegiado de Administración y Decisión respectivo.

*Parágrafo adicionado por el artículo 2 del Acto Legislativo 4 de 2017.

*Artículo modificado por el artículo 1 del Acto Legislativo 5 de 2019.

Concord.: A.L. 5/11 *(LTM 12170457)*; L. 2045/20 *(LTM 18128868)*; L. 2056/20 *(LTM 18799639)*; C.Const. Sent. C-221/97, M.P. Alejandro Martínez Caballero *(LTM 1953586)*; C.Const. Sent. C-1548/00, M.P. Alejandro Martínez Caballero (10042835); C.Const. Sent. C-800/08, M.P. Manuel José Cepeda Espinosa *(LTM 1956647)*.

Artículo 362

Los bienes y rentas tributarias o no tributarias o provenientes de la explotación de monopolios de las entidades territoriales, son de su propiedad exclusiva y gozan de las mismas garantías que la propiedad y renta de los particulares.

Los impuestos departamentales y municipales gozan de protección constitucional y en consecuencia la ley no podrá trasladarlos a la Nación, salvo temporalmente en caso de guerra exterior.

Concord.: L. 179/1994, Art. 6 *(LTM 9339541)*; C.Const. Sent. C-545/1993 M.P. Jorge Arango *(LTM 10102149)*; C.Const. Sent. C-1191/2001 M.P. Rodrigo Uprimny *(LTM 1955813)*; C.Const. Sent. C-385/2003 M.P. Alfredo Beltrán *(LTM 1955314)*; C.Const. Sent. C-484/2003 M.P. Manuel Cepeda *(LTM 1955275)*; C.Const. Sent. C-038/2004 M.P. Eduardo Montealegre *(LTM 1955119)*; C.Const. Sent. C-615/2013 M.P. Luis Vargas *(LTM 1957798)*; C.Const. Sent. C-346/2017 M.P. Gloria Ortiz *(LTM 9526735)*.

Artículo 363

El sistema tributario se funda en los principios de equidad, eficiencia y progresividad.

Las leyes tributarias no se aplicarán con retroactividad.

Concord.: L. 6/1992 *(LTM 9373696)*; L. 223/1995 *(LTM 9331715)*; L. 383/1997 *(LTM 9334564)*; L. 488/1998 *(LTM 9336102)*; L. 633/2000 *(LTM 9331969)*; L. 788/2002 *(LTM 9336638)*; L. 863/2003 *(LTM 9376277)*; L. 1111/2006 *(LTM 9336797)*; L. 1386/2010 *(LTM 12167789)*; L. 1607/2012 *(LTM 9336028)*; L. 1630/2013 *(LTM 12171323)*; L. 1739/2014 *(LTM 9336883)*; L. 1819/2016 *(LTM 12167818)*; C.Const. Sent. C-608/1992 M.P. Jaime Sanín *(LTM 1953489)*; C.Const. Sent. C-015/1993 M.P. Eduardo Cifuentes *(LTM 10102657)*; C.Const. Sent. C-1251/2001 M.P. Clara Vargas *(LTM 1955713)*; C.Const. Sent. C-1006/2003 M.P. Alfredo Beltrán *(LTM 1955091)*; C.Const. Sent. C-536/2006 M.P. Humberto Sierra *(LTM 1956064)*; C.Const. Sent. C-952/2007 M.P. Jaime Araújo *(LTM 1956828)*; C.Const. Sent. C-430/2009 M.P. Juan Henao *(LTM 1957038)*; C.Const. Sent. C-1021/2012 M.P. Jorge Palacio *(LTM 9996373)*; C.Const. Sent. C-168/2014 M.P. Luis Guerrero *(LTM 9994487)*; C.Const. Sent. C-393/2016 M.P. Alberto Rojas *(LTM 6436625)*; C.Const. Sent. C-129/2018 M.P. Gloria Ortiz *(LTM 15136768)*; C.Const. Sent. C-489/2023 M.P. Jorge Enrique Ibáñez Najar & Cristina Pardo Schlesinger *(LTM 34691401)*; C.Const. Sent. C-205/2024 M.P. Paola Andrea Meneses Mosquera *(LTM 35742939)*.

Artículo 364

El endeudamiento interno y externo de la Nación y de las entidades territoriales no podrá exceder su capacidad de pago. La ley regulará la materia.

Concord.: L. 80/1993, Art. 41 *(LTM 9341513)*; L. 185/1995 *(LTM 9332295)*; L. 345/1996 *(LTM 12154973)*; L. 358/1997 *(LTM 12157099)*; L. 448/1998, Art. 7 y 8 *(LTM 12157396)*; L. 533/1999 *(LTM 9335590)*; L. 549/1999 *(LTM 9332167)*; L. 781/2002 *(LTM 9336101)*; L. 819/2003 *(LTM 9387365)*; L. 1366/2009 *(LTM 9387140)*; L. 1523/2012, Art. 67 *(LTM 9338485)*; C.Const. Sent. C-517/1992 M.P. Ciro Angarita *(LTM 9742352)*; C.Const. Sent. C-149/1993 M.P. José Hernández *(LTM 10102531)*; C.Const. Sent. C-404/2001 M.P. Marco Monroy *(LTM 1955933)*.

CAPÍTULO 5
DE LA FINALIDAD SOCIAL DEL ESTADO Y DE LOS SERVICIOS PÚBLICOS

Artículo 365

Los servicios públicos son inherentes a la finalidad social del Estado. Es deber del Estado asegurar su prestación eficiente a todos los habitantes del territorio nacional.

Los servicios públicos estarán sometidos al régimen jurídico que fije la ley, podrán ser prestados por el Estado, directa o indirectamente, por comunidades organizadas, o por particulares. En todo caso, el Estado mantendrá la regulación, el control y la vigilancia de dichos servicios. Si por razones de soberanía o de interés social, el Estado, mediante ley aprobada por la mayoría de los miembros de una y otra cámara, por iniciativa del Gobierno decide reservarse determinadas actividades estratégicas o servicios públicos, deberá indemnizar previa y plenamente a las personas que en virtud de dicha ley, queden privadas del ejercicio de una actividad lícita.

Concord.: L. 5/1992, Art. 119; L. 80/1993; Art. 2, 3, 4 y 14 *(LTM 9335852)*; L. 95/1993, Art. 2 *(LTM 12152498)*; L. 100/1993, Art. 154 *(LTM 9335956)*; L. 115/1994, Art. 146 *(LTM 3763902)*; L. 136 de 1994, Art. 2 *(LTM 9332212)*; L. 343/1996, Art. 2 *(LTM 12154964)*; L. 142/1994 *(LTM 9331717)*; L. 143/1994, Art. 71 *(LTM 9331714)*; L. 182/1995, Art. 1 y 49 *(LTM 9383715)*; L. 388/1997 *(LTM 9331912)*; L. 632/2000 *(LTM 12153265)*; L. 658/2001 *(LTM 12159191)*; L. 675/2001, Art. 80 y 81 *(LTM 9376379)*; L. 689/2001 *(LTM 12153349)*; L. 769/2002 *(LTM 9334719)*; L. 903/2004 *(LTM 12160320)*; L. 1005/2006 *(LTM 12164354)*; L. 1099/2006 *(LTM 12164368)*; L. 1117/2006 *(LTM 9336811)*; L. 1151/2007 *(LTM 9332045)*; L. 1215/2008 *(LTM 12153351)*; L. 1228/2008 *(LTM 12166891)*; L. 1239/2008 *(LTM 12166858)*; L. 1245/2008 *(LTM 12166847)*; L. 1281/2009 *(LTM 9405139)*; L. 1334/2009 *(LTM 9335814)*; L. 1369/2009 *(LTM 9332102)*; L. 1376/2010 *(LTM 12167808)*; L. 1383/2010 *(LTM 12167797)*; L. 1388/2010 *(LTM 12167787)*; L. 1397/2010 *(LTM 12167775)*; L. 1428/2010 *(LTM 12164353)*; L. 1506/2012 *(LTM 12171297)*; L. 1548/2012 *(LTM 9336739)*; L. 1730/2014 *(LTM 9405142)*; L. 1843/2017 *(LTM 12177845)*; C.Const. Sent. C-449/1992 M.P. Alejandro Martínez *(LTM 1953212)*; C.Const. Sent. C-590/1992 M.P. Simón Rodríguez *(LTM 1953224)*; C.Const. Sent. C-337/1993 M.P. Jorge García *(LTM 1953372)*; C.Const. Sent. C-181/1997 M.P. Fabio Morón *(LTM 1953582)*; C.Const. Sent. C-579/1999 M.P. Eduardo Cifuentes *(LTM 1954482)*; C.Const. Sent. C-616/2001 M.P. Rodrigo Escobar *(LTM 1955900)*; C.Const. Sent. C-408/2004 M.P. Alfredo Beltrán *(LTM 1954945)*; C.Const. Sent. C-955/2007 M.P. Marco Monroy *(LTM 1956799)*; C.Const. Sent. C-068/2009 M.P. Mauricio González *(LTM 10004540)*; C.Const. Sent. C-172/2014 M.P. Jorge Palacio *(LTM 9994480)*; C.Const. Sent. C-272/2016 M.P. Luis Vargas *(LTM 6187166)*.

Artículo 366

El bienestar general y el mejoramiento de la calidad de vida de la población son finalidades sociales del Estado. Será objetivo fundamental de su actividad la solución de las necesidades insatisfechas de salud, de educación, de saneamiento ambiental y de agua potable.

Para tales efectos, en los planes y presupuestos de la Nación y de las entidades territoriales, el gasto público social tendrá prioridad sobre cualquier otra asignación.

Concord.: L. 30/1992, Art. 84 *(LTM 9336877)*; L. 80/1993, Art. 2 y 3 *(LTM 9335852)*; L. 95/1993, Art. 2 *(LTM 12152498)*; L. 100/1993, Art. 154 *(LTM 9335956)*; L. 126/1994, Art. 2 *(LTM 12153309)*; L. 142/1994, Art. 100 *(LTM 9331717)*; L. 343/1996, Art. 2 *(LTM 12154964)*; L. 361/1997, Art. 35 *(LTM 9337941)*; L. 378/1997 *(LTM 12157085)*; L. 383/1997, Art. 72 *(LTM 9334564)*; L. 388/1997, Art. 3 *(LTM 9331912)*; L. 408/1997 *(LTM 12157054)*; L. 729/2001 *(LTM 12159120)*; L. 1014/2006 *(LTM 12164326)*; L. 1151/2007 *(LTM 9332045)*; L. 1215/2008 *(LTM 12153351)*; L. 1259/2008 *(LTM 12166963)*; L. 1275/2009 *(LTM 12167643)*; L. 1419/2010 *(LTM 12167747)*; L. 1466/2011 *(LTM 9390945)*; L. 1532/2012 *(LTM 12171261)*; L. 1537/2012 *(LTM 9331719)*; L. 1546/2012 *(LTM 9382488)*; L. 1641/2013, Art. 10 *(LTM 12171301)*; L. 1724/2014 *(LTM 12173634)*; L. 1751/2015 *(LTM 12174687)*; L. 1914/2018, Art. 3.*(LTM 12173634)*; C.Const. Sent. C-580/1992 M.P. Fabio Morón *(LTM 1953493)*; C.Const. Sent. C-268/1993 M.P. Carlos Gaviria *(LTM 10102411)*; C.Const. Sent. C-558/2001 M.P. Jaime Araújo *(LTM 1955907)*; C.Const. Sent. C-458/2004 M.P. Jaime Araújo *(LTM 1955003)*.

Artículo 367

La ley fijará las competencias y responsabilidades relativas a la prestación de los servicios públicos domiciliarios, su cobertura, calidad y financiación, y el régimen tarifario que tendrá en cuenta además de los criterios de costos, los de solidaridad y redistribución de ingresos.

Los servicios públicos domiciliarios se prestarán directamente por cada municipio cuando las características técnicas y económicas del servicio y las conveniencias generales lo permitan y aconsejen, y los departamentos cumplirán funciones de apoyo y coordinación.

La ley determinará las entidades competentes para fijar las tarifas.

Concord.: L. 80/1993, Art. 2 *(LTM 9335852)*; L. 100/1993, Art. 154 *(LTM 9335956)*; L. 142/1994, Art. 2 y 86 *(LTM 9331717)*; L. 179/1994, Art. 53 *(LTM 9339541)*; L. 343/1996, Art. 2 *(LTM 12154964)*; L. 388/1997, Art. 12 y 93 *(LTM 9331912)*; L. 505/1999 *(LTM 9338428)*; L. 546/1999, Art. 26 *(LTM 9331911)*; L. 632/2000 *(LTM 12153265)*; L. 675/2001, Art. 80 y 81 *(LTM 9376379)*; L. 689/2001 *(LTM 12153349)*; L. 732/2002 *(LTM 9338429)*; L. 1117/2006 *(LTM 9336811)*; L. 1151/2007 *(LTM 9332045)*; L. 1215/2008 *(LTM 12153351)*; L. 1428/2010 *(LTM 12164353)*; L. 1506/2012 *(LTM 12171297)*; C.Const. Sent. C-478/92. M.P. Eduardo Cifuentes *(LTM 10102818)*; C.Const. Sent. C-268/1993 M.P. Carlos Gaviria *(LTM 10102411)*; C.Const. Sent. C-558/2001 M.P. Jaime Araújo *(LTM 1955907)*; C.Const. Sent. C-458/2004. M.P. Jaime Araújo *(LTM 1955003)*.

Artículo 368

La Nación, los departamentos, los distritos, los municipios y las entidades descentralizadas podrán conceder subsidios, en sus respectivos presupuestos, para que las personas de menores ingresos puedan pagar las tarifas de los servicios públicos domiciliarios que cubran sus necesidades básicas.

Concord.: L. 100/1993, Art. 154 *(LTM 9335956)*; L. 191/1995, Art. 44 *(LTM 12153290)*; L. 142/1994, Art. 2 y 99 *(LTM 9331717)*; L. 143/ 1994, Art. 3, 4 y 71 *(LTM 9331714)*; L. 80/1993, Art. 2 *(LTM 9341513)*; L. 632/2000, Art. 3 *(LTM 12153265)*; L. 812/2003, Art. 116 *(LTM 1956207)*; L. 1450/2011, Art. 125 y 130 *(LTM 9332047)*; L. 1474/2011, Art. 26 *(LTM 9335718)*; L. 1506/2012 *(LTM 12171297)*; L. 1537/2012, Art. 52 *(LTM 9331719)*; C.Const. Sent. C-580/1992 M.P. Fabio Morón *(LTM 1953493)*; C.Const. Sent. C-372/1994 M.P. Vladimiro Naranjo *(LTM 1953520)*; C.Const. Sent. C-254/1996 M.P. Eduardo Cifuentes *(LTM 1953824)*; C.Const. Sent. C-558/2001 M.P. Jaime Araújo *(LTM 1955907)*; C.Const. Sent. C-739/2008 M.P. Marco Monroy *(LTM 1956643)*.

Artículo 369

La ley determinará los deberes y derechos de los usuarios, el régimen de su protección y sus formas de participación en la gestión y fiscalización de las empresas estatales que presten el servicio.

Igualmente definirá la participación de los municipios o de sus representantes, en las entidades y empresas que les presten servicios públicos domiciliarios.

Concord.: L. 80/1993. Art. 2 *(LTM 9341513)*; L. 100/1993, Art. 154 *(LTM 9335956)*; L. 142/1994, Art. 62 y 63 *(LTM 9331717)*; L. 143/1994, Arts. 3 y 4 *(LTM 9331714)*; L. 286/1996 *(LTM 9331716)*; L. 373/1997 *(LTM 9384598)*; L. 689/2001 *(LTM 12153349)*; L. 697/2001 *(LTM 12159165)*; L. 850/2003 *(LTM 9336898)*; L. 1245/2008 *(LTM 12166847)*; L. 1506/2012 *(LTM 12171297)*; C.Const. Sent. C-267/1993 M.P. Hernando Herrera *(LTM 10102412)*; C.Const. Sent. C-268/1993 M.P. Carlos Gaviria *(LTM 10102411)*; C.Const. Sent. C-507/2001 M.P. Álvaro Tafur *(LTM 10042078)*; C.Const. Sent. C-075/2006 M.P. Rodrigo Escobar *(LTM 1956197)*.

Artículo 370

Corresponde al Presidente de la República señalar, con sujeción a la ley, las políticas generales de administración y control de eficiencia de los servicios públicos domiciliarios y ejercer por medio de la Superintendencia de Servicios Públicos Domiciliarios, el control, la inspección y vigilancia de las entidades que los presten.

Concord.: L. 37/1993 *(LTM 12152428)*; L. 80/1993, Art. 2 y 3 *(LTM 9335852)*; L. 100/1993, Art. 154 *(LTM 9335956)*; L. 136/1994, Art. 144 *(LTM 9332212)*; L. 142/1994 *(LTM 9331717)*; L. 143/1994 *(LTM 9331714)*; L. 489/1998, Art. 48 *(LTM 9332778)*; L. 689/2001 *(LTM 12153349)*; L. 1215/2008 *(LTM 12153351)*; C.Const. Sent. C-082/1993 M.P. José Hernández *(LTM 10102596)*; C.Const. Sent. C-268/1993 M.P. Carlos Gaviria *(LTM 10102411)*; C.Const. Sent. C-305/2004 M.P. Marco Gerardo Monroy *(LTM 1955094)*; C.Const. Sent. C-107/2013 M.P. María Victoria Calle *(LTM 9995650)*.

CAPÍTULO 6
DE LA BANCA CENTRAL

Artículo 371

El Banco de la República ejercerá las funciones de banca central. Estará organizado como persona jurídica de derecho público, con autonomía administrativa, patrimonial y técnica, sujeto a un régimen legal propio.

Serán funciones básicas del Banco de la República: regular la moneda, los cambios internacionales y el crédito; emitir la moneda legal; administrar las reservas internacionales; ser prestamista de última instancia y banquero de los establecimientos de crédito; y servir como agente fiscal del gobierno. Todas ellas se ejercerán en coordinación con la política económica general.

El Banco rendirá al Congreso informe sobre la ejecución de las políticas a su cargo y sobre los demás asuntos que se le soliciten.

Concord.: L. 5/1992, Art. 254 *(LTM 9335852)*; L. 31/1992, Art. 1, 2 y 3 *(LTM 9335591)*; L. 275/1996 *(LTM 12155026)*; L. 477/1998 *(LTM 12157325)*; L. 964/2005, Art. 66 *(LTM 9334826)*; L. 1247/2008 *(LTM 12166844)*; L. 1484/2011 *(LTM 12170474)*; C.Const. Sent. C-529/1993 M.P. Eduardo Cifuentes Muñoz *(LTM 10102167)*; C.Const. Sent. C-1096/2001 M.P. Jaime Córdoba *(LTM 10041474)*; C.Const. Sent. C-532/2006 M.P. Álvaro Tafur *(LTM 1956054)*; C.Const. Sent. C-823/2011 M.P. María Victoria Calle *(LTM 1957201)*; C.Const. Sent. C-866/2014 M.P. María Victoria Calle *(LTM 1957602)*.

Artículo 372

La Junta Directiva del Banco de la República será la autoridad monetaria, cambiaria y crediticia, conforme a las funciones que le asigne la ley. Tendrá a su cargo la dirección y ejecución de las funciones del Banco y estará conformada por siete miembros, entre ellos el Ministro de Hacienda, quien la presidirá. El Gerente del

Banco será elegido por la Junta Directiva y será miembro de ella. Los cinco miembros restantes, de dedicación exclusiva, serán nombrados por el Presidente de la República para períodos prorrogables de cuatro años, reemplazados dos de ellos, cada cuatro años. Los miembros de la junta directiva representarán exclusivamente el interés de la Nación.

El Congreso dictará la ley a la cual deberá ceñirse el Banco de la República para el ejercicio de sus funciones y las normas con sujeción a las cuales el Gobierno expedirá los estatutos del Banco en los que se determinen, entre otros aspectos, la forma de su organización, su régimen legal, el funcionamiento de su junta directiva y del consejo de administración, el período del gerente, las reglas para la constitución de sus reservas, entre ellas, las de estabilización cambiaria y monetaria, y el destino de los excedentes de sus utilidades.

El Presidente de la República ejercerá la inspección, vigilancia y control del Banco en los términos que señale la ley.

Concord.: L. 130/1994, Art. 17 *(LTM 9331901)*; L. 31/1992, Art. 4, 34 y 35 *(LTM 9335591)*; L. 34/1993 *(LTM 12152431)*; L. 35/1993, Art. 3 *(LTM 12152429)*; L. 42/1993, Art. 2 *(LTM 9331957)*; L. 477/1998 *(LTM 12157325)*; C.Const. Sent. C-478/1992 M.P. Eduardo Cifuentes *(LTM 10102818)*; C.Const. Sent. C-014/1993 M.P. Ciro Angarita *(LTM 1953476)*; C. Const. Sent. C-529/1993 M.P. Eduardo Cifuentes *(LTM 1953370)*; C. Const. Sent. C-827/2001 M.P. Álvaro Tafur Galvis *(LTM 1955870)*; C.Const.. Sent. C-354/2006 M.P. Álvaro Tafur *(LTM 10027045)*.

Artículo 373

El Estado, por intermedio del Banco de la República, velará por el mantenimiento de la capacidad adquisitiva de la moneda.

El Banco no podrá establecer cupos de crédito, ni otorgar garantías a favor de particulares, salvo cuando se trate de intermediación de crédito externo para su colocación por medio de los establecimientos de crédito, o de apoyos transitorios de liquidez para los mismos. Las operaciones de financiamiento a favor del Estado requerirán la aprobación unánime de la junta directiva, a menos que se trate de operaciones de mercado abierto. El legislador, en ningún caso, podrá ordenar cupos de crédito a favor del Estado o de los particulares.

Concord.: L. 31/1992, Art. 13 *(LTM 9335591)*; L. 477/1998 *(LTM 12157325)*; C.Const. Sent. C-021/1993 M.P. Ciro Angarita *(LTM 1953466)*; C.Const. Sent. C-024/1993 Ciro Angarita M.P. *(LTM 10102655)*; C.Const. Sent. C-529/1993 M.P. Eduardo Cifuentes Muñoz *(LTM 10102167)*; C.Const. Sent. C-827/2001 M.P. Álvaro Tafur *(LTM 1955870)*.

TÍTULO XIII
DE LA REFORMA DE LA CONSTITUCIÓN

Artículo 374

La Constitución Política podrá ser reformada por el Congreso, por una Asamblea Constituyente o por el pueblo mediante referendo.

Concord.: L. 5/1992, Art. 218, 219 y 376 *(LTM 9335852)*; L. 796/2003 *(LTM 12160359)*; L. 1757/2015 *(LTM 12160276)*; C.Const. Sent. C-454/1993 M.P. José Hernández *(LTM 1953395)*; C.Const. Sent. C-507/2001 M.P. Álvaro Tafur *(LTM 10042078)*; C.Const. Sent. C-551/2003 M.P. Eduardo Montealegre *(LTM 10030756)*; C.Const. Sent. C-141/2010 M.P. Humberto Sierra *(LTM 9997936)*.

Artículo 375

Podrán presentar proyectos de acto legislativo el Gobierno, diez miembros del Congreso, el veinte por ciento de los concejales o de los diputados y los ciudadanos en un número equivalente al menos, al cinco por ciento del censo electoral vigente.

El trámite del proyecto tendrá lugar en dos períodos ordinarios y consecutivos. Aprobado en el primero de ellos por la mayoría de los asistentes, el proyecto será publicado por el Gobierno. En el segundo período la aprobación requerirá el voto de la mayoría de los miembros de cada Cámara.

En este segundo período sólo podrán debatirse iniciativas presentadas en el primero.

Concord.: L. 5/1992, Art. 119, 221, 223, 224, 225, 226, 227 y 229 *(LTM 9335852)*; L. 134/1994, Art. 31 *(LTM 9333135)*; L. 1475/2011, Art. 47 *(LTM 12170481)*; C.Const. Sent. C-428/1993 M.P. José Hernández *(LTM 1953373)*; C.Const. Sent. C-966/2003 M.P. Marco Monroy *(LTM 1955213)*; C.Const. Sent. C-013/2004 M.P. Marco Monroy *(LTM 1955126)*; C.Const. Sent. C-472/2004 M.P. Jaime Araújo *(LTM 1954963)*; C.Const. Sent. C-208/2005 M.P. Clara Vargas *(LTM 1956387)*; C.Const. Sent. C-535/2012 M.P. Gabriel Mendoza *(LTM 9996856)*; C.Const. Sent. C-094/2017 M.P. Aquiles Arrieta Gómez, Alberto Rojas *(LTM 9967597)*.

Artículo 376

Mediante ley aprobada por mayoría de los miembros de una y otra Cámara, el Congreso podrá disponer que el pueblo en votación popular decida si convoca una Asamblea Constituyente con la competencia, el período y la composición que la misma ley determine.

Se entenderá que el pueblo convoca la Asamblea, si así lo aprueba, cuando menos, una tercera parte de los integrantes del censo electoral. La Asamblea deberá ser elegida por el voto directo de los ciudadanos, en acto electoral que no podrá coincidir con otro. A partir de la elección quedará en suspenso la facultad ordinaria del Congreso para reformar la Constitución durante el término señalado para que la Asamblea cumpla sus funciones. La Asamblea adoptará su propio reglamento.

Concord.: L. 5/1992, Art. 119, 218, 220 y 228 *(LTM 9335852)*; L. 1475/2011, Art. 47 *(LTM 12170481)*; C.Const. Sent. C-454/1993 M.P. José Hernández *(LTM 1953395)*; C.Const. Sent. C-041/2004 M.P. Clara Vargas *(LTM 1955085)*; C.Const. Sent. C-352/2004. M.P. Rodrigo Escobar *(LTM 1955027)*.

Artículo 377

Deberán someterse a referendo las reformas constitucionales aprobadas por el Congreso, cuando se refieran a los derechos reconocidos en el Capítulo 1 del Título II y a sus garantías, a los procedimientos de participación popular, o al Congreso, si así lo solicita, dentro de los seis meses siguientes a la promulgación del Acto Legislativo, un cinco por ciento de los ciudadanos que integren el censo electoral. La reforma se entenderá derogada por el voto negativo de la mayoría de los sufragantes, siempre que en la votación hubiere participado al menos la cuarta parte del censo electoral.

Concord.: L. 5/1992, Art. 229 *(LTM 9335852)*; L. 1475/2011, Art. 47 *(LTM 12170481)*; L. 1480/2011, Art. 77 *(LTM 9406184)*; C.Const. Sent. C-301/1993 M.P. Eduardo Cifuentes *(LTM 1953420)*; C.Const. Sent. C-531/1993 M.P. Eduardo Cifuentes *(LTM 1953387)*; C.Const. Sent. C-352/2004 M.P. Rodrigo Escobar *(LTM 1955027)*.

Artículo 378

Por iniciativa del Gobierno o de los ciudadanos en las condiciones del artículo 155, el Congreso, mediante ley que requiere la aprobación de la mayoría de los miembros de ambas Cámaras, podrá someter a referendo un proyecto de reforma constitucional que el mismo Congreso incorpore a la ley. El referendo será presentado de manera que los electores puedan escoger libremente en el temario o articulado qué votan positivamente y qué votan negativamente.

La aprobación de reformas a la Constitución por vía de referendo requiere el voto afirmativo de más de la mitad de los sufragantes, y que el número de estos exceda de la cuarta parte del total de ciudadanos que integren el censo electoral.

Concord.: L. 5/1992, Art. 119 y 229 *(LTM 9335852)*; L. 796/2003 *(LTM 12160359)*; L. 1327/2009 *(LTM 12167584)*; L. 1475/2011, Art. 47 *(LTM 12170481)*; L. 1745/2014 *(LTM 12173498)*; C.Const. Sent. C-531/1993 M.P. Eduardo Cifuentes *(LTM 1953387)*; C.Const. Sent. C-352/2004 M.P. Rodrigo Escobar *(LTM 1955027)*; C.Const. Sent. C-113/2006 M.P. Humberto Sierra *(LTM 1956121)*; C.Const. Sent. C-784/2014 M.P. María Victoria Calle *(LTM 9993786)*.

Artículo 379

Los Actos Legislativos, la convocatoria a referendo, la consulta popular o el acto de convocación de la Asamblea Constituyente, sólo podrán ser declarados inconstitucionales cuando se violen los requisitos establecidos en este título.

La acción pública contra estos actos sólo procederá dentro del año siguiente a su promulgación, con observancia de lo dispuesto en el artículo 241 numeral 2.

Concord.: L. 134/1994, Art. 60 *(LTM 9333135)*; C.Const. Sent. C-454/1993 M.P. José Hernández *(LTM 1953395)*; C.Const. Sent. C-387/1997 M.P. Fabio Morón *(LTM 10099340)*; C.Const. Sent. C-1092/2003 M.P. Álvaro Tafur *(LTM 1955216)*; C.Const. Sent. C-514/2004 M.P. Álvaro Tafur *(LTM 1954975)*; C.Const. Sent. C-971/2004 M.P. Manuel Cepeda *(LTM 1956447)*; C.Const. Sent. C-397/2010 M.P. Juan Henao *(LTM 10839390)*; C.Const. Sent. C-317/2012 M.P. Clara Vargas *(LTM 1955630)*; C.Const. Sent. C-013/2014 M.P. Nilson Pinilla *(LTM 9988338)*.

Artículo 380

Queda derogada la Constitución hasta ahora vigente con todas sus reformas. Esta Constitución rige a partir del día de su promulgación.

Concord.: C.Const. Sent. C-416/1992 M.P. José Hernández *(LTM 10102883)*; C.Const. Sent. C-590/1992 M.P. Simón Rodríguez *(LTM 1953224)*; C.Const. Sent. C-014/1993 M.P. Ciro Angarita *(LTM 1953476)*; C.Const. Sent. C-486/1993 M.P. Eduardo Cifuentes *(LTM 1953404)*; C.Const. Sent. C-932/2006 M.P. Humberto Sierra *(LTM 1956998)*.

DISPOSICIONES TRANSITORIAS

CAPÍTULO 1

Artículo transitorio 1

Convócase a elecciones generales del Congreso de la República para el 27 de octubre de 1991.

El Congreso así elegido, tendrá el período que termina el 19 de julio de 1994.

La Registraduría del Estado Civil, abrirá un período de inscripción de cédulas de ciudadanía.

Artículo transitorio 2

No podrán ser candidatos en dicha elección los delegatarios de la Asamblea Constituyente de pleno derecho ni los actuales Ministros del Despacho.

Tampoco podrán serlo los funcionarios de la Rama Ejecutiva que no hubieren renunciado a su cargo antes del 14 de junio de 1991.

Artículo transitorio 3

Mientras se instala, el 1o. de diciembre de 1991 el nuevo congreso, el actual y sus comisiones entrarán en receso y no podrán ejercer ninguna de sus atribuciones ni por iniciativa propia ni por convocatoria del Presidente de la República.

Artículo transitorio 4

El Congreso elegido el 27 de octubre de 1991 sesionará ordinariamente así:

Del 1o. al 20 de diciembre de 1991 y del 14 de enero al 26 de junio de 1992. A partir del 20 de julio de 1992 su régimen de sesiones será el prescrito en esta Constitución.

Artículo transitorio 5

Revístese al Presidente de la República de precisas facultades extraordinarias para:

a) Expedir las normas que organicen la Fiscalía General y las normas de procedimiento penal;

b) Reglamentar el derecho de tutela;

c) Tomar las medidas administrativas necesarias para el funcionamiento de la Corte Constitucional y el Consejo Superior de la Judicatura: <sic>

d) Expedir el Presupuesto General de la Nación para la vigencia de 1992;

e) Expedir normas transitorias para descongestionar los despachos judiciales.

Artículo transitorio 6

Créase una Comisión Especial de treinta y seis miembros elegidos por cuociente electoral por la Asamblea Nacional Constituyente, la mitad de los cuales podrán ser Delegatarios, que se reunirá entre el 15 de julio y el 4 de octubre de 1991 y entre el 18 de noviembre de 1991 y el día de la instalación del nuevo Congreso. La elección se realizará en sesión convocada para este efecto el 4 de julio de 1991.

Esta Comisión Especial tendrá las siguientes atribuciones:

a) Improbar por la mayoría de sus miembros, en todo o en parte, los proyectos de decreto que prepare el Gobierno Nacional en ejercicio de las facultades extraordinarias concedidas al Presidente de la República por el artículo anterior y en otras disposiciones del presente Acto Constituyente, excepto los de nombramientos.

Los artículos improbados no podrán ser expedidos por el Gobierno.

b) Preparar los proyectos de ley que considere convenientes para desarrollar la Constitución. La Comisión Especial podrá presentar dichos proyectos para que sean debatidos y aprobados por el Congreso de la República.

c) Reglamentar su funcionamiento.

Parágrafo. Si la Comisión Especial no aprueba antes del 15 de diciembre de 1991 el proyecto de presupuesto para la vigencia fiscal de 1992, regirá el del año anterior, pero el Gobierno podrá reducir gastos, y, en consecuencia, suprimir o fusionar empleos, cuando así lo aconsejen los cálculos de rentas del nuevo ejercicio.

Artículo transitorio 7

El Presidente de la República designará un representante del Gobierno ante la Comisión Especial, que tendrá voz e iniciativa.

Artículo transitorio 8

Los decretos expedidos en ejercicio de las facultades de Estado de Sitio hasta la fecha de promulgación del presente Acto Constituyente, continuarán rigiendo por un plazo máximo de noventa días, durante los cuales el Gobierno Nacional podrá convertirlos en legislación permanente, mediante decreto, si la Comisión Especial no los imprueba.

Artículo transitorio 9

Las facultades extraordinarias para cuyo ejercicio no se hubiere señalado plazo especial, expirarán quince días después de que la Comisión Especial cese definitivamente en sus funciones.

Artículo transitorio 10

Los decretos que expida el Gobierno en ejercicio de las facultades otorgadas en los anteriores artículos tendrán fuerza de ley y su control de constitucionalidad corresponderá a la Corte Constitucional.

Artículo transitorio 11

Las facultades extraordinarias a que se refiere el Artículo Transitorio 5, cesarán el día en que se instale el Congreso elegido el 27 de octubre de 1991.

En la misma fecha la comisión especial creada por el artículo transitorio 6 también cesará en sus funciones.

Artículo transitorio 12

Con el fin de facilitar la reincorporación a la vida civil de los grupos guerrilleros que se encuentren vinculados decididamente a un proceso de paz bajo la dirección del Gobierno, éste podrá establecer, por una sola vez, circunscripciones especiales de paz para las elecciones a corporaciones públicas que tendrán lugar el 27 de octubre de 1991, o nombrar directamente por una sola vez, un número plural de Congresistas en cada Cámara en representación de los mencionados grupos en proceso de paz y desmovilizados.

El número será establecido por el Gobierno Nacional, según valoración que haga de las circunstancias y del avance del proceso. Los nombres de los Senadores y Representantes a que se refiere este artículo serán convenidos entre el Gobierno y los grupos guerrilleros y su designación corresponderá al Presidente de la República.

Para los efectos previstos en este artículo, el Gobierno podrá no tener en cuenta determinadas inhabilidades y requisitos necesarios para ser Congresista.

Artículo transitorio 13

Dentro de los tres años siguientes a la entrada en vigencia de esta Constitución, el Gobierno podrá dictar las disposiciones que fueren necesarias para facilitar la reinserción de grupos guerrilleros desmovilizados que se encuentren vinculados a un proceso de paz bajo su dirección; para mejorar las condiciones económicas y sociales de las zonas donde ellos estuvieran presentes; y para proveer a la organización territorial, organización y competencia municipal, servicios públicos y funcionamiento e integración de los cuerpos colegiados municipales en dichas zonas.

El Gobierno Nacional entregará informes periódicos al Congreso de la República sobre el cumplimiento y desarrollo de este artículo.

Artículo transitorio 14

Dentro de la legislatura que se inicia el primero de diciembre de 1991, el Congreso Nacional, el Senado de la República y la Cámara de Representantes expedirán su respectivo reglamento. De no hacerlo, lo expedirá el Consejo de Estado, dentro de los tres meses siguientes.

Artículo transitorio 15

La primera elección de Vicepresidente de la República se efectuará en el año de 1994. Entre tanto, para suplir las faltas absolutas o temporales del Presidente de la República se conservará el anterior sistema de Designado, por lo cual, una vez vencido el período del elegido en 1990, el Congreso en pleno elegirá uno nuevo para el período de 1992-1994.

Artículo transitorio 16

Salvo los casos que señale la Constitución, la primera elección popular de gobernadores se celebrará el 27 de octubre de 1991.

Los gobernadores elegidos en esa fecha tomarán posesión el 2 de enero de 1992.

Artículo transitorio 17

La primera elección popular de Gobernadores en los departamentos del Amazonas, Guaviare, Guainía, Vaupés, y Vichada se hará a más tardar en 1997.

La ley puede fijar una fecha anterior. Hasta tanto, los gobernadores de los mencionados departamentos serán designados y podrán ser removidos por el Presidente de la República.

Artículo transitorio 18

Mientras la ley establece el régimen de inhabilidades para los gobernadores, en las elecciones del 27 de octubre de 1991 no podrán ser elegidos como tales:

1. Quienes en cualquier época hayan sidos <sic> condenados por sentencia judicial a pena privativa de la libertad, con excepción de quienes lo hubieran sido por delitos políticos o culposos.

2. Quienes dentro de los seis meses anteriores a la elección hubieren ejercido como empleados públicos jurisdicción o autoridad política, civil, administrativa o militar a nivel nacional o en el respectivo departamento.

3. Quienes estén vinculados por matrimonio o parentesco dentro del tercer grado de consanguinidad, segundo de afinidad o primero civil con quienes se inscriban como candidatos en las mismas elecciones a Congreso de la República.

4. Quienes dentro de los seis meses anteriores a la elección, hayan intervenido en la gestión de asuntos o en la celebración de contratos con entidades públicas, en su propio interés o en interés de terceros.

La prohibición establecida en el numeral dos de este artículo no se aplica a los miembros de la Asamblea Nacional Constituyente.

Artículo transitorio 19

Los alcaldes, concejales y diputados que se elijan en 1992 ejercerán sus funciones hasta el 31 de diciembre de 1994.

CAPÍTULO 2

Artículo transitorio 20

El Gobierno Nacional, durante el término de dieciocho meses contados a partir de la entrada en vigencia de esta Constitución y teniendo en cuenta la evaluación y recomendaciones de una Comisión conformada por tres expertos en Administración Pública o Derecho Administrativo designados por el Consejo de Estado; tres miembros designados por el Gobierno Nacional y uno en representación de la Federación Colombiana de Municipios, suprimirá, fusionará o reestructurará las entidades de la rama ejecutiva, los establecimientos públicos, las empresas industriales y comerciales y las sociedades de economía mixta del orden nacional, con el fin de ponerlas en consonancia con los mandatos de la presente reforma constitucional y, en especial, con la redistribución de competencias y recursos que ella establece.

Artículo transitorio 21

Las normas legales que desarrollen los principios consignados en el artículo 125 de la Constitución serán expedidas por el Congreso dentro del año siguiente a su instalación. Si en este plazo el Congreso no las dicta, el Presidente de la República queda facultado para expedirlas en un término de tres meses.

A partir de la expedición de las normas legales que regulen la carrera, los nominadores de los servidores públicos la aplicarán en un término de seis meses.

El incumplimiento de los términos señalados en el inciso anterior será causal de mala conducta.

Mientras se expiden las normas a que hace referencia este artículo, continuarán vigentes las que regulan actualmente la materia en cuanto no contraríen la Constitución.

CAPÍTULO 3

Artículo transitorio 22

Mientras la ley no fije otro número, la primera Corte Constitucional estará integrada por siete magistrados que serán designados para un período de un año así:

Dos por el Presidente de la República;

Uno por la Corte Suprema de Justicia;

Uno por el Consejo de Estado, y

Uno por el Procurador General de la Nación.

Los magistrados así elegidos designarán los dos restantes, de ternas que presentará el Presidente de la República.

La elección de los Magistrados que corresponde a la Corte Suprema de Justicia, al Consejo de Estado, al Presidente de la República y al Procurador General de la Nación, deberá hacerse dentro de los cinco días siguientes a la entrada en vigencia de esta Constitución. El incumplimiento de este deber será causal de mala conducta y si no se efectuare la elección por alguno de los órganos mencionados en dicho término, la misma se hará por los magistrados restantes debidamente elegidos.

Parágrafo 1o. Los miembros de la Asamblea Constituyente no podrán ser designados Magistrados de la Corte Constitucional en virtud de este procedimiento extraordinario.

Parágrafo 2o. La inhabilidad establecida en el artículo 240 para los Ministros y Magistrados de la Corte Suprema de Justicia y del Consejo de Estado no es aplicable para la integración inmediata de la Corte Constitucional que prevé este artículo.

Artículo transitorio 23

Revístese al Presidente de la República de precisas facultades extraordinarias para que dentro de los dos meses siguientes a la promulgación de la Constitución dicte mediante decreto, el régimen procedimental de los juicios y actuaciones que deban surtirse ante la Corte Constitucional.

En todo tiempo el Congreso podrá derogar o modificar las normas así establecidas.

Mientras se expide el decreto previsto en el inciso primero, el funcionamiento de la Corte Constitucional y el trámite y despacho de los asuntos a su cargo, se regirán por las normas pertinentes del decreto 432 de 1969.

Artículo transitorio 24

Las acciones públicas de inconstitucionalidad instauradas antes del 1 de junio de 1991 continuarán siendo tramitadas y deberán ser decididas por la Corte Suprema de Justicia, dentro de los plazos señalados en el decreto 432 de 1969.

Las que se hubieren iniciado con posterioridad a la fecha citada, deberán ser remitidas a la Corte Constitucional en el estado en que se encuentren.

Una vez sean fallados todos los procesos por la Corte Suprema de Justicia conforme al inciso primero del presente artículo, su Sala Constitucional cesará en el ejercicio de sus funciones.

Artículo transitorio 25

El Presidente de la República designará por primera y única vez a los miembros de la Sala Disciplinaria del Consejo Superior de la Judicatura.

La Sala Administrativa será integrada con arreglo a lo dispuesto en el numeral primero del artículo 254 de la Constitución.

Artículo transitorio 26

Los procesos que se adelanten actualmente en el Tribunal Disciplinario, continuarán tramitándose sin interrupción alguna por los magistrados de dicha corporación y pasarán al conocimiento de la sala disciplinaria del Consejo Superior de la Judicatura desde la instalación de la misma.

Artículo transitorio 27

La Fiscalía General de la Nación entrará a funcionar cuando se expidan los decretos extraordinarios que la organicen y los que establezcan los nuevos procedimientos penales, en desarrollo de las facultades concedidas por la Asamblea Nacional Constituyente al Presidente de la República.

En los decretos respectivos se podrá, sin embargo, disponer que la competencia de los distintos despachos judiciales se vaya asignando a medida que las condiciones concretas lo permitan, sin exceder del 30 de junio de 1992, salvo para los jueces penales municipales, cuya implantación se podrá extender por el término de cuatro años contados a partir de la expedición de esta reforma, según lo dispongan el Consejo Superior de la Judicatura y el Fiscal General de la Nación.

Las actuales fiscalías de los juzgados superiores, penales del circuito y superiores de aduana, y de orden público, pasarán a la Fiscalía General de la Nación. Las demás fiscalías se incorporarán a la estructura orgánica y a la planta de personal de la Procuraduría. El Procurador General señalará la denominación, funciones y sedes de estos servidores públicos, y podrá designar a quienes venían ejerciendo dichos cargos, conservando su remuneración y régimen prestacional.

La Procuraduría Delegada en lo Penal continuará en la estructura de la Procuraduría General de la Nación.

Igualmente pasarán a la Fiscalía General de la Nación, la dirección nacional y las direcciones seccionales de instrucción criminal, el cuerpo técnico de policía judicial, y los juzgados de instrucción criminal de la justicia ordinaria, de orden público y penal aduanera.

La Dirección Nacional de Medicina Legal del Ministerio de Justicia, con sus dependencias seccionales, se integrará a la Fiscalía General como establecimiento público adscrito a la misma.

Las dependencias que se integren a la Fiscalía General pasarán a ella con todos sus recursos humanos y materiales, en los términos que señale la ley que la organice.

Artículo transitorio 28

Mientras se expide la ley que atribuya a las autoridades judiciales el conocimiento de los hechos punibles sancionables actualmente con pena de arresto por las autoridades de policía, éstas continuarán conociendo de los mismos.

Artículo transitorio 29

Para la aplicación en cualquier tiempo de las normas que prohíben la reelección de los magistrados de la Corte Constitucional, de la Corte Suprema de Justicia y del Consejo de Estado, sólo se tomarán en cuenta las elecciones que se produzcan con posterioridad a la promulgación de la presente reforma.

Artículo transitorio 30

Autorízase al Gobierno Nacional para conceder indultos o amnistías por delitos políticos y conexos, cometidos con anterioridad a la promulgación del presente Acto Constituyente, a miembros de grupos guerrilleros que se reincorporen a la vida civil en los términos de la política de reconciliación. Para tal efecto el Gobierno Nacional expedirá las reglamentaciones correspondientes. Este beneficio no podrá extenderse a delitos atroces ni a homicidios cometidos fuera de combate o aprovechándose del estado de indefensión de la víctima.

CAPÍTULO 4

Artículo transitorio 31

Transcurrido un mes desde la instalación del Congreso elegido el 27 de octubre de 1991, el Consejo de Estado elegirá los miembros del Consejo Nacional Electoral en proporción a la representación que alcancen los partidos y movimientos políticos en el Congreso de la República.

Dicho Consejo permanecerá en ejercicio de sus funciones hasta el 1 de septiembre de 1994.

Artículo transitorio 32

Mientras se integra el Consejo Nacional Electoral en los términos que establece la Constitución, la composición actual de este órgano será ampliada con cuatro miembros designados por el Consejo de Estado, de ternas presentadas por los partidos y movimientos que no se encuentren representados en aquel, en la proporción de los resultados de las elecciones celebradas el 9 de diciembre de 1990, otorgando dos a la lista mayoritaria y uno a cada una de las listas no representadas que le siguieron en votos. Tales nombramientos deberán hacerse antes del quince de julio de 1991.

Artículo transitorio 33

El período del actual Registrador Nacional del Estado Civil concluye el 30 de septiembre de 1994.

El período del Registrador Nacional del Estado Civil a que se refiere esta Constitución empezará a contarse a partir del 1o. de octubre de 1994.

Artículo transitorio 34

El Presidente de la República, en un plazo no mayor de ocho días hábiles contados a partir de la promulgación de esta Constitución, designará, por un período de tres años un ciudadano que tendrá la función de impedir de oficio, o a petición de parte, el uso de recursos originalmente provenientes del tesoro público, o del exterior, en las campañas electorales que se efectúen en el término indicado, exceptuando la financiación de las campañas electorales conforme a la Constitución o la ley. Para este efecto tendrá derecho a pedir y a obtener la colaboración de la Procuraduría General de la Nación, de la Contraloría General de la República, de todas las entidades públicas que ejerzan atribuciones de control y vigilancia y de los organismos que ejerzan funciones de policía judicial.

El Presidente de la República reglamentará esta norma y le prestará al ciudadano designado todo el apoyo administrativo y financiero que le fuere indispensable.

Artículo transitorio 35

El Consejo Nacional Electoral reconocerá automáticamente personería jurídica a los partidos y movimientos políticos representados en la Asamblea Nacional Constituyente que se lo soliciten.

CAPÍTULO 5

Artículo transitorio 36

Los actuales Contralor General de la República y Procurador General de la Nación continuarán en el ejercicio de sus cargos, hasta tanto el Congreso elegido para el período constitucional de 1994-1998, realice la nueva elección, la que deberá hacer dentro de los primeros treinta días siguientes a su instalación.

Artículo transitorio 37

El primer Defensor del Pueblo será elegido por el Procurador General de la Nación, de terna enviada por el Presidente de la República, en un plazo no mayor de treinta días.

CAPÍTULO 6

Artículo transitorio 38

El Gobierno organizará e integrará, en el término de seis meses, una Comisión de Ordenamiento Territorial, encargada de realizar los estudios y formular ante las autoridades competentes las recomendaciones que considere del caso para acomodar la división territorial del país a las disposiciones de la Constitución. La Comisión cumplirá sus funciones durante un período de tres años, pero la ley podrá darle carácter permanente. En este caso, la misma ley fijará la periodicidad con la cual presentará sus propuestas.

Artículo transitorio 39

Revístese al Presidente de la República de precisas facultades extraordinarias, por un término de tres meses, para expedir decretos con fuerza de ley mediante los cuales se asegure la debida organización y el funcionamiento de los nuevos departamentos erigidos como tales en la Constitución.

En ejercicio de estas facultades el Gobierno podrá suprimir las instituciones nacionales encargadas de la administración de las antiguas intendencias y comisarías y asignar a las entidades territoriales los bienes nacionales que a juicio del Gobierno deban pertenecerles.

Artículo transitorio 40

Son válidas las creaciones de municipios hechas por las Asambleas Departamentales antes del 31 de diciembre de 1990.

Artículo transitorio 41

Si durante los dos años siguientes a la fecha de promulgación de esta Constitución, el Congreso no dicta la ley a que se refieren los artículos 322, 323 y 324, sobre régimen especial para el Distrito Capital de Santa Fe de Bogotá, el Gobierno, por una sola vez expedirá las normas correspondientes.

Artículo transitorio 42

Mientras el Congreso expide las leyes de que trata el artículo 310 de la Constitución, el Gobierno adoptará por decreto, las reglamentaciones necesarias para controlar la densidad de población del Departamento Archipiélago de San Andrés, Providencia y Santa Catalina, en procura de los fines expresados en el mismo artículo.

CAPÍTULO 7

Artículo transitorio 43

Para financiar el funcionamiento de las nuevas instituciones y atender las obligaciones derivadas de la reforma constitucional que no hayan sido compensadas por disminución de gastos o traslados de responsabilidades, el Congreso podrá, por una sola vez disponer ajustes tributarios cuyo producto se destine exclusivamente a la Nación.

Si en un plazo de dieciocho meses, contados a partir de la instalación del Congreso, éste no ha efectuado tales ajustes fiscales y es evidente que los esfuerzos de la administración para hacer más eficiente el recaudo y para disminuir el gasto público a nivel nacional no han sido suficientes para cubrir los nuevos gastos, el Gobierno Nacional podrá, por una sola vez, mediante decreto con fuerza de ley, realizar dichos ajustes.

Artículo transitorio 44

El situado fiscal para el año de 1992 no será inferior al de 1991 en pesos constantes.

Artículo transitorio 45

Los distritos y municipios percibirán como mínimo, durante la vigencia fiscal de 1992, las participaciones en el impuesto al valor agregado IVA establecidas en la ley 12 de 1986. A partir de 1993 entrará a regir lo dispuesto en el artículo 357 de la Constitución, sobre participación de los municipios en los ingresos corrientes de la Nación.

La ley, sin embargo, establecerá un régimen gradual y progresivo de transición a partir de 1993 y por un período de tres años, al cabo del cual entrarán en vigencia los nuevos criterios de distribución señalados en el citado artículo. Durante el período de transición el valor que reciban los distritos y municipios por concepto de participaciones no será inferior, en ningún caso, al percibido en 1992, en pesos constantes.

Artículo transitorio 46

El Gobierno Nacional pondrá en funcionamiento, por un período de cinco años, un fondo de solidaridad y emergencia social, adscrito a la Presidencia de la República. Este fondo financiará proyectos de apoyo a los sectores más vulnerables de la población colombiana.

El fondo deberá buscar, además, recursos de cooperación nacional e internacional.

Artículo transitorio 47

La ley organizará para las zonas afectadas por aguda violencia, un plan de seguridad social de emergencia, que cubrirá un período de tres años.

Artículo transitorio 48

Dentro de los tres meses siguientes a la instalación del Congreso de la República el Gobierno presentará los proyectos de ley relativos al régimen jurídico de los servicios públicos; a la fijación de competencias y criterios generales que regirán la prestación de los servicios públicos domiciliarios, así como su financiamiento y régimen tarifario; al régimen de participación de los representantes de los municipios atendidos y de los usuarios en la gestión y fiscalización de las empresas estatales que presten los servicios, así como los relativos a la protección, deberes y derechos de aquellos y al señalamiento de las políticas generales de administración y control de eficiencia de los servicios públicos domiciliarios.

Si al término de las dos siguientes legislaturas no se expidieren las leyes correspondientes, el Presidente de la República pondrá en vigencia los proyectos mediante decretos con fuerza de ley.

Artículo transitorio 49

En la primera legislatura posterior a la entrada en vigencia de esta Constitución, el Gobierno presentará al Congreso los proyectos de ley de que tratan los artículos 150 numeral 19 literal d, 189 numeral 24 y 335, relacionados con las actividades financiera, bursátil, aseguradora y cualquiera otra relacionada con el manejo, aprovechamiento e inversión de recursos captados del público.

Si al término de las dos legislaturas ordinarias siguientes, este último no los expide, el Presidente de la República pondrá en vigencia los proyectos, mediante decretos con fuerza de ley.

Artículo transitorio 50

Mientras se dictan las normas generales a las cuales debe sujetarse el Gobierno para regular la actividad financiera, bursátil, aseguradora y cualquier otra relacionada con el manejo, aprovechamiento e inversión de los recursos captados del público, el Presidente de la República ejercerá, como atribución constitucional propia, la intervención en estas actividades.

Artículo transitorio 51

Mientras se dicten las leyes correspondientes, la nueva Junta del Banco de la República que nombrará provisionalmente el Presidente dentro del mes siguiente a la entrada en vigencia de esta Constitución, asumirá las funciones que actualmente corresponden a la Junta Monetaria, las cuales cumplirá conforme a lo previsto en la Constitución.

La ley determinará las entidades a las cuales se trasladarán los fondos de fomento administrados por el Banco, el cual, entre tanto, continuará cumpliendo esta función.

El Gobierno presentará al Congreso, al mes siguiente de su instalación, el proyecto de ley relativo al ejercicio de las funciones del Banco y a las normas con sujeción a las cuales el Gobierno expedirá sus estatutos de conformidad con el artículo 372 de la Constitución.

Si cumplido un año de la presentación de este proyecto no se ha expedido la ley correspondiente, el Presidente de la República lo pondrá en vigencia mediante Decreto con fuerza de ley.

Artículo transitorio 52

A partir de la entrada en vigencia de esta Constitución, la Comisión Nacional de Valores tendrá el carácter de Superintendencia. El Gobierno Nacional dispondrá lo necesario para la adecuación de dicha institución a su nueva naturaleza, sin perjuicio de lo que al respecto podrá disponer el Gobierno en desarrollo de lo establecido en el artículo transitorio 20.

Artículo transitorio 53

El Gobierno tomará las decisiones administrativas y hará los traslados presupuestales que fueren necesarios para asegurar el normal funcionamiento de la Corte Constitucional.

CAPÍTULO 8

Artículo transitorio 54

Adóptanse, para todos los efectos constitucionales y legales, los resultados del Censo Nacional de Población y Vivienda realizado el 15 de octubre de 1985.

Artículo transitorio 55

Dentro de los dos años siguientes a la entrada en vigencia de la presente Constitución, el Congreso expedirá, previo estudio por parte de una comisión especial que el Gobierno creará para tal efecto, una ley que les reconozca a las comunidades negras que han venido ocupando tierras baldías en las zonas rurales ribereñas de los ríos de la Cuenca del Pacífico, de acuerdo con sus prácticas tradicionales de producción, el derecho a la propiedad colectiva sobre las áreas que habrá de demarcar la misma ley.

En la comisión especial de que trata el inciso anterior tendrán participación en cada caso representantes elegidos por las comunidades involucradas.

La propiedad así reconocida sólo será enajenable en los términos que señale la ley.

La misma ley establecerá mecanismos para la protección de la identidad cultural y los derechos de estas comunidades, y para el fomento de su desarrollo económico y social.

Parágrafo 1o. Lo dispuesto en el presente artículo podrá aplicarse a otras zonas del país que presenten similares condiciones, por el mismo procedimiento y previos estudio y concepto favorable de la comisión especial aquí prevista.

Parágrafo 2o. Si al vencimiento del término señalado en este artículo el Congreso no hubiere expedido la ley a la que él se refiere, el Gobierno procederá a hacerlo dentro de los seis meses siguientes, mediante norma con fuerza de ley.

Artículo transitorio 56

Mientras se expide la ley a que se refiere el artículo 329, el Gobierno podrá dictar las normas fiscales necesarias y las demás relativas al funcionamiento de los territorios indígenas y su coordinación con las demás entidades territoriales.

Artículo transitorio 57

El Gobierno formará una comisión integrada por representantes del Gobierno, los sindicatos, los gremios económicos, los movimientos políticos y sociales, los campesinos y los trabajadores informales, para que en un plazo de ciento ochenta días a partir de la entrada en vigencia de esta Constitución, elabore una propuesta que desarrolle las normas sobre seguridad social.

Esta propuesta servirá de base al Gobierno para la preparación de los proyectos de ley que sobre la materia deberá presentar a consideración del Congreso.

Artículo transitorio 58

Autorízase al Gobierno Nacional para ratificar los tratados o convenios celebrados que hubiesen sido aprobados, al menos, por una de las Cámaras del Congreso de la República.

Artículo transitorio 59

La presente Constitución y los demás actos promulgados por esta Asamblea Constituyente no están sujetos a control jurisdiccional alguno.

Artículo transitorio

La Comisión Especial creada por el artículo 38 transitorio también sesionará entre el 1o. y el 30 de noviembre de 1991, fecha en la cual cesará en sus funciones.

*Se hace referencia al artículo 38 transitorio de la Comisión Codificadora o 6 de la Constitución.

Artículo transitorio 60

Para los efectos de la aplicación de los artículos 346 y 355 constitucionales y normas concordantes, el Plan Nacional de Desarrollo para los años 1993 y 1994 y hasta cuando entre en vigencia el aprobado por el Congreso de la República, en los términos y condiciones establecidos en la actual Constitución Política, será el que corresponda a las leyes anuales del Presupuesto de Rentas y de Apropiaciones de la Nación. El proyecto de ley respectivo presentado por el Gobierno desarrollará los programas, proyectos y planes aprobados por el Consejo Nacional de Política Económica y Social, Conpes.

Tratándose de Planes de Desarrollo Departamentales, Distritales y Municipales serán considerados los aprobados por la respectiva Corporación Pública Territorial.

Si presentado el Proyecto del Plan de Desarrollo por el respectivo Jefe de Administración de la entidad territorial, no fuere expedido por la Corporación Pública antes del vencimiento del siguiente período de sesiones ordinarias a la vigencia de este Acto legislativo, aquél por medio de Decreto le impartirá su validez legal. Dicho Plan regirá por el término establecido en la ley.

*Artículo transitorio adicionado por el artículo 1o. del Acto Legislativo No. 2 de 1993.

Artículo transitorio

Todos los Alcaldes y Gobernadores que inicien sus períodos entre la vigencia del presente Acto Legislativo y el 31 de diciembre del año 2003, ejercerán sus funciones por un período equivalente a la mitad del tiempo que haga falta para llegar al 31 de diciembre del año 2007. Sus sucesores se elegirán para un período que terminará el mismo 31 de diciembre del año 2007.

Todos los Gobernadores y Alcaldes elegidos con posterioridad al 29 de octubre del año 2000 y antes de la vigencia del presente acto legislativo, ejercerán sus funciones por un período de tres años. Sus sucesores se elegirán para un período que termina el 31 de diciembre del año 2007.

En todo caso, el último domingo del mes de octubre del año 2007, se elegirán alcaldes y gobernadores para todos los Municipios, Distritos y Departamentos del país, para períodos institucionales de cuatro años, que se iniciarán el 1o. de enero del año 2008.

El período de cuatro años de los miembros de las Asambleas Departamentales, Concejos Distritales y Municipales y Ediles se iniciará el 1o. de enero del año 2004.

*Artículo adicionado por el artículo 7 del Acto Legislativo No. 2 de 2002.

ARTÍCULO NUEVO TRANSITORIO

Dentro del año siguiente a la entrada en vigencia de la presente reforma constitucional, el Congreso expedirá, previo estudio por parte de una comisión especial que el Gobierno creará para tal efecto, una ley que contemple un Régimen Especial en lo económico, lo político, lo social y lo administrativo, para territorios que comprenden las ecorregiones de la Sierra Nevada de Santa Marta, la Ciénaga de Zapatosa, la Serranía del Perijá, los Llanos Orientales, Amazonía, Región del Catatumbo, Orinoquia, Chocó Biogeográfico, los Montes de María, la Mojana, y los pueblos polifitos del Magdalena y el Pacífico, con el objetivo de reducir los desequilibrios que frente a su desarrollo existen con el resto del país.

*Artículo adicionado por el artículo 14 del Acto Legislativo 1 de 2009.

Artículo transitorio

Dentro de los seis meses siguientes a la entrada de vigencia del presente acto legislativo, el Congreso expedirá las normas mediante las cuales se defina la distribución de competencias entre las entidades del Estado que tendrán a su cargo la formulación de planes, la regulación, la dirección, la gestión y el control de los servicios de televisión. Mientras se dicten las leyes correspondientes, la Comisión Nacional de Televisión continuará ejerciendo las funciones que le han sido atribuidas por la legislación vigente.

Artículo transitorio

*Artículo declarado inexequible por la sentencia C-249 de 2012.

Artículo transitorio 66

Los instrumentos de justicia transicional serán excepcionales y tendrán como finalidad prevalente facilitar la terminación del conflicto armado interno y el logro de la paz estable y duradera, con garantías de no repetición y de seguridad para todos los colombianos; y garantizarán en el mayor nivel posible, los derechos de las víctimas a la verdad, la justicia y la reparación. Una ley estatutaria podrá autorizar que, en el marco de un acuerdo de paz, se dé un tratamiento diferenciado para los distintos grupos armados al margen de la ley que hayan sido parte en el conflicto armado interno y también para los agentes del Estado, en relación con su participación en el mismo.

Mediante una ley estatutaria se establecerán instrumentos de justicia transicional de carácter judicial o extrajudicial que permitan garantizar los deberes estatales de investigación y sanción. En cualquier caso se aplicarán mecanismos de carácter extrajudicial para el esclarecimiento de la verdad y la reparación de las víctimas.

Una ley deberá crear una Comisión de la Verdad y definir su objeto, composición, atribuciones y funciones. El mandato de la comisión podrá incluir la formulación de recomendaciones para la aplicación de los instrumentos de justicia transicional, incluyendo la aplicación de los criterios de selección.

Tanto los criterios de priorización como los de selección son inherentes a los instrumentos de justicia transicional. El Fiscal General de la Nación determinará criterios de priorización para el ejercicio de la acción penal, salvo en los asuntos que sean de competencia de la Jurisdicción Especial para la Paz. Sin perjuicio del deber general del Estado de investigar y sancionar las graves violaciones a los Derechos Humanos y al Derecho Internacional Humanitario, en el marco de la justicia transicional, el Congreso de la República, por iniciativa del Gobierno nacional, podrá mediante ley estatutaria determinar criterios de selección que permitan centrar los esfuerzos en la investigación penal de los máximos responsables de todos los delitos que adquieran la connotación de crímenes de lesa humanidad, genocidio, o crímenes de guerra cometidos de manera sistemática; establecer los casos, requisitos y condiciones en los que procedería la suspensión de la ejecución de la pena; establecer los casos en los que proceda la aplicación de sanciones extrajudiciales, de penas alternativas, o de modalidades especiales de ejecución y cumplimiento de la pena; y autorizar la renuncia condicionada a la persecución judicial penal de todos los casos no seleccionados, siempre sin alterar lo establecido en el Acuerdo de creación de la JEP y en sus normas de desarrollo. La ley estatutaria tendrá en cuenta la gravedad y representatividad de los casos para determinar los criterios de selección.

*Inciso modificado por el artículo 3 del Acto Legislativo 1 de 2017.

En cualquier caso, el tratamiento penal especial mediante la aplicación de instrumentos constitucionales como los anteriores estará sujeto al cumplimiento de condiciones tales como la dejación de las armas, el reconocimiento de responsabilidad, la contribución al esclarecimiento de la verdad y a la reparación integral de las víctimas, la liberación de los secuestrados, y la desvinculación de los menores de edad reclutados ilícitamente que se encuentren en poder de los grupos armados al margen de la ley.

Parágrafo 1o. En los casos de la aplicación de instrumentos de justicia transicional a grupos armados al margen de la ley que hayan participado en las hostilidades, esta se limitará a quienes se desmovilicen colectivamente en el marco de un acuerdo de paz o a quienes se desmovilicen de manera individual de conformidad con los procedimientos establecidos y con la autorización del Gobierno Nacional.

Parágrafo 2o. En ningún caso se podrán aplicar instrumentos de justicia transicional a grupos armados al margen de la ley que no hayan sido parte en el conflicto armado interno, ni a cualquier miembro de un grupo armado que una vez desmovilizado siga delinquiendo.

*Artículo Transitorio adicionado por el artículo 1 del Acto Legislativo 1 de 2012.

Artículo transitorio 67

*Artículo derogado por el artículo 4 del Acto Legislativo 1 de 2017.

Artículo transitorio procedimiento legislativo especial para la paz

Con el propósito de agilizar y garantizar la implementación del Acuerdo Final para la Terminación del Conflicto y la Construcción de una Paz Estable y Duradera (Acuerdo Final) y ofrecer garantías de cumplimiento y fin del conflicto, de manera excepcional y transitoria se pondrá en marcha el Procedimiento Legislativo Especial para la Paz, por un período de seis meses, contados a partir de la entrada en vigencia del presente acto legislativo. Este procedimiento podrá ser prorrogado por un período adicional de hasta seis meses mediante comunicación formal del Gobierno nacional ante el Congreso de la República.

El Procedimiento Legislativo Especial para la Paz se regirá por las siguientes reglas:

a) Los proyectos de ley y de acto legislativo tramitados mediante el Procedimiento Legislativo Especial para la Paz serán de iniciativa exclusiva del Gobierno nacional, y su contenido tendrá por objeto facilitar y asegurar la implementación y desarrollo normativo del Acuerdo Final para la terminación del Conflicto y la Construcción de una Paz Estable y duradera;

b) Los proyectos de ley y de acto legislativo tramitados mediante el procedimiento legislativo especial para la Paz tendrán trámite preferencial. En consecuencia, tendrán absoluta prelación en el Orden del Día sobre cualquier otro asunto, hasta tanto la respectiva Cámara o Comisión decida sobre él;

c) El título de las leyes y los actos legislativos a los que se refiere este artículo, deberá corresponder precisamente a su contenido y a su texto procederá esta fórmula: *"El Congreso de Colombia, en virtud del Procedimiento Legislativo Especial para la Paz, DECRETA"*;

d) El primer debate de los proyectos de ley se surtirá en sesión conjunta de las Comisiones Constitucionales Permanentes respectivas, sin que medie para ello solicitud del Gobierno nacional. El segundo debate en las plenarias de cada una de las Cámaras;

e) Los proyectos de ley serán aprobados con las mayorías previstas en la Constitución y la ley, según su naturaleza;

f) Los actos legislativos serán tramitados en una sola vuelta de cuatro debates. El tránsito del proyecto entre una y otra Cámara será de 8 días.

g) Los proyectos de acto legislativo serán aprobados por mayoría absoluta;

h) Literal declarado inexequible por la sentencia C-332 de 2017;

i) Todos los proyectos y de acto legislativo podrán tramitarse en sesiones extraordinarias;

j) Literal declarado inexequible por la sentencia C-332 de 2017;

k) Los proyectos de ley y de acto legislativo tramitados mediante el Procedimiento Legislativo Especial para la Paz tendrán control automático y único de constitucionalidad, posterior a su entrada en vigencia. Las Leyes Estatutarias tendrán control previo, de conformidad con lo previsto en el artículo 153 de la Constitución. El control de constitucionalidad de los actos legislativos se hará sólo por vicios de procedimiento en su formación. Los términos de esta revisión para leyes y actos legislativos se reducirán a la tercera parte de los del procedimiento ordinario y no podrán ser prorrogados.

En lo no establecido en este procedimiento especial, se aplicará el reglamento del Congreso de la República.

*Artículo Transitorio adicionado por el artículo 1 del Acto Legislativo 1 de 2016.

Artículo transitorio facultades presidenciales para la paz

Dentro de los 180 días siguientes a la entrada en vigencia del presente acto legislativo, facúltase al Presidente de la República para expedir los decretos con fuerza de ley cuyo contenido tendrá por objeto facilitar y asegurar la implementación y desarrollo normativo del Acuerdo Final para la Terminación del Conflicto y la Construcción de una Paz Estable y Duradera.

Las anteriores facultades no podrán ser utilizadas para expedir actos legislativos, leyes estatutarias, leyes orgánicas, leyes códigos, leyes que necesitan mayorías calificada o absoluta para su aprobación, ni para decretar impuestos.

Los decretos con fuerza de ley que se dicten en desarrollo de este artículo tendrán control de constitucionalidad automático posterior a su entrada en vigencia. El procedimiento de revisión de constitucionalidad de estas disposiciones deberá surtirse por parte de la Corte Constitucional dentro de los dos meses siguientes a su expedición.

*Artículo Transitorio adicionado por el artículo 2 del Acto Legislativo 1 de 2016.

Artículo transitorio plan de inversiones para la paz

El Gobierno nacional durante los próximos veinte años incluirá en el Plan Plurianual de Inversiones del Plan Nacional de Desarrollo, un componente específico para la paz priorizando los ciudadanos y las entidades territoriales más afectadas por la pobreza rural, las economías ilegales, la debilidad institucional y el conflicto armado. Estos recursos serán adicionales a las inversiones ya programadas por las entidades públicas del orden nacional y territorial y se orientarán a cerrar las brechas sociales, económicas e institucionales en dichas entidades territoriales. El Gobierno podrá efectuar los ajustes institucionales y normativos necesarios para ejecutar el componente de paz del Plan Plurianual de Inversiones.

Las autoridades departamentales, municipales y distritales tendrán la facultad de hacer los ajustes necesarios a sus planes de desarrollo para adecuarlos al Plan de Inversiones para la Paz durante los seis meses siguientes a la adopción de este.

Al inicio de cada legislatura el Presidente de la República, la Procuraduría General de la Nación, la Contraloría General de la República y la Defensoría del Pueblo presentarán al Congreso un informe detallado sobre la ejecución de los recursos y cumplimiento de las metas del componente para la paz del Plan Plurianual de Inversiones.

---

*Artículo Transitorio adicionado por el artículo 3 del Acto Legislativo 1 de 2016.

Artículo transitorio

*Artículo derogado por el artículo 2 del Acto Legislativo 2 de 2017.

TÍTULO TRANSITORIO
DE LAS NORMAS PARA LA TERMINACIÓN DEL CONFLICTO ARMADO Y LA CONSTRUCCIÓN DE UNA PAZ ESTABLE Y DURADERA

CAPÍTULO I
SISTEMA INTEGRAL DE VERDAD, JUSTICIA, REPARACIÓN Y NO REPETICIÓN

Artículo transitorio 1

El Sistema Integral estará compuesto por los siguientes mecanismos y medidas: la Comisión para el Esclarecimiento de la Verdad, la Convivencia y la No Repetición; la Unidad para la Búsqueda de Personas dadas por Desaparecidas en el contexto y en razón del conflicto armado; la Jurisdicción Especial para la Paz; las medidas de reparación integral para la construcción de paz y las garantías de no repetición.

El Sistema Integral parte del principio de reconocimiento de las víctimas como ciudadanos con derechos; del reconocimiento de que debe existir verdad plena sobre lo ocurrido; del principio de reconocimiento de responsabilidad por parte de todos quienes participaron de manera directa o indirecta en el conflicto y se vieron involucrados de alguna manera en graves violaciones a los derechos humanos y graves infracciones al Derecho Internacional Humanitario; del principio de satisfacción de los derechos de las víctimas a la verdad, la justicia, la reparación y la no repetición.

El Sistema es integral, para que las medidas logren un máximo de justicia y de rendición de cuentas sobre las violaciones a los derechos humanos e infracciones al DIH ocurridas a lo largo del conflicto. La integralidad del Sistema contribuye también al esclarecimiento de la verdad del conflicto y la construcción de la memoria histórica.

El Sistema Integral hará especial énfasis en medidas restaurativas y reparadoras, y pretende alcanzar justicia no solo con sanciones retributivas. Uno de los paradigmas orientadores de la JEP será la aplicación de una justicia restaurativa que preferentemente busca la restauración del daño causado y la reparación de las víctimas afectadas por el conflicto, especialmente para acabar la situación de exclusión social que les haya provocado la victimización. La justicia restaurativa atiende prioritariamente las necesidades y la dignidad de las víctimas y se aplica con un enfoque integral que garantiza la justicia, la verdad y la no repetición de lo ocurrido.

Los distintos mecanismos y medidas de verdad, justicia, reparación y no repetición, en tanto parte de un sistema que busca una respuesta integral a las víctimas, no pueden entenderse de manera aislada. Estarán interconectados a través de relaciones de condicionalidad y de incentivos para acceder y mantener cualquier tratamiento especial de justicia, siempre fundados en el reconocimiento de verdad y responsabilidades. El cumplimiento de estas condicionalidades será verificado por la Jurisdicción Especial para la Paz.

Parágrafo 1o. El Sistema Integral tendrá un enfoque territorial, diferencial y de género, que corresponde a las características particulares de la victimización en cada territorio y cada población y en especial a la protección y atención prioritaria de las mujeres y de los niños y niñas víctimas del conflicto armado. El enfoque de género y diferencial se aplicará a todas las fases y procedimientos del Sistema, en especial respecto a todas las mujeres que han padecido o participado en el conflicto.

La conformación de todos los componentes del Sistema Integral deberá tener en cuenta la participación equitativa entre hombres y mujeres con respeto a la diversidad étnica y cultural y los principios de publicidad, transparencia, participación ciudadana, idoneidad ética y criterios de cualificación para su selección.

Parágrafo 2o. El Estado, por intermedio del Gobierno nacional, garantizará la autonomía administrativa y la suficiencia y autonomía presupuestal del SIVJRNR y en especial del componente de justicia, para lo cual podrá hacer uso del Plan de Inversiones para la Paz contenido en el artículo 3o del Acto Legislativo número 01 de 2016.

*Artículo transitorio adicionado por el Acto Legislativo 1 de 2017.

Concord.: A.L. 1/17 *(LTM 9407264)*; C.Const. Sent. C-674/17, M.P. Luis Guillermo Guerrero Pérez *(LTM 26047293)*.

CAPÍTULO II
COMISIÓN PARA EL ESCLARECIMIENTO DE LA VERDAD, LA CONVIVENCIA Y LA NO REPETICIÓN Y UNIDAD DE BÚSQUEDA DE PERSONAS DADAS POR DESAPARECIDAS EN EL CONTEXTO Y EN RAZÓN DEL CONFLICTO ARMADO

Artículo transitorio 2

La Comisión para el Esclarecimiento de la Verdad, la Convivencia y la No Repetición será un ente autónomo del orden nacional con personería jurídica, con autonomía administrativa, presupuestal y técnica, sujeta a un régimen legal propio.

La Comisión será un órgano temporal y de carácter extrajudicial, que busca conocer la verdad de lo ocurrido en el marco del conflicto y contribuir al esclarecimiento de las violaciones e infracciones cometidas en el mismo y ofrecer una explicación amplia de su complejidad a toda la sociedad; promover el reconocimiento de las víctimas y el reconocimiento voluntario de las responsabilidades individuales o colectivas de quienes participaron directa e indirectamente en el conflicto armado; y promover la convivencia en los territorios para garantizar la no repetición. La ley reglamentará el mandato, funciones, composición, y funcionamiento conforme a los principios orientadores dispuestos en el subpunto 5.1.1.1. del Acuerdo Final, incluyendo los mecanismos de rendición de cuentas sobre su gestión, siempre que ellos no menoscaben la autonomía de la Comisión.

Las actividades de la Comisión no tendrán carácter judicial, ni podrán implicar la imputación penal de quienes comparezcan ante ella.

*Artículo transitorio adicionado por el Acto Legislativo 1 de 2017.

Concord.: A.L. 1/17 *(LTM 9407264)*; D. 588/17 *(LTM 12177819)*; C.Const. Sent. C-674/17, M.P. Luis Guillermo Guerrero Pérez *(LTM 26047293)*; C.Const. Sent. C-017/18, M.P. Diana Fajardo Rivera *(LTM 12879830)*; C.Const. Sent. C-337/21, M.P. Jorge Enrique Ibáñez Najar *(LTM 23327003)*.

Artículo transitorio 3

La Unidad de Búsqueda de Personas dadas por Desaparecidas en el contexto y en razón del conflicto armado será un ente del orden nacional con personería jurídica y con autonomía administrativa, presupuestal y técnica. La Unidad de Búsqueda de Personas dadas por Desaparecidas en el contexto y en razón del conflicto armado tendrá carácter humanitario y extrajudicial y dirigirá, coordinará y contribuirá a la implementación de acciones humanitarias encaminadas a la búsqueda y localización de personas dadas por desaparecidas en el contexto y en razón del conflicto armado que se encuentren con vida y en los casos de fallecimiento, cuando sea posible, la identificación y entrega digna de sus restos. La ley reglamentará la naturaleza jurídica, el mandato, funciones, composición, y funcionamiento de la Unidad, incluyendo los mecanismos de rendición de cuentas sobre su gestión, siempre que ellos no menoscaben su autonomía. La ley establecerá las atribuciones necesarias con las que contará la UBPD para cumplir efectivamente su mandato de búsqueda humanitaria y extrajudicial. En todo caso, las actividades de la Unidad de Búsqueda de Personas dadas por Desaparecidas en el contexto y en razón del conflicto armado no podrán sustituir ni impedir las investigaciones de carácter judicial a las que haya lugar en cumplimiento de las obligaciones que tiene el Estado.

Los órganos del Estado brindarán toda la colaboración que requiera la Unidad. Se deberá promover la participación de las víctimas y sus organizaciones en todas las fases del proceso de búsqueda, localización, recuperación, identificación y entrega digna de restos de personas dadas por desaparecidas en el contexto y en razón del conflicto armado.

*Artículo transitorio adicionado por el Acto Legislativo 1 de 2017.

Concord.: D. 589/17 *(LTM 12177818)*; C.Const. Sent. C-674/17, M.P. Luis Guillermo Guerrero Pérez *(LTM 26047293)*; C.Const. Sent. C-067/18, M.P. Luis Guillermo Guerrero Pérez *(LTM 15848862)*.

Artículo transitorio 4

Para garantizar el adecuado funcionamiento de la Comisión para el Esclarecimiento de la Verdad, la Convivencia y la No Repetición y de la Unidad de Búsqueda de Personas dadas por Desaparecidas en el contexto y en razón del conflicto, sus funcionarios y el personal que les preste servicios estarán exentos del deber de denuncia y no podrán ser obligados a declarar en procesos judiciales, siempre y cuando el conocimiento de tales hechos haya sido en desarrollo de sus respectivas funciones misionales.

Parágrafo. De ser requeridos por la Jurisdicción Especial para la Paz, por otras autoridades competentes o por la Comisión para el Esclarecimiento de la Verdad, la Convivencia y la No Repetición, quienes en desarrollo de las funciones propias de la Unidad de Búsqueda de Personas dadas por Desaparecidas en el contexto y en razón del conflicto armado hayan realizado los informes técnico forenses deberán ratificar y explicar lo concerniente a esos informes y los elementos materiales asociados al cadáver.

*Artículo transitorio adicionado por el Acto Legislativo 1 de 2017.

Concord.: A.L. 1/17 *(LTM 9407264)*; D. 588/17 *(LTM 12177819)*; C.Const. Sent. C-674/17, M.P. Luis Guillermo Guerrero Pérez *(LTM 26047293)*.

CAPÍTULO III
JURISDICCIÓN ESPECIAL PARA LA PAZ

Artículo transitorio 5

La Jurisdicción Especial para la Paz (JEP) estará sujeta a un régimen legal propio, con autonomía administrativa, presupuestal y técnica; administrará justicia de manera transitoria y autónoma y conocerá de manera preferente sobre todas las demás jurisdicciones y de forma exclusiva de las conductas cometidas con anterioridad al 1o de diciembre de 2016, por causa, con ocasión o en relación directa o indirecta con el conflicto armado, por quienes participaron en el mismo, en especial respecto a conductas consideradas graves infracciones al Derecho Internacional Humanitario o graves violaciones de los derechos humanos. Sus objetivos son satisfacer el derecho de las víctimas a la justicia; ofrecer verdad a la sociedad colombiana; proteger los derechos de las víctimas; contribuir al logro de una paz estable y duradera; y adoptar decisiones que otorguen plena seguridad jurídica a quienes participaron de manera directa o indirecta en el conflicto armado interno mediante la comisión de las mencionadas conductas. Respecto de los combatientes de los grupos armados al margen de la ley, el componente de justicia del Sistema solo se aplicará a quienes suscriban un acuerdo final de paz con el Gobierno Nacional. La pertenencia al grupo rebelde será determinada, previa entrega de listados por dicho grupo tras la llegada a las Zonas Veredales Transitorias de Normalización (ZVNT) y a los Puntos Transitorios de Normalización (PTN), a través de un delegado expresamente designado para ello. Estas listas serán recibidas por el Gobierno nacional de buena fe, de conformidad con el principio de confianza legítima, sin perjuicio de las verificaciones correspondientes. La JEP también ejercerá su competencia respecto de las personas que en providencias judiciales hayan sido condenados, procesadas o investigadas por la pertenencia a las FARC-EP, dictadas antes del 1o de diciembre de 2016, aunque no estuvieren en el listado de dicho grupo. En relación con los integrantes de organizaciones que suscriban acuerdos de paz con el Gobierno, el tratamiento especial de justicia se aplicará también respecto a conductas estrechamente vinculadas al proceso de dejación de armas desarrollado desde el primero de diciembre de 2016 hasta el momento en el que finalice el proceso de extracción de las armas por parte de Naciones Unidas, conforme a lo dispuesto en el Acuerdo Final. La ley definirá las conductas delictivas que se considerarán estrechamente vinculadas al proceso de dejación de armas conforme a lo establecido en el punto 5.1.2 del Acuerdo Final, y la JEP evaluará en cada caso ese vínculo de acuerdo con los parámetros trazados por esa ley.

La ley reglamentará el tratamiento penal diferenciado a que se refiere el numeral 4.1.3.4. del Acuerdo Final en lo relativo a la erradicación voluntaria de cultivos ilícitos, y determinará, conforme a lo establecido en el Acuerdo Final, en qué casos y bajo qué circunstancias corresponde a la jurisdicción ordinaria la investigación y juzgamiento de los delitos de conservación y financiamiento de plantaciones (artículo 375 del Código Penal), tráfico, fabricación o porte de estupefacientes (artículo 376 del Código Penal) y destinación ilícita de muebles o inmuebles (artículo 377 del Código Penal) cometidos por las personas respecto de quienes la JEP tendría competencia.

Si con posterioridad a la entrada en vigencia de este Acto Legislativo y a la finalización del proceso de dejación de armas alguna de las personas sujetas a la jurisdicción de la JEP cometiera un nuevo delito, este será de conocimiento de la justicia ordinaria. Adicionalmente, en esos casos la JEP evaluará si esta nueva conducta, cuando corresponda con las que serían de su competencia, implica un incumplimiento de las condiciones del Sistema, que amerite no aplicarle las sanciones propias o alternativas a las que tendría derecho por los delitos de competencia de la JEP, sino las ordinarias contempladas en la misma JEP, que deberán ser cumplidas en los sitios ordinarios de reclusión.

Cuando se trate de delitos de ejecución permanente atribuibles a cualquiera de las personas sobre las que la JEP tiene competencia, cuya comisión haya comenzado antes del primero de diciembre de 2016, la JEP mantendrá su competencia respecto de ellos si con posterioridad a esa fecha no han cesado sus efectos, e inaplicará las sanciones propias y alternativas si concluye que se incumplieron las condiciones del Sistema. En todo caso, corresponderá a la Jurisdicción Ordinaria la investigación y juzgamiento de los delitos de que trata el Libro Segundo, Capítulo Quinto, Título Décimo del Código Penal, cuando ellos se cometan sobre bienes o activos que no hayan sido incluidos en el inventario definitivo acordado y elaborado durante el tiempo que las FARC-EP permanezcan en las Zonas Veredales Transitorias de Normalización en el proceso de Dejación de Armas, y siempre que se hayan realizado actos de ejecución después de la entrega definitiva de ese inventario.

Corresponderá a la Jurisdicción Ordinaria la investigación y juzgamiento de los delitos de que trata el Libro Segundo, Capítulo Quinto, Título Décimo del Código Penal, cuando ellos se cometan por no combatientes, financiadores o agentes del Estado respecto de bienes inmuebles que hayan sido adquiridos mediante despojo o abandono forzado, siempre que por parte de aquellos se hayan realizado actos de ejecución después de la entrada en vigencia del presente Acto Legislativo.

Inciso declarado inexequible por la sentencia C-674 de 2017.

La JEP al adoptar sus resoluciones o sentencias hará una calificación jurídica propia del Sistema respecto a las conductas objeto del mismo, calificación que se basará en el Código Penal colombiano y/o en las normas de Derecho Internacional en materia de Derechos Humanos (DIDH), Derecho Internacional Humanitario (DIH) o Derecho Penal Internacional (DPI), siempre con aplicación obligatoria del principio de favorabilidad.

Para acceder al tratamiento especial previsto en el componente de Justicia del Sistema Integral de Verdad, Justicia, Reparación y No Repetición (SIVJRNR) es necesario aportar verdad plena, reparar a las víctimas y garantizar la no repetición. Aportar verdad plena significa relatar, cuando se disponga de los elementos para ello, de manera exhaustiva y detallada las conductas cometidas y las circunstancias de su comisión, así como las informaciones necesarias y suficientes para atribuir responsabilidades, para así garantizar la satisfacción de los derechos de las víctimas a la reparación y a la no repetición. El deber de aportar verdad no implica la obligación de aceptar responsabilidades. Quien aporte de manera dolosa información falsa, o incumpla cualquiera de las condiciones del Sistema, perderá el tratamiento especial de justicia.

La ley regulará entre otros los principios, organización, competencias entre ellas por el factor personal, procedimientos, participación de las víctimas y régimen de sanciones conforme a lo definido en el Acuerdo de Jurisdicción Especial para la Paz.

Parágrafo 1o. La creación y el funcionamiento de la Jurisdicción Especial para la Paz no modificarán las normas vigentes aplicables a las personas que hayan ejercido la Presidencia de la República, de conformidad con lo establecido en el artículo 174 de la Constitución Política de Colombia. En caso de que ante la JEP obre una información que comprometa a una persona que haya ejercido la Presidencia de la República, dicha información se remitirá a la Cámara de Representantes para lo de su competencia.

Parágrafo 2o. Con el fin de garantizar el funcionamiento y la autonomía administrativa, presupuestal y técnica de la jurisdicción especial para la paz, el Secretario Ejecutivo y el Presidente o la instancia de gobierno de la JEP que los magistrados de la misma definan, ejercerán de manera exclusiva, y solo durante el tiempo de vigencia de la misma, todas las funciones asignadas a la Sala Administrativa del Consejo Superior de la Judicatura establecidas en el Acto Legislativo número 02 de 2015 y en la Ley 270 de 1996 respecto al gobierno y administración de esta Jurisdicción.

*Artículo transitorio adicionado por el Acto Legislativo 1 de 2017.

*Declarado exequible condicionalmente por la sentencia C-694 de 2017.

Concord.: A.L. 1/17 *(LTM 9407264)*; L. 1922/18 *(LTM 14485969)*; L. 1957/19 *(LTM 16151649)*; C.Const. Sent. C-674/17, M.P. Luis Guillermo Guerrero Pérez *(LTM 26047293)*; C.Const. Sent. C-080/18, M.P. Antonio José Lizarazo Ocampo; C.Const. Sent. C-050/20, M.P. Gloria Stella Ortiz Delgado *(LTM 25272637)*.

Artículo transitorio 6

El componente de justicia del SIVJRNR, conforme a lo establecido en el Acuerdo Final, prevalecerá sobre las actuaciones penales, disciplinarias o administrativas por conductas cometidas con ocasión, por causa o en relación directa o indirecta con el conflicto armado, al absorber la competencia exclusiva sobre dichas conductas.

Respecto a las sanciones o investigaciones disciplinarias o administrativas, incluidas las pecuniarias impuestas a personas naturales en cualquier jurisdicción, la competencia de la Jurisdicción Especial para la Paz se limitará bien a anular o extinguir la responsabilidad o la sanción disciplinaria o administrativa impuesta por conductas cometidas con ocasión, por causa o en relación directa o indirecta con el conflicto armado, o bien a revisar dichas sanciones, todo ello a solicitud del sancionado o investigado. En todo caso la solicitud no podrá llevar aparejada la reapertura de una investigación penal por los mismos hechos. En caso de que se solicite la revisión de la sanción impuesta o la extinción de la sanción y responsabilidad, será competente la Sección de Revisión del Tribunal para la Paz. Respecto a los investigados, será competente la Sala de definición de situaciones jurídicas.

*Artículo transitorio adicionado por el Acto Legislativo 1 de 2017.

*Declarado exequible condicionalmente por la sentencia C-694 de 2017.

Concord.: A.L. 1/17 *(LTM 9407264)*; L. 1957/19 *(LTM 16151649)*; C.Const. Sent. C-080/18, M.P. Antonio José Lizarazo Ocampo.

Artículo transitorio 7

La Jurisdicción estará compuesta por la Sala de Reconocimiento de Verdad, de Responsabilidad y de Determinación de los Hechos y Conductas, la Sala de Definición de las situaciones jurídicas, salas que desarrollarán su trabajo conforme a criterios de priorización elaborados a partir de la gravedad y representatividad de los delitos y del grado de responsabilidad en los mismos; la Sala de Amnistía o Indulto; el Tribunal para la Paz; la Unidad de Investigación y Acusación, y la Secretaría Ejecutiva. La Jurisdicción contará además con un Presidente.

El Tribunal para la Paz es el órgano de cierre y la máxima instancia de la Jurisdicción Especial para la Paz. Estará conformado por dos secciones de primera instancia, una Sección de Revisión de Sentencias, una Sección de Apelación y la Sección de Estabilidad y Eficacia. El Tribunal para la Paz estará conformado por un mínimo de 20 magistrados colombianos titulares. Además, se contará con 4 juristas expertos extranjeros que intervendrán. Excepcionalmente, a solicitud de las personas sometidas a su jurisdicción o de oficio, la Sección que vaya a conocer el caso pedirá la intervención, como amicus curiae, de hasta 2 juristas extranjeros de reconocido prestigio. Estos últimos actuarán con la única finalidad de aportar un concepto o amicus curiae sobre la materia del caso bajo estudio, con el fin de obtener elementos de juicio o informaciones relevantes al caso.

Las Salas de reconocimiento de verdad, de responsabilidad y de determinación de los hechos y conductas; de definición de las situaciones jurídicas; y de amnistía o indulto estarán conformadas por un total de 18 magistrados colombianos. Además, se contará con 6 juristas expertos extranjeros. Excepcionalmente, a solicitud de las personas sometidas a su jurisdicción o de oficio, la Sala que vaya a conocer el caso pedirá la intervención, como amicus curiae, de hasta 2 juristas extranjeros de reconocido prestigio, con el fin de emitir un concepto o amicus curiae sobre la materia del caso bajo estudio, con el fin de obtener elementos de juicio o informaciones relevantes al caso.

Además, estarán a disposición de la JEP 13 magistrados colombianos adicionales en calidad de magistrados suplentes o sustitutos, y 4 juristas expertos extranjeros para intervenir como amicus curiae suplentes o sustitutos. En caso de que se requiera, el pleno de magistrados de la Jurisdicción hará los nombramientos necesarios de la lista de magistrados suplentes o sustitutos o de la lista de juristas extranjeros suplentes o sustitutos, seleccionados por el Comité de Escogencia.

La Unidad de Investigación y Acusación realizará las investigaciones correspondientes y adelantará el ejercicio de la acción penal ante el Tribunal para la Paz, para lo cual podrá solicitar la colaboración de la Fiscalía General de la Nación y establecer acuerdos de cooperación con esta. Igualmente podrá solicitar a otros órganos competentes del Estado o a organizaciones de Derechos Humanos y de víctimas, que informen respecto de hechos sobre los cuales no se cuente con información suficiente. La Unidad contará con un equipo de investigación especial para casos de violencia sexual. El Director de la Unidad será escogido por el Comité de Escogencia señalado en el parágrafo de este artículo. La Unidad estará integrada por un mínimo de 16 fiscales colombianos. Los fiscales serán nombrados y posesionados por el Director de la Unidad, quien tendrá plena autonomía para seleccionarlos y nombrarlos, así como a los demás profesionales que requiera para hacer parte de la Unidad.

Los magistrados y fiscales no tendrán que ser funcionarios de carrera y no se les aplicará ninguna limitación de edad como requisito para su designación o permanencia en el cargo. Igualmente, no se les aplicará el sistema de carrera ni tendrán que pertenecer a la Rama Judicial.

Para ser elegido Magistrado del Tribunal para la Paz deberán reunirse los requisitos señalados en el artículo 232 de la Constitución Política, salvo en lo relacionado con el límite de edad.

Para ser elegido Magistrado de Sala deberán reunirse los mismos requisitos que se requieren para ser Magistrado de Tribunal Superior de Distrito Judicial.

La Secretaría Ejecutiva se encargará de la administración, gestión y ejecución de los recursos de la Jurisdicción Especial para la Paz. El Secretario Ejecutivo podrá adoptar medidas cautelares anticipadas para preservar documentos relacionados con el conflicto armado, conforme a la ley.

Todas las sentencias del Tribunal para la Paz, así como las resoluciones de las Salas de la JEP que definan situaciones jurídicas, harán tránsito a cosa juzgada cuando estén en firme y se garantizará su inmutabilidad.

La Jurisdicción deberá ser conformada con criterios de participación equitativa entre hombres y mujeres, garantías de no discriminación y respeto a la diversidad étnica y cultural.

Parágrafo 1o. Los magistrados de la JEP, el director de la Unidad de Investigación y Acusación, los juristas expertos extranjeros que actuarán en calidad de amicus curiae, el Secretario Ejecutivo de la JEP, el Presidente o Presidenta inicial de la JEP, los comisionados de la Comisión para el Esclarecimiento de la Verdad, la Convivencia y la No Repetición, y el director de la Unidad de Búsqueda de Personas dadas por Desaparecidas en el contexto y en razón del conflicto armado serán seleccionados por un Comité de Escogencia que gozará de autonomía e independencia y que será conformado por reglamento expedido por el Gobierno nacional. El Secretario Ejecutivo de la JEP será designado por el Responsable del Mecanismo de Monitoreo y Verificación de la Organización de Naciones Unidas y confirmado por el Comité de Escogencia.

Los miembros del Comité de Escogencia no asumirán ninguna responsabilidad personal por la selección de los magistrados, comisionados y demás funcionarios que deben escoger en virtud de este artículo transitorio. En relación con los funcionarios de la JEP, el Secretario Ejecutivo nominará a las personas seleccionadas por el Comité, quienes se posesionarán ante el Presidente de la República.

Parágrafo 2o. Mientras se cumple el procedimiento previsto para el nombramiento definitivo del Secretario Ejecutivo de la JEP la función de verificación del cumplimiento de los requisitos para la libertad transitoria, anticipada y condicionada o la privación de la libertad en Unidad Militar o Policial de los miembros de la Fuerza Pública, será cumplida por la persona que ha sido designada como Secretario Ejecutivo de la Jurisdicción Especial para la Paz por el responsable del Mecanismo de Monitoreo y Verificación de la Organización de Naciones Unidas (ONU), según comunicación del 26 de enero de 2017. Estas funciones de Secretario Ejecutivo comenzarán a desarrollarse por esta persona desde la entrada en vigencia del presente acto legislativo, sin necesidad de que entre en funcionamiento la JEP.

---

*Artículo transitorio adicionado por el Acto Legislativo 1 de 2017.

Concord.: Const. Pol. Art. 232 *(LTM 9331500)*; A.L. 1/17 *(LTM 9407264)*; L. 1957/19 *(LTM 16151649)*; C.Const. Sent. C-694/15, M.P. Alberto Rojas Ríos *(LTM 9967794)*; C.Const. Sent. C-674/17, M.P. Luis Guillermo Guerrero Pérez *(LTM 26047293)*; C.Const. Sent. C-080/18, M.P. Antonio José Lizarazo Ocampo.

Artículo transitorio 8

La acción de tutela procederá contra las acciones u omisiones de los órganos de la Jurisdicción Especial para la Paz, que hayan violado, violen o amenacen los derechos fundamentales.

La acción de tutela en contra de las providencias judiciales que profiera la JEP procederá solo por una manifiesta vía de hecho o cuando la afectación del derecho fundamental sea consecuencia directa por deducirse de su parte resolutiva y se hubieran agotado todos los recursos al interior de la Jurisdicción Especial para la Paz, no existiendo mecanismo idóneo para reclamar la protección del derecho vulnerado o amenazado. En el caso de violaciones que se realicen por afectación al debido proceso, deberá interponerse tras haber agotado el recurso procedente ante los órganos de la JEP.

Las peticiones de acción de tutela deberán ser presentadas ante el Tribunal para la Paz, único competente para conocer de ellas. La primera instancia será decidida por la Sección de Revisión. La segunda por la Sección de Apelaciones. El fallo de tutela podrá ser revisado por la Corte Constitucional.

Las sentencias de revisión serán proferidas por la Sala Plena de la Corte Constitucional.

*Declarado exequible condicionalmente por la sentencia C-694 de 2017.

*Artículo transitorio adicionado por el Acto Legislativo 1 de 2017.

Concord.: A.L. 1/17 *(LTM 9407264)*; L. 1957/19 *(LTM 16151649)*; C.Const. Sent. C-674/17, M.P. Luis Guillermo Guerrero Pérez *(LTM 26047293)*; C.Const. Sent. C-080/18, M.P. Antonio José Lizarazo Ocampo.

Artículo transitorio 9

*Artículo declarado inexequible por la sentencia C-674 de 2017.

Artículo transitorio 10

A petición del condenado la JEP podrá revisar las decisiones sancionatorias de la Procuraduría General de la Nación o de la Contraloría General de la República y las sentencias proferidas por otra jurisdicción por: variación de la calificación jurídica conforme al artículo transitorio 5o y al inciso primero del artículo transitorio 22; por aparición de nuevos hechos que no pudieron ser tenidos en cuenta con anterioridad; o cuando surjan pruebas no conocidas o sobrevinientes no conocidas al tiempo de la condena, todo lo anterior por conductas cometidas por causa, con ocasión o en relación directa o indirecta con el conflicto, o con la protesta social, siempre que se cumplan las condiciones del Sistema.

La revisión de sentencias por la JEP no tendrá nunca como consecuencia la exigencia de responsabilidad de ningún tipo a los jueces que las hubieran proferido como consecuencia del contenido de las mismas, sin perjuicio de la responsabilidad a la que haya lugar por favorecer indebidamente intereses propios o ajenos.

La Corte Suprema de Justicia será la competente para la revisión de las sentencias que haya proferido. Únicamente para quienes hubieran sido condenados teniendo en cuenta su condición de combatientes podrá solicitarse la revisión de las anteriores sentencias ante la Sección de Revisión de la JEP. Para los solos efectos de la revisión de sentencias por parte de la Sección de Revisión de la JEP, se entenderá por combatiente a todos los miembros de la Fuerza Pública y a los miembros de las FARC-EP conforme a los listados entregados por dicho grupo y verificados según lo establecido en el Acuerdo Final o a quien haya sido señalado como tal en una sentencia en firme.

*Artículo transitorio adicionado por el Acto Legislativo 1 de 2017.

Concord.: A.L. 1/17 *(LTM 9407264)*; L. 1957/19 *(LTM 16151649)*; C.Const. Sent. C-674/17, M.P. Luis Guillermo Guerrero Pérez *(LTM 26047293)*; C.Const. Sent. C-080/18, M.P. Antonio José Lizarazo Ocampo.

Artículo transitorio 11

Cuando no proceda la renuncia a la persecución penal, la Sala de Revisión del Tribunal para la Paz, a solicitud de la Sala de Definición de Situaciones Jurídicas, decidirá sobre la sustitución de la sanción penal proferida por la justicia ordinaria, imponiendo las sanciones propias o alternativas de la Jurisdicción Especial para la Paz, siempre y cuando el condenado reconozca verdad completa, detallada y exhaustiva, dependiendo del momento en el que efectúe tal reconocimiento, y siempre que cumpla las demás condiciones del sistema respecto a la satisfacción de los derechos de las víctimas a la reparación y a la no repetición. Dicha sustitución nunca podrá agravar la sanción previamente impuesta.

Cuando la Sección de Revisión del Tribunal para la Paz verifique que el componente de restricción de libertades y derechos que habría de imponerse ya se ha cumplido, así lo declarará en la providencia de sustitución. De lo contrario, ordenará la ejecución de la sanción propia o alternativa del Sistema. En todo caso, la Sección de Revisión ordenará la ejecución del componente restaurativo de la sanción en caso de que proceda.

*Artículo transitorio adicionado por el Acto Legislativo 1 de 2017.

Concord.: A.L. 1/17 *(LTM 9407264)*; L. 1820/16 *(LTM 12174781)*; L. 1922/18 *(LTM 14485969)*; L. 1957/19 *(LTM 16151649)*; C.Const. Sent. C-674/17, M.P. Luis Guillermo Guerrero Pérez *(LTM 26047293)*; C.Const. Sent. C-007/18, M.P. Diana Fajardo Rivera *(LTM 15848832)*; C.Const. Sent. C-080/18, M.P. Antonio José Lizarazo Ocampo.

Artículo transitorio 12

Los magistrados que integran la JEP estarán facultados para elaborar las normas procesales que regirán esta jurisdicción y que deberán ser presentadas por el Gobierno nacional al Congreso de la República, incluido el régimen disciplinario aplicable a sus funcionarios que no sean magistrados. Estas normas deberán garantizar los principios de imparcialidad, independencia judicial, debida motivación, publicidad, debido, proceso, contradicción, derecho a la defensa, presunción de inocencia, favorabilidad, libertad de escoger abogado acreditado para ejercer en cualquier país, participación de las víctimas como intervinientes según los estándares nacionales e internacionales y los parámetros establecidos en el Acuerdo Final y doble instancia en el marco de un modelo adversarial. También regularán los parámetros que deberán ser utilizados por la JEP para evaluar si se han presentado o no incumplimientos de las condiciones del sistema, así como la forma de graduar en cada caso las consecuencias que tales incumplimientos acarrean, siempre dentro de los parámetros fijados en el Acuerdo Final.

El Procurador General de la Nación, por sí o por sus delegados y agentes, podrá intervenir en las diligencias, para la defensa de los derechos fundamentales de las víctimas en los procesos que se sigan ante la Jurisdicción Especial para la Paz.

En los supuestos en los que la Sala de Reconocimiento de Verdad y Responsabilidad solicite a la Sección de Revisión del Tribunal para la Paz que haga comparecer a una persona respecto de la cual hubiere fundamentos claros y suficientes que hagan presumir su participación determinante en una de las conductas que trata el numeral 40 del Punto 5.1.2 del Acuerdo Final, la Sala no podrá fundamentar su solicitud, ni la sección podrá ordenarles comparecer con base exclusivamente en los informes recibidos por la JEP, sino que deberán corroborarlos a través de otras pruebas.

Cuando un testigo declare contra alguna persona por conductas de competencia de la Jurisdicción Especial para la Paz a cambio de obtener beneficios procesales o punitivos de cualquier naturaleza, el valor probatorio de su testimonio estará supeditado a que el contenido del mismo sea corroborado por otras pruebas.

En las actuaciones que adelanten los órganos de la Jurisdicción Especial para la Paz no se podrá presumir el carácter masivo o sistemático de las conductas punibles investigadas, ni que el hecho ha sido cometido como parte de un plan o política o como parte de la comisión en gran escala de tales crímenes; todo ello deberá acreditarse de conformidad con prueba legalmente producida.

Sin incluir normas procesales, los magistrados de la JEP adoptarán, en el ejercicio de su autonomía, el reglamento de funcionamiento y organización de la JEP, respetando los principios de imparcialidad, independencia y las garantías del debido proceso, evitando cualquier nueva victimización y prestando el debido apoyo a las víctimas conforme a lo establecido en los estándares internacionales pertinentes. El reglamento precisará las funciones del Presidente y del Secretario Ejecutivo, así como las relaciones entre ellos y los demás órganos de la JEP, establecerá un mecanismo para la integración de la Sección del Tribunal para la Paz que garantice la estabilidad, eficacia y cumplimiento de las resoluciones y sentencias de la JEP, fijará el procedimiento que esta deba aplicar para el desarrollo de sus funciones y señalará los mecanismos de rendición de cuentas sobre la gestión de la JEP, a cargo de su Secretaría Ejecutiva, siempre que no menoscaben su autonomía.

La ley determinará qué actuaciones procesales de las que corresponde desarrollar a las Salas de la JEP deben estar protegidas por la reserva con el fin de garantizar los derechos fundamentales al buen nombre y a la intimidad de todos aquellos cuyas conductas sean competencia de la JEP.

Parágrafo. Las normas que regirán la Jurisdicción Especial de Paz, incluirán garantías procesales, sustanciales, probatorias y de acceso, encaminadas a que las víctimas puedan satisfacer sus derechos a la verdad, justicia y reparación en el marco de la JEP con medidas diferenciales y especiales para quienes se consideren sujetos de especial protección constitucional. Igualmente, deberán garantizar los principios de tratamiento penal especial condicionado a la garantía de los derechos de las víctimas, centralidad de las víctimas, integralidad, debido proceso, no regresividad en el reconocimiento de derechos y enfoque diferencial y de género.

*Declarado exequible condicionalmente por la sentencia C-694 de 2017.

*Artículo transitorio adicionado por el Acto Legislativo 1 de 2017.

Concord.: A.L. 1/17 *(LTM 9407264)*; L. 1922/18 *(LTM 14485969)*; L. 1957/19 *(LTM 16151649)*; C.Const. Sent. C-674/17, M.P. Luis Guillermo Guerrero Pérez *(LTM 26047293)*; C.Const. Sent. C-080/18, M.P. Antonio José Lizarazo Ocampo.

Artículo transitorio 13

Las sanciones que imponga la JEP tendrán como finalidad esencial satisfacer los derechos de las víctimas y consolidar la paz. Deberán tener la mayor función restaurativa y reparadora del daño causado, siempre en relación con el grado de reconocimiento de verdad y responsabilidad. Las sanciones podrán ser propias, alternativas u ordinarias y en todos los casos se impondrán en los términos previstos en los numerales 60, 61, 62 y en el listado de sanciones del subpunto 5.1.2 del Acuerdo Final.

*Artículo transitorio adicionado por el Acto Legislativo 1 de 2017.

Concord.: A.L. 1/17 *(LTM 9407264)*; L. 1957/19 *(LTM 16151649)*; C.Const. Sent. C-674/17, M.P. Luis Guillermo Guerrero Pérez *(LTM 26047293)*; C.Const. Sent. C-080/18, M.P. Antonio José Lizarazo Ocampo.

Artículo transitorio 14

Los magistrados de la JEP estarán sometidos al mismo régimen especial penal previsto para los magistrados de la Corte Suprema de Justicia, así como al régimen disciplinario previsto por la ley para jueces y magistrados de las otras jurisdicciones. En todo caso, no podrá exigírseles en ningún tiempo responsabilidad por los votos y opiniones emitidas en sus providencias judiciales, proferidas en ejercicio de su independencia funcional, sin perjuicio de la responsabilidad a la que haya lugar por favorecer indebidamente intereses propios o ajenos.

Los magistrados de la Jurisdicción Especial para la Paz estarán sometidos a las causales de impedimentos definidas por la ley procesal penal vigente.

*Declarado exequible condicionalmente por la sentencia C-694 de 2017.

*Artículo transitorio adicionado por el Acto Legislativo 1 de 2017.

Concord.: A.L. 1/17 *(LTM 9407264)*; C.P.P. Art. 56 *(LTM 3776319)*; L. 1957/19 *(LTM 16151649)*; C.Const. Sent. C-674/17, M.P. Luis Guillermo Guerrero Pérez *(LTM 26047293)*; C.Const. Sent. C-080/18, M.P. Antonio José Lizarazo Ocampo.

Artículo transitorio 15

La JEP entrará en funcionamiento a partir de la aprobación de este Acto Legislativo sin necesidad de ninguna norma de desarrollo, sin perjuicio de la aprobación posterior de las normas de procedimiento y lo que establezca el reglamento de dicha jurisdicción.

El plazo para la conclusión de las funciones de la JEP consistentes en la presentación de acusaciones por la Unidad de Investigación y Acusación, de oficio o como consecuencia de las resoluciones de la Sala de Reconocimiento de Verdad, de Responsabilidad y Determinación de los Hechos y las Conductas, será de 10 años contados a partir de la entrada efectiva en funcionamiento de la totalidad de salas y secciones de la JEP, y un plazo posterior de 5 años más para concluir su actividad jurisdiccional, plazo este último que de ser necesario podrá ser prorrogado mediante ley, para concluir su actividad, a solicitud de los magistrados de la JEP. El plazo para recibir informes por la Sala de Reconocimiento de Verdad, de Responsabilidad y Determinación de los Hechos y las conductas será de 2 años desde que se haya constituido la totalidad de las salas y secciones de la JEP y podrá prorrogarse por la misma Sala hasta completar un periodo máximo de 3 años, salvo causa excepcional debidamente motivada en la que el plazo podrá ser moderadamente extendido por la Sala de Reconocimiento de Verdad, de Responsabilidad y Determinación de los Hechos y las Conductas.

En todo caso y sin limitación temporal alguna podrá constituirse, en cualquier momento en que resulte necesaria, la Sección de estabilidad y eficacia de resoluciones y sentencias, de conformidad con lo dispuesto en el inciso 2o del artículo 7o transitorio y en el inciso final del artículo 12 transitorio de este Acto Legislativo.

*Artículo transitorio adicionado por el Acto Legislativo 1 de 2017.

Concord.: A.L. 1/17 *(LTM 9407264)*; L. 1922/18 *(LTM 14485969)*; L. 1957/19 *(LTM 16151649)*; C.Const. Sent. C-674/17, M.P. Luis Guillermo Guerrero Pérez *(LTM 26047293)*; C.Const. Sent. C-080/18, M.P. Antonio José Lizarazo Ocampo.

Artículo transitorio 16

Las personas que sin formar parte de las organizaciones o grupos armados, hubieren contribuido de manera directa o indirecta a la comisión de delitos en el marco del conflicto, podrán acogerse a la JEP y recibir el tratamiento especial que las normas determinen, siempre que cumplan con las condiciones establecidas de contribución a la verdad, reparación y no repetición.

Inciso 2° y 3° declarados inexequibles por la sentencia C-674 de 2017

*Artículo transitorio adicionado por el Acto Legislativo 1 de 2017.

Concord.: A.L. 1/17 *(LTM 9407264)*; L. 1922/18 *(LTM 14485969)*; L. 1957/19 *(LTM 16151649)*; C.Const. Sent. C-674/17, M.P. Luis Guillermo Guerrero Pérez *(LTM 26047293)*; C.Const. Sent. C-080/18, M.P. Antonio José Lizarazo Ocampo.

Artículo transitorio 17

El componente de Justicia del SIVJRNR también se aplicará respecto de los Agentes del Estado que hubieren cometido delitos relacionados con el conflicto armado y con ocasión de este, aplicación que se hará de forma diferenciada, otorgando un tratamiento equitativo, equilibrado, simultáneo y simétrico. En dicho tratamiento deberá tenerse en cuenta la calidad de garantes de derecho por parte del Estado.

Se entiende por Agentes del Estado a efectos de la Jurisdicción Especial para la Paz toda persona que al momento de la comisión de la presunta conducta criminal estuviere ejerciendo como Miembro de las Corporaciones Públicas, como empleado o trabajador del Estado o de sus Entidades Descentralizadas Territorialmente y por Servicios, que hayan participado en el diseño o ejecución de conductas delictivas, relacionadas directa o indirectamente con el conflicto armado. Para que tales conductas puedan ser consideradas como susceptibles de conocimiento por parte de la Jurisdicción Especial para la Paz, estas debieron realizarse mediante acciones u omisiones cometidas en el marco y con ocasión del conflicto armado interno, y sin ánimo de enriquecimiento personal ilícito, o en caso de que existiera, sin ser este el determinante de la conducta delictiva.

*Artículo transitorio adicionado por el Acto Legislativo 1 de 2017.

Concord.: A.L. 1/17 *(LTM 9407264)*; L. 1922/18 *(LTM 14485969)*; L. 1957/19 *(LTM 16151649)*; C.Const. Sent. C-674/17, M.P. Luis Guillermo Guerrero Pérez *(LTM 26047293)*; C.Const. Sent. C-080/18, M.P. Antonio José Lizarazo Ocampo.

CAPÍTULO IV
REPARACIÓN INTEGRAL EN EL SISTEMA INTEGRAL DE VERDAD, JUSTICIA, REPARACIÓN Y NO REPETICIÓN

Artículo transitorio 18

En el marco del Sistema Integral de Verdad, Justicia, Reparación y No Repetición, el Estado garantizará el derecho a la reparación a las víctimas de graves violaciones a los derechos humanos e infracciones al Derecho Internacional Humanitario que hayan sufrido daños, individual o colectivamente con ocasión del conflicto armado. La reparación será garantizada por el Estado de manera integral, adecuada, diferenciada y efectiva, priorizando la distribución de las medidas de reparación entre las víctimas teniendo en cuenta el universo de víctimas del conflicto armado y buscando la igualdad en el acceso y la equidad en la distribución de los recursos disponibles, y dando preferencia en la atención a los sujetos de especial protección constitucional.

Parágrafo. En los casos en que se aplique amnistía, indulto o renuncia a la persecución penal, no procederán acciones judiciales contra los beneficiarios de tales medidas para la indemnización de las víctimas. En todo caso, deberán contribuir al esclarecimiento de la verdad, a la reparación de las víctimas y garantizar la no repetición.

*Artículo transitorio adicionado por el Acto Legislativo 1 de 2017.

Concord.: A.L. 1/17 *(LTM 9407264)*; L. 1922/18 *(LTM 14485969)*; L. 1957/19 *(LTM 16151649)*; C.Const. Sent. C-674/17, M.P. Luis Guillermo Guerrero Pérez *(LTM 26047293)*; C.Const. Sent. C-080/18, M.P. Antonio José Lizarazo Ocampo; C.Const. Sent. SU-241/24, M.P. Cristina Pardo Schlesinger; C.Const. Sent. SU-279/24, M.P. Cristina Pardo Schlesinger.

CAPÍTULO V
EXTRADICIÓN

Artículo transitorio 19

No se podrán conceder la extradición ni tomar medidas de aseguramiento con fines de extradición respecto de hechos o conductas objeto de este Sistema y en particular de la Jurisdicción Especial para la Paz, ocasionados u ocurridos durante el conflicto armado interno o con ocasión de este hasta la finalización del mismo, trátese de delitos amnistiables o de delitos no amnistiables, y en especial por ningún delito político, de rebelión o conexo con los anteriores, ya hubieran sido cometidos dentro o fuera de Colombia.

Dicha garantía de no extradición alcanza a todos los integrantes de las FARC-EP y a personas acusadas de formar parte de dicha organización, por cualquier conducta realizada con anterioridad a la firma del acuerdo final, para aquellas personas que se sometan al SIVJRNR.

Cuando se alegue, respecto de un integrante de las FARC-EP o de una persona acusada de ser integrante de dicha organización, que la conducta atribuida en la solicitud de extradición hubiere ocurrido con posterioridad a la firma del Acuerdo Final, la Sección de Revisión del Tribunal para la Paz evaluará la conducta atribuida para determinar la fecha precisa de su realización y decidir el procedimiento apropiado. En el evento de que la conducta hubiere ocurrido con anterioridad a la firma del Acuerdo Final o cuando se trate de una conducta estrechamente vinculada al proceso de dejación de armas y que hubiere tenido lugar antes de concluir este, la remitirán a la Sala de Reconocimiento para lo de su competencia, en este supuesto excluyendo siempre la extradición. En caso de que la ejecución de la conducta haya comenzado con posterioridad a la firma del Acuerdo Final y no esté estrechamente vinculada al proceso de dejación de armas, la remitirá a la autoridad judicial competente para que sea investigada y juzgada en Colombia, sin excluir la posibilidad de extradición.

Únicamente respecto de conductas cometidas con anterioridad a la firma del acuerdo final, cuando exista una solicitud de extradición respecto de familiares hasta el segundo grado de consanguinidad o primero de afinidad, de integrantes de las FARC-EP o de una persona acusada o señalada en una solicitud de extradición de ser integrante de dicha organización, este supuesto podrá ser sometido a la Sección de Revisión del Tribunal para la Paz para que decida si la solicitud obedece a hechos o conductas relacionados con la pertenencia, o acusación de pertenencia, a las FARC-EP del familiar del solicitado en extradición. De obedecer a esta causa, por tratarse de un señalamiento o acusación por conductas que nunca antes han sido objeto de solicitudes de extradición ni reúnen las condiciones para ello, la Sección podrá denegar la extradición y en ese caso decidir si el hecho o la conducta es competencia del SIVJRNR o si debe ser investigada o juzgada por la jurisdicción penal ordinaria colombiana. El anterior supuesto deberá ser sometido a la Sección de Revisión por cualquiera de los antiguos integrantes de las FARC-EP que hubieren suscrito el Acuerdo Final de Paz.

La JEP deberá resolver las cuestiones que se le planteen referidas a la extradición en un plazo no superior a 120 días, salvo en casos justificados que dependan de la colaboración de otras instituciones.

---

*Artículo transitorio adicionado por el Acto Legislativo 1 de 2017.

Concord.: A.L. 1/17 *(LTM 9407264)*; L. 1820/16 *(LTM 12174781)*; L. 1922/18 *(LTM 14485969)*; L. 1957/19 *(LTM 16151649)*; C.Const. Sent. C-674/17, M.P. Luis Guillermo Guerrero Pérez *(LTM 26047293)*; C.Const. Sent. C-080/18, M.P. Antonio José Lizarazo Ocampo; C.Const. Sent. C-007/18, M.P. Diana Fajardo Rivera *(LTM 15848832)*.

CAPÍTULO VI
PARTICIPACIÓN EN POLÍTICA

Artículo transitorio 20

Participación en política. La imposición de cualquier sanción en la JEP no inhabilitará para la participación política ni limitará el ejercicio de ningún derecho, activo o pasivo, de participación política.

Parágrafo. Respecto a aquellas personas que pertenezcan a organizaciones rebeldes que hayan firmado un acuerdo de paz con el Gobierno, a efectos de reincorporación, quedarán en efecto suspensivo las condenas derivadas de delitos competencia del Tribunal para la Paz impuestas por la justicia ordinaria o disciplinaria, hasta que estas condenas hayan sido tratadas por la Jurisdicción Especial para la Paz para lo de su competencia.

*Artículo transitorio adicionado por el Acto Legislativo 1 de 2017.

Concord.: A.L. 1/17 *(LTM 9407264)*; L. 1922/18 *(LTM 14485969)*; L. 1957/19 *(LTM 16151649)*; C.Const. Sent. C-674/17, M.P. Luis Guillermo Guerrero Pérez *(LTM 26047293)*; C.Const. Sent. C-080/18, M.P. Antonio José Lizarazo Ocampo.

CAPÍTULO VII
DE LAS NORMAS APLICABLES A LOS MIEMBROS DE LA FUERZA PÚBLICA PARA LA TERMINACIÓN DEL CONFLICTO ARMADO Y LA CONSTRUCCIÓN DE UNA PAZ ESTABLE Y DURADERA

Artículo transitorio 21

Tratamiento diferenciado para miembros de la Fuerza Pública. En virtud del carácter inescindible de la Jurisdicción Especial para la Paz, en relación con los Miembros de la Fuerza Pública que hubieren realizado conductas punibles por causa, con ocasión o en relación directa o indirecta con el conflicto armado, el tratamiento será simétrico en algunos aspectos, diferenciado en otros, pero siempre equitativo, equilibrado y simultáneo.

En consecuencia, las normas contenidas en este capítulo serán aplicables únicamente a los miembros de la Fuerza Pública respecto de conductas punibles cometidas por causa, con ocasión o en relación directa o indirecta con el conflicto armado, sin perjuicio de la aplicación respecto de ellos de las disposiciones contenidas en los capítulos anteriores, siempre que no sean contrarias a la naturaleza de las contenidas en este capítulo.

*Artículo transitorio adicionado por el Acto Legislativo 1 de 2017.

Concord.: A.L. 1/17 *(LTM 9407264)*; L. 1922/18 *(LTM 14485969)*; L. 1957/19 *(LTM 16151649)*; C.Const. Sent. C-674/17, M.P. Luis Guillermo Guerrero Pérez *(LTM 26047293)*; C.Const. Sent. C-080/18, M.P. Antonio José Lizarazo Ocampo.

Artículo transitorio 22

Calificación jurídica de la conducta en la Jurisdicción Especial para la Paz. La Jurisdicción Especial para la Paz al adoptar sus resoluciones o sentencias hará una calificación jurídica propia del Sistema respecto a las conductas objeto del mismo, calificación que se basará, con estricta sujeción al artículo 29 de la Constitución Política, en el Código Penal colombiano vigente al momento de la comisión del hecho, en las normas de Derecho Internacional de los Derechos Humanos (DIDH) y de Derecho Internacional Humanitario (DIH). La JEP respetará las obligaciones internacionales de investigación, juzgamiento y sanción. Lo anterior, siempre con aplicación obligatoria del principio de favorabilidad.

En la valoración de la conducta de los miembros de la Fuerza Pública, también se tendrán en cuenta las reglas operacionales vigentes al momento de la comisión del hecho, siempre que no sean contrarias a la normatividad legal.

*Artículo transitorio adicionado por el Acto Legislativo 1 de 2017.

Concord.: A.L. 1/17 *(LTM 9407264)*; L. 1922/18 *(LTM 14485969)*; L. 1957/19 *(LTM 16151649)*; C.Const. Sent. C-674/17, M.P. Luis Guillermo Guerrero Pérez *(LTM 26047293)*; C.Const. Sent. C-080/18, M.P. Antonio José Lizarazo Ocampo.

Artículo transitorio 23

Competencia de la Jurisdicción Especial para la Paz. La Jurisdicción Especial para la Paz tendrá competencia sobre los delitos cometidos por causa, con ocasión o en relación directa o indirecta con el conflicto armado y sin ánimo de obtener enriquecimiento personal ilícito, o en caso de que existiera, sin ser este la causa determinante de la conducta delictiva. Para el efecto se tendrán en cuenta los siguientes criterios:

a) Que el conflicto armado haya sido la causa directa o indirecta de la comisión de la conducta punible, o

b) Que la existencia del conflicto armado haya influido en el autor, partícipe o encubridor de la conducta punible cometida por causa, con ocasión o en relación directa o indirecta con el conflicto, en cuanto a:

- Su capacidad para cometerla, es decir, a que por razón del conflicto armado el perpetrador haya adquirido habilidades mayores que le sirvieron para ejecutar la conducta.

- Su decisión para cometerla, es decir, a la resolución o disposición del individuo para cometerla.

- La manera en que fue cometida, es decir, a que, producto del conflicto armado, el perpetrador de la conducta haya tenido la oportunidad de contar con medios que le sirvieron para consumarla.
- La selección del objetivo que se proponía alcanzar con la comisión del delito.

*Artículo transitorio adicionado por el Acto Legislativo 1 de 2017.

Concord.: A.L. 1/17 *(LTM 9407264)*; L. 1922/18 *(LTM 14485969)*; L. 1957/19 *(LTM 16151649)*; C.Const. Sent. C-674/17, M.P. Luis Guillermo Guerrero Pérez *(LTM 26047293)*; C.Const. Sent. C-080/18, M.P. Antonio José Lizarazo Ocampo.

Artículo transitorio 24

Responsabilidad del mando. Para la determinación de la responsabilidad del mando, la Jurisdicción Especial para la Paz aplicará, en el caso de los miembros de la Fuerza Pública, el Código Penal colombiano, el Derecho Internacional Humanitario como ley especial, y las reglas operacionales de la Fuerza Pública en relación con el DIH siempre que ellas no sean contrarias a la normatividad legal.

La determinación de la responsabilidad del mando no podrá fundarse exclusivamente en el rango, la jerarquía o el ámbito de jurisdicción. La responsabilidad de los miembros de la Fuerza Pública por los actos de sus subordinados deberá fundarse en el control efectivo de la respectiva conducta, en el conocimiento basado en la información a su disposición antes, durante, o después de la realización de la respectiva conducta, así como en los medios a su alcance para prevenir que se cometa o se siga cometiendo la conducta punible, siempre y cuando las condiciones fácticas lo permitan, y de haber ocurrido, promover las investigaciones procedentes.

Se entenderá que existe mando y control efectivo del superior militar o policial sobre los actos de sus subordinados, cuando se demuestren las siguientes condiciones concurrentes:

a) Que la conducta o las conductas punibles hayan sido cometidas dentro del área de responsabilidad asignada a la unidad bajo su mando según el nivel correspondiente y que tengan relación con actividades bajo su responsabilidad;

b) Que el superior tenga la capacidad legal y material de emitir órdenes, de modificarlas o de hacerlas cumplir;

c) Que el superior tenga la capacidad efectiva de desarrollar y ejecutar operaciones dentro del área donde se cometieron los hechos punibles, conforme al nivel de mando correspondiente; y

d) Que el superior tenga la capacidad material y directa de tomar las medidas adecuadas para evitar o reprimir la conducta o las conductas punibles de sus subordinados, siempre y cuando haya de su parte conocimiento actual o actualizable de su comisión.

*Artículo transitorio adicionado por el Acto Legislativo 1 de 2017.

Concord.: A.L. 1/17 *(LTM 9407264)*; L. 1922/18 *(LTM 14485969)*; L. 1957/19 *(LTM 16151649)*; C.Const. Sent. C-674/17, M.P. Luis Guillermo Guerrero Pérez *(LTM 26047293)*; C.Const. Sent. C-080/18, M.P. Antonio José Lizarazo Ocampo.

Artículo transitorio 25

Sanciones en la Jurisdicción Especial para la Paz. En el caso de miembros de la Fuerza Pública, las sanciones propias del Sistema tendrán un contenido reparador, así como de restricción de libertades y derechos.

La ley reglamentará las modalidades de ejecución de las sanciones propias, así como los mecanismos idóneos de monitoreo, vigilancia y control del cumplimiento de dichas sanciones.

Las sanciones alternativas u ordinarias aplicables a los miembros de la Fuerza Pública que impliquen la privación efectiva de la libertad se cumplirán en todo caso en los establecimientos previstos en el régimen penitenciario y carcelario establecido para ellos, conforme al principio de tratamiento diferenciado.

Para el caso de las sanciones ordinarias, se podrá obtener redenciones, subrogados penales o beneficios adicionales en la privación de libertad, siempre y cuando el sancionado se comprometa a contribuir con su resocialización a través del trabajo, capacitación o estudio durante el tiempo que permanezca privado de la libertad y a promover actividades orientadas a la no repetición del daño causado una vez puesto en libertad.

*Artículo transitorio adicionado por el Acto Legislativo 1 de 2017.

Concord.: A.L. 1/17 *(LTM 9407264)*; L. 1922/18 *(LTM 14485969)*; L. 1957/19 *(LTM 16151649)*; C.Const. Sent. C-674/17, M.P. Luis Guillermo Guerrero Pérez *(LTM 26047293)*; C.Const. Sent. C-080/18, M.P. Antonio José Lizarazo Ocampo.

Artículo transitorio 26

Exclusión de la acción de repetición y llamamiento en garantía para miembros de la Fuerza Pública. En el caso de miembros de la Fuerza Pública que hayan cometido conductas punibles por causa, con ocasión o en relación directa o indirecta con el conflicto armado interno, no procederá la acción de repetición y el llamamiento en garantía establecidos en el artículo 90 de la Constitución Política. En todo caso, deberán contribuir al esclarecimiento de la verdad, a la reparación no monetaria de las víctimas y garantizar la no repetición.

*Artículo transitorio adicionado por el Acto Legislativo 1 de 2017.

Concord.: A.L. 1/17 *(LTM 9407264)*; L. 1922/18 *(LTM 14485969)*; L. 1957/19 *(LTM 16151649)*; C.Const. Sent. C-674/17, M.P. Luis Guillermo Guerrero Pérez *(LTM 26047293)*; C.Const. Sent. C-080/18, M.P. Antonio José Lizarazo Ocampo.

CAPÍTULO VIII
PREVALENCIA DEL ACUERDO FINAL PARA LA TERMINACIÓN DEL CONFLICTO ARMADO Y LA CONSTRUCCIÓN DE UNA PAZ ESTABLE Y DURADERA

Artículo transitorio 27

En caso de que con posterioridad a la aprobación del presente Acto Legislativo, se aprobaran leyes o normas que al otorgar tratamientos diferenciados a agentes del Estado o a otras personas por conductas relacionadas directa o indirectamente con el conflicto armado, fueran combatientes o no combatientes, provocaren que los anteriores sean excluidos de la competencia de la Jurisdicción Especial para la Paz, o tuvieren como resultado la inaplicación de dicha jurisdicción o la inaplicación de las condiciones referidas a las sanciones que se recogen en el Acuerdo Final de 24 de noviembre de 2016 respecto de dichas personas, el Tribunal Especial para la Paz ejercerá su jurisdicción preferente en las materias de su competencia conforme al presente Acto Legislativo.

*Artículo transitorio adicionado por el Acto Legislativo 1 de 2017.

Concord.: A.L. 1/17 *(LTM 9407264)*; L. 1922/18 *(LTM 14485969)*; L. 1957/19 *(LTM 16151649)*; C.Const. Sent. C-630/17, M.P. Luis Guillermo Guerrero Pérez; C.Const. Sent. C-674/17, M.P. Luis Guillermo Guerrero Pérez *(LTM 26047293)*; C.Const. Sent. C-080/18, M.P. Antonio José Lizarazo Ocampo.

CIRCUNSCRIPCIONES TRANSITORIAS ESPECIALES DE PAZ PARA LA CÁMARA DE REPRESENTANTES EN LOS PERÍODOS 2022-2026 Y 2026-2030

Artículo transitorio 1

La Cámara de Representantes tendrá 16 representantes adicionales para los períodos constitucionales 2022-2026 y 2026-2030, estos serán elegidos en igual número de Circunscripciones Transitorias Especiales de Paz, uno por cada una de dichas Circunscripciones. La curul se asignará al candidato de la lista con mayor cantidad de votos. Las listas deberán elaborarse teniendo en cuenta el principio de equidad e igualdad de género.

*Artículo adicionado por el artículo 1 del Acto Legislativo 2 de 2021.

Artículo transitorio 2

Las mencionadas Circunscripciones Transitorias Especiales de Paz estarán conformadas así:

Circunscripción 1: Municipios del Cauca: Argelia, Balboa, Buenos Aires, Caldono, Caloto, Cajibío, Corinto, El Tambo, Jambaló, Mercaderes, Morales, Miranda, Patía, Piendamó, Santander de Quilichao, Suárez y Toribío. Municipios de Nariño: Cumbitara, El Rosario, Leiva, Los Andes, Policarpa y los municipios de Florida y Pradera, Valle del Cauca.

Circunscripción 2: Conformada por Arauquita, Fortul, Saravena y Tame. Departamento de Arauca.

Circunscripción 3**:** Municipios del departamento de Antioquia: Amalfi, Anorí, Briceño, Cáceres, Caucasia, El Bagre, Ituango, Nechí, Remedios, Segovia, Tarazá, Valdivia, Zaragoza.

Circunscripción 4: Constituida por 8 municipios de Norte de Santander: Convención, El Carmen, El Tarra, Hacarí, San Calixto, Sardinata, Torama y Tibú.

Circunscripción 5**:** Municipios del departamento del Caquetá: Florencia, Albania, Belén de los Andaquíes, Cartagena del Chairá, Curillo, El Doncella, El Paujil, Montañita, Milán, Morelia, Puerto Rico, San José de Fragua, San Vicente del Caguán, Solano, Solita Valparaíso, y el municipio de Algeciras del departamento del Huila.

Circunscripción 6: Municipios del departamento de Chocó: Bojayá, Medio Atrato, Istmina, Medio San Juan, Litoral de San Juan, Novita, Sipí, Acandí, Carmen del Darién, Riosucio, Unguía, Condoto y dos municipios de Antioquia, Vigía del Fuerte y Murindó.

Circunscripción 7: Municipios del departamento del Meta: Mapiripán, Mesetas, La Macarena, Uribe, Puerto Concordia, Puerto Lleras, Puerto Rico y Vistahermosa y 4 municipios del departamento del Guaviare, San José del Guaviare, Calamar, El Retorno y Miraflores.

Circunscripción 8: Municipios del departamento de Bolívar: Córdoba, El Carmen de Bolívar, El Guamo, María La Baja, San Jacinto, San Juan de Nepomuceno y Zambrano. Municipios de Sucre: Colosó, Chalán, Los Palmitos, Morroa, Ovejas, Palmito, San Onofre y Toluviejo.

Circunscripción 9: Municipios del Cauca: Guapí, López de Micay y Timbiquí, Buenaventura, del departamento del Valle del Cauca.

Circunscripción 10: Está constituida por 11 municipios del departamento de Nariño: Barbacoas, El Charco, La Tola, Maguí, Mosquera, Olaya Herrera, Francisco Pizarra, Ricaurte, Roberto Payán, Santa Bárbara y Tumaco.

Circunscripción 11: Municipios del departamento del Putumayo: Orito, Puerto Asís, Puerto Caicedo, Puerto Guzmán, Puerto Leguízamo, San Miguel, Valle del Guamuez y Villagarzón.

Circunscripción 12: Municipios del Cesar: Agustín Codazzi, Becerril, La Jagua de Ibirico, La Paz Pueblo Bello y Valledupar. Municipios de La Guajira: Dibulla, Fonseca, San Juan del Cesar. Municipios del Magdalena: Aracataca, Ciénaga, Fundación y Santa Marta.

Circunscripción 13: Municipios del departamento de Bolívar: Arenal, Cantagallo, Morales, San Pablo, Santa Rosa del Sur y Simití y el municipio de Yondó del departamento de Antioquia.

Circunscripción 14: Municipios de Córdoba: Puerto Libertador, San José de Uré, Valencia, Tierralta y Montelíbano.

Circunscripción 15: Municipios del departamento del Tolima: Ataco, Chaparral, Planadas y Rioblanco.

Circunscripción 16: Municipios del departamento de Antioquia: Carepa, Chigorodó, Dabeiba, Mutatá, Necoclí, San Pedro de Urabá, Apartadó y Turbo.

Parágrafo. Para las elecciones de las 16 Circunscripciones Especiales de Paz, se excluirán las cabeceras municipales de cada uno de los municipios que la conforman y únicamente se habilitarán los puestos de votación y el censo electoral de la zona rural de estos. Se garantizará la participación de los habitantes de zonas rurales, apartadas y centros poblados dispersos de estas Circunscripciones para lo cual la Registraduría Nacional del Estado Civil deberá crear nuevos puestos de votación en dichas zonas.

*Artículo adicionado por el artículo 1 del Acto Legislativo 2 de 2021.

Artículo transitorio 3

Las Circunscripciones Transitorias Especiales de Paz contarán con reglas especiales para la inscripción y elección de candidatos. Las campañas contarán con financiación estatal especial y acceso a medios regionales. Se desarrollarán mecanismos especiales de acompañamiento para asegurar la transparencia del proceso electoral y la libertad del voto del electorado.

Los candidatos solo pueden ser inscritos por organizaciones de víctimas, organizaciones campesinas u organizaciones sociales, incluyendo las de las mujeres, y grupos significativos de ciudadanos.

Cuando la circunscripción coincida en todo o en parte con territorios étnicos, adicionalmente podrán inscribir candidatos:

a) Los consejos comunitarios;

b) Los resguardos y las autoridades indígenas en sus territorios, debidamente reconocidos, en coordinación con sus respectivas organizaciones nacionales;

c) Las Kumpañy legalmente constituidas.

Parágrafo 1o. Los partidos y movimientos políticos que cuentan con representación en el Congreso de la República o con personería jurídica, incluido el partido o movimiento político que surja del tránsito de las Farc-EP, a la actividad política legal, no podrán inscribir listas ni candidatos para estas circunscripciones. Ningún grupo significativo de ciudadanos u organización social podrá inscribir listas de candidatos para las circunscripciones de Paz simultáneamente con otras circunscripciones.

Parágrafo 2o. Se entiende por organizaciones sociales, las asociaciones de todo orden sin ánimo de lucro que demuestren su existencia en el territorio de la circunscripción, mediante personería jurídica reconocida al menos cinco años antes de la elección, o mediante acreditación ante la autoridad electoral competente del ejercicio de sus actividades en el respectivo territorio durante el mismo periodo.

Parágrafo 3o. Los candidatos, además de los requisitos generales, deberán ser ciudadanos en ejercicio y cuyo domicilio corresponda a la circunscripción o desplazados de estos territorios en proceso de retorno.

Parágrafo 4o. La inscripción de candidatos por grupos significativos de ciudadanos, requerirá respaldo ciudadano equivalente al 10% del censo electoral de la respectiva Circunscripción Transitoria Especial de Paz. En ningún caso se requerirá más de 20.000 firmas.

*Artículo adicionado por el artículo 1 del Acto Legislativo 2 de 2021.

Artículo transitorio 4

Los ciudadanos podrán ejercer su derecho al voto en las Circunscripciones Transitorias Especiales de Paz, sin perjuicio de su derecho a participar en la elección de candidatos a la Cámara de Representantes en las elecciones ordinarias.

La Registraduría Nacional del Estado Civil adoptará medidas especiales para la actualización y vigilancia del censo electoral, la inscripción de candidatos y el Consejo Nacional Electoral la financiación de las campañas, de conformidad con lo establecido en este Acto Legislativo.

Se garantizará la participación real y efectiva de los pueblos étnicos, a través de la inscripción de cédulas, la pedagogía del voto y la instalación de puestos de votación en sus territorios.

Se promoverán mecanismos adicionales de control, observación y veeduría ciudadana por parte de organizaciones especializadas y de partidos y movimientos políticos.

Parágrafo 1o. En todo caso, la votación de las Circunscripciones Transitorias Especiales de Paz no se tendrá en cuenta para determinar el umbral de acceso a la distribución de curules en la elección ordinaria de la Cámara de Representantes.

Parágrafo 2o. Por razones de orden público, el Presidente de la República podrá suspender la elección en cualquiera de los puestos de votación dentro de las 16 Circunscripciones Transitorias de Paz de las que trata el presente acto legislativo previo concepto del sistema de alertas tempranas por parte de la Defensoría del Pueblo, de la Procuraduría General de la Nación, la Registraduría Nacional del Estado Civil y la Oficina del Alto Comisionado de las Naciones Unidas en Colombia. Una vez suspendidas se deberá proceder de conformidad con la regulación legal vigente.

Parágrafo 3o. El Gobierno nacional destinará los recursos necesarios para que la Registraduría Nacional del Estado Civil pueda cumplir con la organización del proceso electoral para las 16 Circunscripciones Transitorias de Paz que crea el presente Acto Legislativo.

Parágrafo 4o. La Registraduría Nacional del Estado Civil dispondrá de las facultades reglamentarias necesarias requeridas para la organización del proceso electoral de las 16 Circunscripciones Transitorias de Paz que crea el presente Acto Legislativo.

*Artículo adicionado por el artículo 1 del Acto Legislativo 2 de 2021.

Artículo transitorio 5

Los candidatos a ocupar las curules en estas Circunscripciones Transitorias Especiales de Paz para la Cámara de Representantes deberán cumplir con los requisitos generales establecidos en la Constitución y en la ley para los Representantes a la Cámara, además de los siguientes requisitos especiales:

1. Haber nacido o habitado en el territorio de la respectiva circunscripción los tres años anteriores a la fecha de la elección o,

2. Los desplazados que se encuentren en proceso de retorno con el propósito de establecer en el territorio de la circunscripción su lugar de habitación, deberán haber nacido o habitado en él al menos tres años consecutivos en cualquier época.

Parágrafo 1o. Para los solos efectos del presente acto legislativo, se consideran víctimas aquellas personas que individual —y únicamente hasta el tercer grado de consanguinidad y primero de afinidad— o colectivamente hayan sufrido un daño como consecuencia de infracciones al Derecho Internacional Humanitario o de Violaciones a las Normas Internacionales de Derechos Humanos, ocurridas con ocasión del conflicto armado interno.

La condición de víctima individual o colectiva· se acreditará según certificación expedido por la Unidad para la Atención y Reparación Integral a las Víctimas (UARIV).

Parágrafo 2o. No podrán presentarse como candidatos quienes hayan sido candidatos elegidos o no a cargos públicos, con el aval de partidos o movimientos políticos con representación en el Congreso o con personería jurídica; o quienes lo hayan sido por un partido político cuya personería jurídica se haya perdido, dentro de los cinco años anteriores a la fecha de la inscripción, o hayan hecho parte de las direcciones de estos, durante el último año.

Parágrafo 3o. Dado el carácter especial de estas circunscripciones, los miembros de los grupos armados al margen de la ley que hayan suscrito un acuerdo de Paz con el Gobierno nacional y/o se hayan desmovilizado de manera individual en los últimos veinte años, no podrán presentarse como candidatos a las Circunscripciones Transitorias Especiales de Paz.

Parágrafo 4o. El Gobierno nacional reglamentará las sanciones de quienes habiendo sido elegidos en alguna de las circunscripciones transitorias de Paz no cumplan con los requisitos y reglas establecidas en el presente acto legislativo. Para la reglamentación de las sanciones, el Gobierno nacional deberá tener en cuenta el inciso segundo del artículo 134 de la Constitución Política.

*Artículo adicionado por el artículo 1 del Acto Legislativo 2 de 2021.

Artículo transitorio 6

En cada una de las Circunscripciones Transitorias Especiales de Paz se elegirá un Representante a la Cámara. Las listas tendrán voto preferente y estarán integradas por dos candidatos que deberán acreditar su condición de víctimas del conflicto. La Lista tendrá un candidato de cada género.

Para efectos del proceso de elección, la curul se adjudicará al Candidato más votado dentro de la lista que obtenga el mayor número de votos dentro de la respectiva circunscripción.

La votación de las Circunscripciones Transitorias Especiales de Paz se hará en tarjeta separada de las que corresponden a las circunscripciones ordinarias para la Cámara de Representantes.

Los candidatos y las listas de Circunscripciones Transitorias Especiales de Paz, no podrán realizar alianzas, coaliciones o acuerdos con candidatos o listas inscritas para las circunscripciones ordinarias para la Cámara de Representantes. La violación de esta norma generará la pérdida de la curul en caso de resultar electos a la Circunscripción Transitoria Especial de Paz.

*Artículo adicionado por el artículo 1 del Acto Legislativo 2 de 2021.

Artículo transitorio 7

Las elecciones de los Representantes a la Cámara de las Circunscripciones Transitorias Especiales de Paz se harán en la misma jornada electoral establecida para el Congreso de la República en los años 2022 y 2026.

Parágrafo. Para garantizar una efectiva participación electoral, la Registraduría Nacional del Estado Civil deberá habilitar un periodo especial para la inscripción de candidatos exclusivamente para las 16 Circunscripciones Transitorias Especiales de Paz.

*Artículo adicionado por el artículo 1 del Acto Legislativo 2 de 2021.

Artículo transitorio 8

La financiación de las campañas será preponderantemente estatal, mediante el sistema de reposición de votos y acceso a los anticipos, en los términos y topes que determine la autoridad electoral.

La autoridad electoral entregará los anticipos equivalentes al 50% del resultado de multiplicar el valor del voto a reponer por el número de ciudadanos que integran el censo electoral de la respectiva circunscripción. Esta suma se distribuirá en partes iguales entre todas las listas inscritas. En ningún caso el anticipo podrá superar el tope de gastos que determine la autoridad electoral. La financiación se realizará dentro del mes siguiente a la inscripción de la lista. Las sumas de dinero se entregarán sin dilaciones a las organizaciones promotoras de la lista, y en ningún caso a los candidatos.

Los particulares podrán contribuir a la financiación de estas campañas mediante donaciones hechas directamente al Fondo Nacional de Partidos y Campañas Electorales, las cuales serán distribuidas por la autoridad electoral entre todas las campañas de las Circunscripciones Transitorias Especiales de Paz, por partes iguales, hasta concurrencia del monto máximo señalado. Estas donaciones no podrán superar el 10% del monto establecido para la Cámara de Representantes y recibirán el tratamiento tributario que establece la ley para las donaciones y contribuciones a los partidos y movimientos políticos.

No se permiten aportes privados directos a campañas de las Circunscripciones Transitorias Especiales de Paz.

*Artículo adicionado por el artículo 1 del Acto Legislativo 2 de 2021.

Artículo transitorio 9

Cuando se utilicen medios de comunicación que hagan uso del espectro electromagnético, las campañas únicamente podrán utilizar los espacios gratuitos otorgados por el Estado. Para ello, la autoridad electoral reglamentará la asignación de espacios gratuitos en los medios de comunicación social regional que hagan uso del espectro electromagnético, sin perjuicio de que puedan ampliarse en caso de que se creen espacios en nuevos medios de comunicación.

El Ministerio de Tecnologías de la Información y las Comunicaciones y la Autoridad Nacional de Televisión señalarán los espacios de que se puede disponer. Tal distribución se hará conforme a las normas electorales vigentes.

*Artículo adicionado por el artículo 1 del Acto Legislativo 2 de 2021.

Artículo transitorio 10

La autoridad electoral pondrá en marcha Tribunales Electorales Transitorios de Paz tres meses antes de las elecciones. Estos tribunales velarán por la observancia de las reglas establecidas para las Circunscripciones Transitorias Especiales de Paz, verificarán el censo electoral de la respectiva circunscripción y atenderán las reclamaciones presentadas en relación con las mismas.

*Artículo adicionado por el artículo 1 del Acto Legislativo 2 de 2021.

ÍNDICE ANALÍTICO

D

E

F

NOTAS